CIÊNCIAS:

QUESTÕES IMPERTINENTES

HILTON JAPIASSU

CIÊNCIAS:
QUESTÕES IMPERTINENTES

Editado por Márcio Fabri

DIRETOR EDITORIAL:
Marcelo C. Araújo

EDITORES:
Avelino Grassi
Edvaldo Manoel de Araújo
Márcio F. dos Anjos

COORDENAÇÃO EDITORIAL:
Ana Lúcia de Castro Leite

COPIDESQUE:
Márcio Fabri

REVISÃO:
Lessandra Muniz de Carvalho

DIAGRAMAÇÃO:
Juliano de Sousa Cervelin

CAPA:
Vinicio Frezza / Informart

Coleção Filosofia e História da Ciência

Todos os direitos em língua portuguesa, para o Brasil, reservados à Editora Ideias & Letras, 2023.
2ª impressão

Avenida São Gabriel, 495
Conjunto 42 - 4º andar
Jardim Paulista – São Paulo/SP
Cep: 01435-001
Editorial: (11) 3862-4831
Televendas: 0800 777 6004
vendas@ideiaseletras.com.br
www.ideiaseletras.com.br

Dados Internacionais de Catalogação na Publicação (CIP)
(Câmara Brasileira do Livro, SP, Brasil)

Japiassu, Hilton
Ciências: questões impertinentes / Hilton Japiassu, editado por Márcio Fabri. – Aparecida, SP: Idéias & Letras, 2011. (Coleção Filosofia e História da Ciência)

ISBN 978-85-7698-092-6

1. Behaviorismo (Psicologia) 2. Ciência – Filosofia 3. Ciência – História 4. Ética I. Fabri, Márcio. II. Título. III. Série.

10-13702   CDD-501

Índices para catálogo sistemático:

1. Ciência: Filosofia 501

Sumário

Introdução 7

1. Por que a Ciência já nasceu machista? 17

2. Pode a Ciência ser neutra? 51

3. Há uma Ética da Ciência? 93

4. Quando o Poder passa a ter origem humana? 155

5. O que foi feito do velho Behaviorismo? 191

Conclusão 247

Bibliografia 251

Introdução

Com *Ciência: Questões Impertinentes*, visitamos algumas das grandes *noções* que a filosofia historicamente se coloca, trazendo a reflexão para o estado dos saberes atuais. Explicitamos seus principais questionamentos e procuramos propor eventuais perspectivas de soluções. Os questionamentos e propostas aqui trazidos estão denominados de *impertinentes* em um sentido de irreverência, o que não significa sem fundamento. O tom provocativo do texto permite ao leitor fazer suas ou não, as afirmações aqui contidas.

Minha aposta é que, alimentando sua reflexão, seja estimulado a pensar e repensar. Pois nosso mundo, embriagado de racionalidade, eficácia, velocidade, consumo, arrisca-se paradoxalmente a perder a capacidade de se entender e de se ver criticamente a este ponto da História. Urge, portanto, refletir com abertura também para questões incômodas. Este é o preço da sabedoria para o encontro com os sentidos consistentes que iluminam nossos caminhos de vida.

Diante da geral ausência de *sentido* que nos acompanha em predomínio da concepção tecnocientífica, produtivista e consumista do mundo e da vida, precisamos retornar às fontes inspiradoras da *filosofia* em busca de ponto de referência para o conjunto de nossa condição humana. Se fizermos da ética não um somatório de textos administrativos, mas uma interrogação filosófica sobre a vida humana, tomaremos consciência de que, num mundo dominado por medos paralisantes, não seremos espectadores do inevitável. Tampouco estaremos conformados com a velha dicotomia entre a ciência e as demais formas de saber.

Historicamente, a distinção entre Letras e Ciências começa a se dar no início do século XVIII, momento em que já se instaurou a ruptura com a ordem heterônoma, e o Sujeito proclamou sua autonomia em relação às forças exteriores, passando a admitir apenas a autoridade da Razão. Essa ruptura veio deslocar o centro de gravidade da cultura ocidental. Até então, os sistemas e métodos de ensino gravitavam em torno de um programa comum tendo por núcleo pedagógico a *Formação geral*. Esta *Enkyclios paideia* (de onde vem o termo enciclopédia) não é uma simples acumulação de saberes incompatíveis entre si, mas constitui uma volta completa do horizonte do conhecimento, de uma cultura geral regular e harmoniosa, porque a forma circular era tida como o símbolo mesmo da divindade ou perfeição.

Qual a novidade do Renascimento nesse domínio? Ao privilegiar os estudos filológicos, denuncia a escolástica como um aglomerado confuso de superestruturas abusivas. Enquanto o conhecimento medieval incorporava todos os elementos antigos na revelação cristã, os renascentistas começam a constituir uma espécie de revelação profana e a conferir-lhe alto grau de credibilidade. Por conseguinte, o fenômeno renascentista se situa prioritariamente na ordem das *letras humanas* (Humanidades), só "secundariamente" se interessando pelas disciplinas científicas. A ciência por excelência é a Filologia, que graças ao conhecimento da latinidade clássica, do grego e do hebraico permite o acesso ao tesouro dos novos valores culturais pelo estudo minucioso do vocabulário, da gramática, dos costumes e das instituições da Antiguidade.

No ponto de junção entre Renascimento e tempos modernos, Bacon se torna o profeta desse conhecimento desvinculado das passividades tradicionais e voltado para a posse do mundo exterior. Ele encarna a passagem de uma mentalidade tradicional, dominada pela reverência em relação ao passado, a uma mentalidade de oposição e ruptura. Notadamente com Descartes, a Razão deixa se constituir um dom passivamente recebido para aparecer como o desafio de uma conquista permanente levada a bom termo por um homem adulto e consciente de suas responsabilidades.

A "nova ciência" não reconhece outra autoridade senão a da Razão (tomando posse da Natureza por um método rigoroso) e a dos fatos devidamente constatados. O livre empreendimento intelectual assume como programa a conquista do presente e a edificação do futuro. O homem ocidental se sente seguro para aventurar-se fora do espaço mental judaico-helênico a fim de conquistar o desconhecido. A revolução mecanicista do século XVII corresponde a uma afirmação do homem no universo. O conhecimento medieval era centrado em Deus: encontrava na teologia a forma suprema do Saber. O humanismo renascentista descobre nas humanidades o princípio da exaltação do homem. O conhecimento se organiza em função de uma nova consciência de si, segundo normas estéticas e morais. A nova ciência afirma a predominância da relação com o mundo, doravante mais decisiva que a relação com Deus. Trata-se de descobrir a ordem das coisas, não a de Deus ou a dos valores.

Um pouco por toda parte, há uma resistência em se tomar consciência da nova estrutura do saber e em se adotá-la. Talvez porque o sistema de educação sempre foi conservador por essência. Os mestres sempre estão atrasados em uma geração espiritual sobre a atualidade dos conhecimentos. Por isso, se esforçam por perpetuar uma situação já ultrapassada. O fato é que a nova ciência só reconhece como autoridade a Razão: é ela que deve organizar a sociedade fora de toda dependência religiosa. Doravante, os atores sociais, ao se tornarem indivíduos livres e iguais, deixam de ser súditos de uma hierarquia que os englobava. Tem início o mundo da igualdade democrática.

A criação das Academias de Ciências teve o mérito de consagrar oficialmente a dignidade dos sábios que, subvencionados pelos Estados, se encarregaram da missão de fazerem avançar as ciências e o progresso das técnicas. Lembremos que, na vida intelectual do século XVIII, o termo "Ciência" (ou melhor, "Filosofia natural") recobria ao mesmo tempo as letras, a filosofia e as disciplinas científicas. Ainda designava a totalidade dos conhecimentos. É apenas no século XIX que esse termo passa a ser utilizado para designar não mais a totalidade dos conhecimentos, mas tão só os conhecimentos propriamente científicos, suscetíveis de adotar o chamado "método experimental", codificado por Claude-Bernard em 1865. A partir de então, "Ciência" passa a representar a forma mais moderna e leiga da esperança cristã.

Embora esse conceito ainda permaneça meio impreciso, já corresponde a um feixe de valores não elucidados, cuja origem podemos encontrar nas atitudes mentais adotadas (a partir da revolução mecanicista) pelos que se preocuparam em pôr ordem no conhecimento do mundo material. Doravante, a "filosofia experimental" exprime o desabrochamento da física matemática. A observação e o cálculo passam a revelar a realidade de um novo mundo inteligível, encontrando razão, com rigor e amplitude, para o mundo aparente.

> Essa prodigiosa conquista do universo, levando à obediência as normas rigorosas do pensamento, sem dúvida forma até hoje o principal núcleo de significação da ideia de ciência. As outras disciplinas não podem mais pretender a dignidade científica. A não ser na medida em que atestem sua capacidade de revestir as formas da física matemática (Claude Bernard).

Ainda ontem, o positivismo lógico tentou submeter toda verdade humana à prova da verificação experimental. A arte, a religião, a filosofia, os mitos e a vida afetiva; enfim, tudo o que não se deixava reduzir à obediência das normas físico-matemáticas era sumariamente desacreditado. Como se a experiência humana em geral pudesse ser confundida com a científica em particular! Como se a preponderância das preocupações científicas e técnicas pudesse ser considerada uma verdade eterna! Como se a totalidade dos valores devesse submeter-se à jurisdição da verdade científica!

Não podemos nos esquecer que a preponderância crescente das ciências corresponde a uma modificação global do equilíbrio do conhecimento. Sabemos que a cultura helênica se organizou em função da ordem, da harmonia e da beleza: do Cosmos. Por sua vez, a medieval buscava seu fundamento na relação com Deus. Mas é só com a humanista do Renascimento que começa a ser definida uma ideia reguladora da personalidade realizada. A partir da revolução mecanicista, a relação com o mundo prima a relação com Deus e do homem consigo mesmo. Doravante, deveriam conviver separados o mundo da razão e o do coração; vale dizer, o mundo do universo físico do conhecimento e o do universo moral, espiritual e social.

No início do século XIX, o grande físico e matemático Laplace ainda via o mundo na ótica unitária do século precedente: numa ótica reducionista na qual tudo era reduzido a fenômenos naturais. Acreditava piamente que não só os fenômenos físicos, mas os morais, sociais e políticos, podiam e deviam constituir o objeto de uma rigorosa análise matemática. Quando Bonaparte lhe pergunta pelo lugar que ocupava Deus em seu sistema, responde, orgulhoso de seu ateísmo: "Majestade, em meu sistema, não tenho necessidade desta hipótese". O imperador não teve dúvidas e deu-lhe o troco: ao reivindicar a autonomia da política relativamente à ciência, demite o cientista de sua função de ministro do Interior, acusando-o de "trazer para as questões do Estado o espírito do infinitamente pequeno".

No entanto, prevaleceu a tendência de se separar o estudo dos fenômenos físicos do estudo dos fenômenos morais e espirituais, de se separar os dois mundos bem como os meios para compreendê-los. O século XIX é marcado pela recusa de se voltar aos antigos mitos do século XVIII, que postulava uma explicação unitária do mundo. Era recusada a pretensão do materialismo de pretender unificar os dois mundos, dissolvendo o segundo no primeiro, sem deixar nenhum lugar para o homem no meio rarefeito da geometria reificada.

Se a percepção do cientista não passa de uma alucinação verdadeira, nem por isso deixa de ser alucinação. Considero totalmente absurda a pretensão de se fazer reinar no domínio humano o tipo de verdade constitutivo da ordem das coisas. Já no século XVIII, deslumbrados com o triunfo espetacular de Newton, numerosos foram os pensadores e cientistas a tentarem em vão descobrir uma *lei* rigorosa suscetível de reduzir todos os fenômenos (biológicos, psicológicos, econômicos, políticos ou religiosos) a uma obediência comum. Por que era vão esse projeto? Porque cada setor do conhecimento tem sua inteligibilidade própria. Ora, o modo de saber capaz de fazer autoridade em determinado setor não pode arvorar-se o direito de valer indistintamente em todos os setores. Muitos cientistas embarcaram numa via sem saída ao tentarem buscar a verdade do mundo exclusivamente na ordem das ciências físicomatemáticas. Esqueceram-se de que

> os fundamentos e princípios das ciências rigorosas foram criticados, revisados, renovados diversas vezes, e sua validade só se impõe sob reserva de inventário. Os progressos extraordinários das ciências no período recente acarretaram um abrandamento de certos esquemas demasiado rígidos. As ciências exatas não são mais consideradas como sistemas dogmáticos, revestidos de uma dignidade sacrossanta, mas como linguagem técnicas destinadas a elucidar este ou aquele aspecto de uma realidade extremamente confusa em si mesma.[1]

Nessas condições, os discursos epistemológicos das diversas disciplinas são chamados a tomar consciência de sua insuficiência e de sua perfectibilidade. Nenhum deles, tomado isoladamente, pode ter a pretensão de recobrir a totalidade do que é ou existe. Nos dias de hoje, assistimos a uma verdadeira reviravolta do conhecimento, consagrando a falência e o fracasso do velho cientificismo que vinha dominando o pensamento científico ocidental há mais de um século. Ficamos sabendo que, doravante, ao invés de buscarmos exclusivamente nas essências matemáticas a verdade do mundo, precisamos ressituá-la no contexto da realidade do mundo humano.

Como reconhece o físico Heisenberg, toda compreensão deve basear-se na linguagem normal. Porque é apenas nela que podemos estar seguros de tocar com o dedo na realidade. Portanto, devemos nos mostrar

---

[1] GUSDORF, G. *De l'histoire des sciences à l'histoire de la pensée*, Payot, 1966, p. 39.

céticos frente a todo ceticismo em relação à linguagem normal e a seus conceitos essenciais. Por conseguinte, podemos utilizar esses conceitos como sempre foram. Foi desse modo que a física moderna abriu a porta a um ponto de vista mais amplo sobre as relações entre o espírito humano e realidade.

De onde ter razão Gusdorf, que, ao citar esse físico, comenta:

> A ideia de ciência unitária, que os defensores do positivismo esperavam realizar sob a forma de uma matemática universal, muda de significação. As ciências rigorosas, que ameaçavam de alienação a realidade humana, retornam à consciência humana. Devem assumir seu lugar numa nova teoria dos conjuntos humanos, cuja tarefa difícil e exata será a de reagrupar todas as informações conscientes à situação do homem no universo. Esta tarefa representa hoje o imperativo maior que se impõe a todos os homens de cultura.[2]

Por conseguinte, a velha oposição radical entre Ciências e Letras está bastante desgastada e, mesmo, ultrapassada. Representa apenas um obstáculo superado ao progresso da consciência e do conhecimento. Não somos mais obrigados a optar entre duas vocações contraditórias, como se o espírito de finura (*finesse*) fosse incompatível com o geométrico (Pascal) ou como se a ordem das verdades devesse excluir eternamente a dos valores. As duas atitudes intelectuais e espirituais, longe de se excluírem, são complementares. Quem adotasse uma tendo que alijar sumariamente a outra ficaria ameaçado por uma nova forma de alienação, pois estaria completamente incapacitado para assumir a existência humana em sua plenitude.

Por isso, a unidade do saber se nos impõe como uma tarefa a ser realizada. Tarefa impossível, talvez, certamente desencorajante, mas que define a mais alta exigência da cultura. O especialista que se apega a seu estreito compartimento de saber, a sua reduzida competência,

---

[2] GUSDORF, G. *Op. cit.*, p. 40.

adota uma atitude de demissão. Tem uma grande lacuna em sua ignorância. Porque toda dissociação do conhecimento é uma negação do conhecimento. Temos a obrigação de trabalhar para reunificar ou remembrar o que a análise desmembrou. O pressuposto da especialização deve ceder o lugar ao da convergência. Ciências e Letras parecem não mais condenadas ao isolamento, pois tomam consciência de que (como duas paralelas), sem se afastarem de suas respectivas direções, podem se recobrir no infinito.

Se considerarmos a ciência como a mais alta e profunda forma de conhecimento expressa pelo homem, como o emblema da liberdade do espírito e do modo de ver as coisas fora de todo preconceito e de todo dogma, vivemos forçosamente como um drama os malefícios do cientificismo, com sua visão simplista e até mesmo vulgar, marcado pelo selo de um dogmatismo e de um autoritarismo mais ou menos intolerantes, para não dizer fanáticos. Relativamente a seu predecessor, o cientificismo contemporâneo é mais estreito e míope: limita-se a uma abordagem técnica e pragmática da questão social. Enquanto herdeiro do relativismo do início do século passado, faz desaparecer o problema ético em proveito de uma visão puramente tecnocrática e gestionária das coisas. Pouco importa que os computadores de hoje sejam tão estúpidos (embora muito mais rápidos e úteis) quanto os dos anos 50. Pouco importa que a descrição físico-matemática dos processos biológicos tenha tido resultados medíocres. O fato é que o cientificismo continua nos fazendo crer que o cérebro é uma máquina de carne, podendo até mesmo ser descrito por uma equação.

Diria que ele avança como um elefante numa loja de vasos de cristal, preservando, em seu materialismo grosseiro, apenas o cálculo e a medida e desprezando toda e qualquer outra forma de conhecimento, e sem a melhor prova a não ser a de suas afirmações metafísicas e apodíticas. Ao esconder-se por detrás do prestígio que a ciência soube conquistar, abusa de seu brasão (como alguns nobres decadentes) para continuar se autoafirmando e socialmente se impondo. Por isso, precisamos enfatizar: no caminho dessa vulgar metafísica cientificista e do dogmatismo dos círculos influentes despistado em espírito crítico, a cultura científica só pode marchar para o descrédito e prejudicar a educação geral.

O que hoje se encontra em crise não é tanto a ciência, mas a visão da ciência e do conhecimento pregada pelo cientificismo: a doutrina segundo a qual a) não há outra forma de conhecimento senão a de uma ciência baseada no modelo físico-matemático; b) todo fenômeno deve ser reduzido a uma explicação de tipo físico. É o reducionismo que está em crise: sua pretensão de "reduzir" todo fenômeno a um único contexto de explicação. Na medida em que o pensamento cientificista é dominado por visões reducionistas e materialistas integrais, nada mais pode dizer sobre questões como vida, consciência, subjetividade e liberdade. O que pode fazer é declarar sua redutibilidade a processos materiais. De onde assistimos com tristeza a sua rejeição das questões que não ingressam no domínio dos processos físico-químicos.

Ao ridicularizar o apelo de Kant em considerar ao mesmo tempo o céu estrelado e o mundo moral (para afirmar que o segundo não passa de uma vazia aparência), o cientificismo deixou aos cuidados exclusivos da religião o domínio da ética. Ora, o pensamento religioso, tomado isoladamente, sem o contrapeso do racional, produz o *integrismo*. E não é justamente o que estamos presenciando hoje? E a fuga do pensamento racional para fora do domínio da ética não produziu outra forma de integrismo também bastante aberrante: o *pós-modernismo*? Creio que sim (ver conclusão). De onde a importância, entre outras questões que muitos cientistas e filósofos estão se pondo, das questões que lanço aos que continuam acreditando que "uma vida sem exame não merece ser vivida" (Sócrates).

1
Por que a Ciência já nasceu machista?

Não foram nem a "razão pura" nem o "espírito absoluto" que, na aurora da era moderna, traçaram as grandes linhas do formidável programa de explicação mecanicista universal da natureza e do homem, mas a vontade nova da burguesia ascendente de dominar a natureza e sobre ela exercer sua ação.
Max Scheller

Sem dúvida não é um exagero dizer que o calcanhar de Aquiles, na civilização humana, que hoje tomou as dimensões de um genocídio e de um ecocídio planetário, é o falacioso desenvolvimento da masculinidade pela opressão da mulher.
R. R. Ruether

O papel da Royal Society of Sciences é o de edificar uma Filosofia Masculina graças à qual o Espírito do Homem se enobrece pelo conhecimento de sólidas Verdades.
H. Oldenburg

Nossa Ciência Moderna, constituída com a revolução científica do século XVII, já nasceu como uma instituição marcadamente **patriarcal**. E instaurou um claro projeto de dominação – inicialmente da Natureza, posteriormente do Homem – profundamente **masculino-machista**.

Desde seu surgimento, esteve fundada numa filosofia mecanicista e experimental preocupada apenas em cultuar a **racionalidade** e a **objetividade**. E o que pretendo mostrar é que esse culto encontra-se intimamente vinculado a um movimento de repressão dos sentimentos e da sensualidade; consequentemente, a uma tendência a estabelecer racional e "objetivamente" a inferioridade "natural" da inteligência feminina e a exaltar a superioridade inconteste da masculina.

Em outras palavras, nossa ciência nascente é portadora de uma dimensão tipicamente machista. Seu grande projeto? Fazer do conhecimento uma apropriação intelectual (ato de apoderar-se, submeter, subjugar, dominar, manipular e exercer um poder) de um campo empírico ou ideal de dados ("fatos", pela apropriação empírica; "ideias", pela apropriação conceitual). Doravante, passa a cultivar e a impor dois de seus atributos constitutivos: o de **dominação** e o de **consumo** (utilização) de um campo ordenado, racionalizado e objetivado de fatos ou de ideias. O que a caracteriza? Seu desejo de dominar, explorar, subjugar e manipular. Com a ascensão dos burgueses, é toda a mentalidade que se altera: doravante, as *atividades práticas* (não guerreiras e não clericais) passam a ser valorizadas e estimuladas. De onde uma mudança de mentalidade indo no sentido da *eficácia* e do *racionalismo*.

No início, esse racionalismo não tinha pretensões metafísicas. Correspondia a preocupações eminentemente concretas: organização da produção, gestão dos negócios, melhoria dos produtos etc. O homem de negócio, para ganhar dinheiro, deveria desenvolver uma atividade metódica e ultrapassar a rotina. O comércio é um negócio de *cálculo* ou propriamente racional. Não foi por acaso que a modernidade se manifestou fundada em três grandes mitos: o do domínio do Universo, o do progresso ou necessidade histórica e o da felicidade ao alcance de todos.

Ciência Domínio

O objetivo fundamental da nova ciência, como insistentemente prega seu anunciador e profeta Bacon, como demonstram seu herói e mártir

Galileu e seu tematizador filosófico Descartes, consiste em dominar a natureza, isto é, tornar-nos seus "mestres e possuidores", porque o Saber e o Poder andam juntos. Para esses pioneiros do pensamento moderno, numa sociedade não mais centrada em Deus, mas no comércio, na indústria e na busca do lucro, não pode mais haver conhecimento em si, inteiramente gratuito ou desinteressado: todo conhecimento está a serviço da instauração do "reino do homem" visando a felicidade de todos.

Se quisermos utilizar tal projeto, precisamos reconhecer as causas das leis naturais, forçar a natureza a submeter-se ao novo poder da Razão para que se ponha a serviço do "reino humano". Doravante, não podemos abrir mão de nossa condição de senhores do mundo: precisamos exercer nosso poder sobre as coisas a fim de transformá-las e colocá-las a nosso serviço. Não por acaso a ideia de progresso esteve ligada ao suposto "projeto moderno" de domínio racional dos fenômenos naturais e morais inspirado por Bacon e Descartes.

Mais tarde, outros pensadores se convenceram de que, afinal, a política poderia e deveria se tornar uma "ciência positiva" suscetível de fazer reinar a paz entre os homens; e de que as sociedades deveriam ser cientificamente organizadas em vista da "produção de coisas úteis". De onde a famosa fórmula de Saint-Simon considerando o futuro da política como "a passagem do governo dos homens à administração das coisas" (slogan da tecnologia moderna, retomado por Marx para definir o socialismo).

De posse de uma nova magia, da magia natural fundada, não mais na crença na onipotência das ideias, mas na técnica, temos condições de transformar o mundo, não com os velhos meios absurdos e obscurantistas, mas à maneira de Alexandre Magno e Júlio César, obtendo vitórias reais e conquistando concretamente a superfície da terra. Este projeto de conhecimento ou de dominação surge no momento mesmo em que passa a desempenhar um importante papel toda uma burguesia ascendente ávida de poder econômico e político não decorrendo mais de privilégios ou de direitos de nascimento (nobreza), mas do trabalho (de uma atividade de negação do *otium*: *nec-otium* = negócio), das realizações e do saber de indivíduos livres capazes de modificar o mundo de maneira a produzir valores ou bens social e individualmente úteis e podendo satisfazer suas necessidades. Eis a origem da expressão baconiana "Saber é Poder": assim como o conhecimento fornece a riqueza, o poder da riqueza cede o lugar à riqueza do poder.

Em seu conjunto, a Ciência Moderna passa a funcionar segundo normas ontológicas e metodológicas diretamente ditadas por uma visão do mundo ao mesmo tempo racionalista e mecanicista, valorizando a eficácia prática. E o critério dessa eficácia logo passa a ser percebido como o mesmo da verdade: a "verdadeira" ciência é a que se conforma aos ideais práticos de uma sociedade empreendedora de negociantes, industriais e engenheiros. Em outros termos, é a que gera uma *competência* capaz de efetuar produções e transformações.

Com o tempo, todos vão sendo tomados e possuídos por um incrível otimismo na eficácia da nova ciência. A confiança que todos nela depositam, no final do século XVIII, é praticamente ilimitada. Em seu conjunto, ela passa a funcionar segundo normas ontológicas e metodológicas diretamente ditadas por uma nova "visão de mundo"(*Weltanschauung*), expressa por um racionalismo decididamente calculador e quantificador e fundada num mecanicismo triunfante e conquistador. Muda completamente a concepção da Natureza. É decretado seu fim como fonte de dons gratuitos. Passa a ser concebida como devendo obedecer a uma ordem racional inteiramente determinada por uma filosofia experimental impondo-se vitoriosamente às demais formas de saber. Todos os fenômenos naturais passam a ser explicados por referência à matéria em movimento. O mundo se apresenta como um sistema mecânico funcionando exatamente como uma máquina.

Aos poucos, esse mecanicismo se converte no programa geral da ciência. O que se oculta, por detrás dessa metáfora da máquina, é todo um projeto prático de dominação e manipulação: do exercício efetivo de um poder. A ambição é a de mudar a face do mundo. Uma convicção começa a se impor: só a ciência ("filosofia natural" ou "filosofia experimental") é capaz de nos dar acesso à realidade ou de conhecê-la; somente ela nos permite o domínio e a apropriação das coisas e nos transforma em sujeitos de nossas ações.

Esse sonho vai se converter, com os pensadores pós-iluministas, no projeto da ideologia cientificista: organizar cientificamente, não somente o mundo natural, mas a sociedade. Trata-se de um pensamento dominado por uma visão reducionista e materialista não tendo mais nada a dizer sobre questões como a vida, a consciência, a subjetividade ou a liberdade.

O modelo galileano-newtoniano de ciência, visando a construção de um conhecimento e de uma prática conformes aos ideais da transparência "racional", sempre proscreveu as *qualidades sensíveis* do mundo (emoções, paixões, sentimentos). Para conhecermos o verdadeiro ser do Universo, precisamos abandonar nossas sensações e impressões, desejos e afetos; numa palavra, nossa *subjetividade*. Porque é composto unicamente de corpos materiais (*res extensa*). Todas as qualidades se dissolvem na subjetividade dos indivíduos. A partir delas, não podemos formar proposições científicas rigorosas e racionais, objetivas e universais. Quanto à essência mesma das coisas, dispomos de um conhecimento exato e ideal suscetível de fornecer-nos verdades racionais e de impor-se a cada um de nós: este conhecimento ideal das figuras dos corpos é a geometria.

Em seu *Saggiatore*, Galileu declara que podemos conhecer o ser verdadeiro da Natureza dominando sua língua, cujos caracteres são triângulos, círculos e outras figuras geométricas. A realidade das coisas fica reduzida às suas determinações ideais. É abandonado o caráter sensível deste mundo onde vivemos, caráter fazendo dele um mundo humano, o mundo da vida. No fundo, essa concepção exerce, na prática, uma verdadeira censura e uma tremenda pressão sobre nossa "liberdade". Porque esta, na perspectiva do saber analítico e redutor, aparece como mito ou pura ilusão. Quer dizer: uma ideia de "homem" não fundada no saber científico.

Queremos dizer que a Ciência Moderna já nasceu dominada por uma dimensão predominantemente masculino-machista, dimensão que não lhe é intrínseca ou imanente, pois trata-se de uma velha e preconceituosa herança cultural, de um produto da cultura. Os fatores socioculturais que determinaram seu nascimento, sua elaboração e sua estruturação já nos permitem afirmar que, desde o século XVII, todo o universo social se torna invadido e dominado por uma racionalidade científica cada vez mais triunfante. E que esta racionalidade se vincula estreitamente a um sistema de força e poder que se impõe convertendo-se no mais poderoso instrumento a serviço da produção.

Ora, se os princípios da ciência foram elaborados e estruturados para servir de instrumentos conceituais dos que passaram a controlar o sistema produtivo, e se é verdade que passamos a "viver e a morrer sob o signo da racionalidade e da produção" (Marcuse), não vejo como não possamos ler, nessa racionalidade e nesse universo do controle produtivo, a presença de um inegável, poderoso, insidioso e "oculto" código masculino.

Ao elaborar um conjunto de conceitos e um método de conhecimento capazes de promover um universo no qual a dominação da Natureza conduz à dominação dos homens, nossa ciência estruturou-se a partir de um princípio de racionalidade fundado numa filosofia de caráter nitidamente *patriarcal-masculino-machista*. Os fatores socioculturais que ressaltavam a supremacia do pensamento masculino sempre encontraram sua legitimidade na Razão, na objetividade, na eficácia e na dominação.

Domínio sobre a natureza mulher

Nossa ciência (desde seu nascimento no início da era moderna) vem conduzindo a sociedade a colocar e conceber seus problemas em termos estritamente racionais, de força, competição, controle e dominação. Ao surgir, um de seus objetivos foi logo o de mudar inteiramente o paradigma natural em vigor. A natureza orgânica é considerada em seu aspecto feminino como mulher. Além de ser portadora de mistérios, possui o caráter sagrado da mulher-mãe, o símbolo máximo da feminilidade. Vários interditos a protegem. Os alquimistas evitam modificá-la, admitindo apenas acelerar seus processos internos: não pretendem ser acusados de profanadores nem de violadores incestuosos.

Mas eis que a Natureza se torna desvitalizada e mecanizada, convertendo-se em matéria inerte e passiva, submetida ao empreendimento dominador e masculino de cientistas e técnicos que, utilizando sua Razão, passam a explorá-la, conquistá-la e dominá-la. Não somente deixa de ser mulher, mas o novo saber expropria as mulheres (notadamente as feiticeiras, bruxas e curandeiras, depositárias dos saberes tradicionais, mancomunados com os poderes de vida e morte, com as paixões humanas e seus sortilégios) de todo e qualquer saber. Só o homem sabe, pois só ele pode. Só ele faz ciência. Esta, por ser masculina, não tem o mínimo interesse pelas causas finais. Exorciza a Natureza de todas as intenções, afinidades e simpatias. Ciência de mecânicos, só leva em conta as causas eficientes, dividindo o mundo em poderes ativos e substratos passivos. A Natureza não é mais considerada como um receptáculo de formas e qualidades, mas como um reservatório de energias quantificáveis que ao homem compete domesticar e subjugar.

Desde o início da era moderna, os filósofos experimentais e mecanicistas constataram que os aristotélicos sempre se mantiveram totalmente impotentes diante da Natureza: não era conhecida (apropriada e dominada), apenas contemplada, ficando completamente "intocada" e "inviolada". Rompendo com esse tabu, os "modernos", os "verdadeiros filhos do saber"(Bacon), são convidados a "penetrar mais fundo" e a "submeter a Natureza", a "atravessar seus pátios exteriores" e "violá-la" para encontrar "um caminho conduzindo a seus Apartamentos privados". Na "alcova", a "conhecem", quer dizer, a possuem, dela tomam posse.

Em *Advancement of Learning* (1605), Bacon proclama sua máscula intenção de presidir ao "nascimento verdadeiramente masculino do tempo", de inaugurar a nova era na qual a humanidade deveria adquirir o poder de conquistar e submeter a Natureza, de abalá-la até em seus fundamentos. Os homens precisavam se unir contra ela "pra tomá-la de assalto e ocupar seus castelos e suas fortalezas". Praticamente, todos os "modernos" concebem a Ciência como uma atividade masculina permitindo o domínio da Natureza feminina, cujos segredos mais íntimos deveriam ser "penetrados", "desvendados" ou "desvelados".

Com a mudança de paradigma, a Natureza se torna Mulher, se feminiza. Os minerais crescem no seio da Terra-mãe. As substâncias e os seres, em suas múltiplas metamorfoses, põem em jogo uma sucessão de gerações, casamentos e mortes, como mostra a alquimia. Às mulheres (bruxas, feiticeiras ou curandeiras) são reservados os saberes tradicionais, com as paixões humanas e seus vários sortilégios: "sacerdotisas da natureza" ou "sibilas da ciência", conforme expressões de Michelet.

Assim, no Ocidente, a ciência nascente funda sua pretensão à universalidade na exclusão da metade do gênero humano. Ciência de homens, proscreve as causas finais reinando no Cosmos e exorciza a Natureza de todas as intenções, afinidades e simpatias. Por outro lado, ciência de mecânicos, só considera as causas motrizes, dividindo o mundo em potências ativas e substratos passivos. A Natureza deixa de ser um receptáculo de formas e qualidades para se tornar uma espécie de reservatório de energias quantificáveis e domesticáveis pela Razão masculina. Esta é mais forte que a Natureza. Sua força é o reflexo e a marca daquilo que, desde sempre, os homens tentaram impor às mulheres: designa o poder viril. Numa palavra, a ciência seria falocrata.

Temos aí uma questão absurda, pois a ciência é considerada neutra no combate opondo o masculino e o feminino: seu conhecimento sublimaria e transcenderia o sexo. Pura, ignoraria a impureza sexual. Quase divina, estaria ao abrigo das fraquezas humanas. Absoluta, se situaria para além das contingências impostas pelo relativo (o que afirma um sexo em relação ao outro). Produto do espírito, traço comum por excelência dos homens e das mulheres, não traria a marca da carne (esta sim, diferencia). Desencarnada, estaria a serviço de valores eternos e supraterrestres. Preocupada essencialmente com o Saber, gozaria da imunidade conferida pela atividade intelectual (seria inquestionável). Do alto dessa torre de marfim, não está pronta para escutar as questões das mulheres.

Ora, se só pode ser feita por homens, por indivíduos autônomos e libertados de ideias preconcebidas, se constitui o motor principal de nossa sociedade predominantemente masculina, como poderia estar ao abrigo de toda contaminação "machista"? Por que milagre praticaria outra coisa senão uma linguagem masculina, um solilóquio forçosamente perverso e pervertido? Emblema privilegiado de nossas sociedades, não teria a onipresente e onipotente ciência se convertido (desde seu nascimento) num símbolo fálico, quer dizer, num símbolo de força e fonte de vida, mas também num instrumento de opressão e repressão? O modo como o homem a utiliza não é semelhante à maneira como usa seu órgão sexual? Não utiliza seu falo para dominar, como instrumento de poder, para negar ou renegar os que dele se distinguem? A ciência se perverte quando funciona como o macho. De onde os protestos de algumas feministas[3] vendo um paralelo entre a exploração tecnocientífica da Natureza e a exploração social das mulheres.

Nossa ciência já foi bastante estudada enquanto fenômeno sociocultural: muito já se interrogou sobre seus pressupostos filosóficos, religiosos e ideológicos, sobre suas relações com a sociedade e a indústria. Mas não estou convencido de que os epistemólogos e historiadores das ciências tenham se preocupado o suficiente em elucidar uma questão que nos parece merecer certo destaque: seria a ciência uma instituição masculina?

Apesar do aparente bizantinismo dessa questão, e embora possa parecer um delírio imaginar a ciência dependendo de uma análise em termos de sexualidade, perguntar-se se a ciência moderna se impôs, no Ocidente, fundada numa ideologia de tipo marcadamente machista. Seu nascimento e seu desenvolvimento constituem o produto de uma estreita relação dialética com a ideologia dominante do saber. Primeiramente, com a ideologia naturalista, segundo a qual nada existe fora da natureza (negando a existência do sobrenatural). Posteriormente, com a cientificista, segundo a qual só as ciências naturais fornecem o único modelo de verdade e de conhecimento válido. E o que afirmo é que essas duas ideologias foram historicamente marcadas e governadas por

---

[3] Cf. MECHANT, C. *The Death of Nature: Women, Ecology, and the Scientific Revolution*. 1983.

um código fundamentalmente masculino. A este respeito, ver o texto de J. Novicow (1910):

> A ciência é o que há de mais sublime no mundo. Ela é nossa última instância. Para os espíritos populares, é como a mais elevada das deusas. Felizmente, para o gênero humano, o prestígio da ciência aumenta todos os dias. E certamente, quanto mais avançar a civilização, mais ela avançará. Em primeiro lugar, porque a ciência fará descobertas sempre mais numerosas, mais profundas e mais surpreendentes; em seguida, porque os homens, libertados das concepções mitológicas e infantis, terão os espíritos melhor preparados para receber os ensinamentos provenientes de pesquisas positivas, precisas e exatas. Em breve, chegaremos a fazer uma política racional, como já fazemos máquinas elétricas racionais, porque construídas unicamente sobre dados positivos, e não sobre tendências subjetivas.[4]

Algumas fórmulas do machismo científico

O triunfo da filosofia mecanicista, repousando na distinção dicotômica entre matéria (*res extensa*, desprovida de todo valor) e espírito (*res cogitans*, raciocinante, indivisível e imaterial) apresenta-se como a confirmação ou prova da superioridade da classe dirigente masculina. Esta superioridade incontestável do homem sobre o mundo e a reconhecida legitimidade de sua apropriação pelo homem constituem dois traços distintivos do cartesianismo. Porque o homem nada mais é que o elemento masculino das camadas dirigentes da sociedade: "é uma ideia histórica, não uma espécie natural", na expressão de Merleau-Ponty.

A grande maioria dos homens é assimilada aos autômatos de Descartes, com pouca capacidade raciocinativa. O que devemos fazer para compreender a conduta dessa "grande máquina do mundo" (o "mundo" incluindo a maioria dos homens e das mulheres)? Muitos pensa-

---

[4] NOVICOW, J. *A emancipação da Mulher*. Ed. Aillaud, 1905, 2ª ed.

dores da época responderiam: precisamos apenas da ajuda da "filosofia experimental".

Quanto ao papel das mulheres, em diagnóstico de todos, resumido pelo filósofo Malebranche, elas, por essência, são inferiores aos homens, pois a "fibra cerebral feminina é tenra e delicada", não possuindo a firmeza, a solidez, o vigor nem a consistência da masculina. Por conseguinte, não conseguem compreender as coisas abstratas: "sua imaginação não possui força e capacidade para penetrar na profundidade dos problemas".

É justamente essa capacidade intelectual superior dos homens de "penetrar na profundidade das coisas" para conhecê-las que passa a justificar sua dominação sobre as mulheres. Surge um problema: como o filósofo mecanicista demonstra sua superioridade mental sobre os indivíduos "inferiores" e o conjunto das mulheres apenas demonstrando sua própria masculinidade? Não precisava fornecer provas mais evidentes de sua virilidade face às mulheres potencialmente mais exigentes (nos planos afetivo e sexual) e a indivíduos potencialmente "superiores", embora "mentalmente inferiores"? De que modo esse filósofo, homem de reflexão e raciocínio, tenta demonstrar sua virilidade diante de indivíduos masculinos inferiores e do conjunto das mulheres? Pela aplicação da filosofia mecanicista à apropriação tecnológica de um mundo natural desumanizado e passivo.

Não por acaso a filosofia mecanicista de Descartes (asceta no plano sexual e enunciador do princípio dualista espírito-matéria) converteu os homens em "mestres e possuidores da Natureza". Claro que não faltam argumentos tentando provar que a ciência não implica nenhuma ideologia sexista. O blusão branco dos laboratórios apaga, nivela e normaliza os corpos dos cientistas; os testes psicológicos de aptidão intelectual demonstram que os homens e as mulheres possuem o mesmo instrumento cerebral indispensável à prática científica; a demonstração empírica alcançada por homens e mulheres revela a ausência de correlação entre sexo e produtividade científica; o testemunho de inúmeros cientistas demonstra que a ciência, para progredir e realizar seus extraordinários feitos, não leva em conta o sexo de seus operadores. Tampouco, como dizia Descartes, os argumentos de autoridade, mas tão somente a autoridade dos argumentos, venha de onde vier.

Desde os Gregos, a Natureza é concebida como *feminina*. O mundo é um *ser vivo*. Platão o considera um animal. Cícero o vê como um ser vivo dotado de sabedoria. Até o Renascimento, é à metáfora do *organismo* e às noções biológicas que se faz apelo para explicar a Natureza e a sociedade. Platão compara a sociedade a um indivíduo: o cérebro corresponde aos filósofos, que devem dirigir a cidade; o coração, aos guerreiros, caracterizados pela coragem; o ventre representa os trabalhadores, em contato direto com as realidades materiais.

São importantes as noções de nascimento, crescimento, doença, velhice e morte. Porque tudo é vivo: a Terra e a sociedade podem nascer, desenvolver-se, degenerar-se, envelhecer etc.: a passividade não é só das mulheres, mas da matéria e das classes sociais inferiores. E todas essas imagens possuem um valor *normativo*: encarnam certa ética e definem condutas socialmente boas ou más.

O caso da exploração das minas é exemplar. Durante séculos, a Terra é percebida como um ser vivo percorrido por "veias metálicas (os metais são dotados de vida). No plano moral, os mineradores se comportam como *violadores*: por cobiça, penetram nas entranhas da Terra, perpetrando uma agressão "biológica". Os terremotos constituem um protesto ou revide da Mãe Natureza. Só nos tempos modernos se começa a respeitar a Terra-Mãe. No século XVI, legitimam-se ideologicamente as atividades minerais: é útil e bom penetrar no seio da Terra para dela extrair os metais e as riquezas, importantes para a agricultura, a pesca, a criação, as construções etc. Todo o discurso do "Progresso" já se encontra aí esboçado. Nasce o primeiro projeto antiecológico. A palavra de ordem? Racionalizar a Natureza e a produção.

Embora esse tipo de raciocínio introduza certa dimensão feminina na prática científica, a ideologia nega que se deva envolver, na demarche científica, sob pena de perturbar sua coerência interna, qualquer conotação sexuada. No entanto, ao analisarmos o programa histórico da ciência, não podemos negar que tenha se imposto como um projeto de dominação, objetividade e apropriação racional do real. Tampouco podemos negar que ela vá encontrar seu fundamento último em sua capacidade de dizer o que é real e impor-se eficazmente no que diz respeito aos objetivos que se propõe. Porque se constituiu, não apenas como produção de teorias e conceitos, mas como fenômeno de civilização e prática social encarnando a mentalidade e os valores masculinos da sociedade, tendo sua racionalidade e objetividade permitido aos homens afirmarem ainda mais sua pretensa superioridade cognitiva sobre as mulheres.

Sob essa forma condensada, tal afirmação pode constituir uma brincadeira de mau gosto ou uma provocação aos defensores de uma concepção purista da ciência ou da "ciência pura" (fundamental, teórica ou básica). Com efeito, segundo os "puristas", a única motivação da pesquisa científica consiste na curiosidade intelectual, no desejo de conhecimento, no progresso do saber e na busca desinteressada da verdade. É claro que não ignoram o fato de as pesquisas fundamentais constituírem um reservatório de ideias, resultados e informações permitindo-lhes resolver certos problemas concretos.

No entanto, defendem ardorosamente que precisam abster-se, para que se torne eficaz a constituição desse reservatório, de todas as ideias preconcebidas sobre o que poderia ser útil aos práticos. Ademais, precisam eliminar, de suas pesquisas, as influências nefastas dos fatores socioeconômico-políticos. Como se pudessem construir seus saberes prescindindo de tomadas de iniciativas, de formulações de hipóteses e teorias, que são construções simbólicas inventadas. Quer os cientistas queiram, quer não, suas iniciativas emanam de sua subjetividade. Quase sempre refletem suas ideologias pessoais. Historicamente, foi assim que as coisas se passaram.

Muito embora possamos reconhecer que a ciência, enquanto conjunto realizado de conhecimentos, constitui a mais impessoal das produções humanas, nem por isso temos o direito de negar esta evidência, reconhecida por Einstein: "Considerada como um projeto que se realiza progressivamente, a ciência é tão subjetiva e psicologicamente condicionada quanto qualquer outro empreendimento humano". Por isso, não vejo como possa constituir motivo de escândalo a tese segundo a qual a racionalidade científica, em seu processo histórico de realização, não encontra apenas nela mesma sua justificação e a determinação de suas leis, mas encarna toda uma série de valores socioculturais, entre os quais destaco os masculinos.

Creio ser essa uma tese bastante interessante e fecunda, porque nos coloca diante de uma questão intrigante: por que os homens da época moderna tiveram tanta necessidade de recorrer ao poder da racionalidade científica para reforçar e justificar tanto sua identidade face ao feminino quanto sua dominação machista? Analisando os condicionamentos socioculturais da revolução científica, podemos interpretá-la fazendo apelo a uma distinção que, a partir dessa época, impõe-se socialmente de modo bastante forte: de um lado, situa-se o modelo masculino, identificado com a Razão (objetividade); do outro, o modelo feminino, identificado com o Sentimento, a emoção, a paixão, a intuição, numa palavra, com a subjetividade.

Estes dois modelos podem ser caracterizados pelos seguintes qualificativos contrastados: o homem é forte e dominador; a mulher é fraca e meiga; o homem é corajoso e agressivo, a mulher é paciente e tímida; o homem é ativo, a mulher, passiva; o homem é cerebral, a mulher, emocional etc. Assim, revigora-se a velha distinção entre, de um lado, o homem forte, dominador, corajoso, ativo, empreendedor, agressivo, criador, inteligente e racional, do outro, a mulher fraca, meiga, paciente, intuitiva, pouco inteligente, subjetiva e pouco racional.

Qual o objetivo principal dessa dicotomia (dualismo ou esquizofrenia)? Sempre foi o de afirmar e reafirmar a incontestável e histórica superioridade do homem sobre a mulher em todos os domínios, notadamente no campo do conhecimento, consequentemente, do mando ou exercício da autoridade. Trata-se de uma superioridade que, tendo sido aceita social e historicamente como uma verdade de fato, precisava agora ser racionalmente justificada e legitimada de direito. E nada melhor para fundá-la, justificá-la e legitimá-la que a ciência praticada pela Razão masculina. Doravante, ela não responde mais apenas ao desejo socrático de conhecimento, mas passa a funcionar como eficaz instância de uma produção: a produção da verdade, colocando-se logo a serviço de uma instância ainda mais fundamental e superior: a da produção (de bens).

Já em 1949 Simone de Beauvoir reconhece o caráter masculino da racionalidade científica na medida em que ela passa a encarnar as virtudes de objetividade, dominação e força: "A religião da mulher estava ligada ao reino da agricultura, ao reino da duração irredutível, da contingência, do acaso, da espera e do mistério. O reino do homo faber, ao contrário, é o reino do tempo que podemos vencer, como o do espaço, da necessidade, do projeto da ação e da razão".[5]

Poder, atividade, passividade

A verdade buscada pelos filósofos mecanicistas e experimentais é a que se mede pelo **poder** que ela confere. O conhecimento que procuram conquistar é o *das causas* dos processos naturais. Não lhes interessa apenas levantar o véu ("desvelar") da Natureza nem surpreender seus segredos ("neles penetrar"). A busca do poder sobre o mundo natural (século XVII) realiza-se num contexto de extrema estratificação social. Esses filósofos estão aliados a grupos dirigentes e privilegiados. Sua interpretação do mundo natural e suas descobertas vinham reforçar seu poder. Negativamente, contestavam os poderes mágicos femininos, negando às mulheres qualquer papel ativo. Positivamente, pretendiam que só os homens detinham o poder criador do verbo (*logos*, razão). Deus pai criou o cosmos por seu verbo sem nenhuma interferência feminina.

Na sociedade capitalista que se forma, a prova da virilidade do homem e os meios de oprimir a mulher permanecem ancorados na força física superior do homem calculador e raciocinador. Doravante, a virilidade da classe dirigente (burguesa e científica) pode ser demonstrada pela grandiosa apropriação tecnológica da Terra. Diferentemente do simples poder verbal

---

[5] BEAUVOIR, Simone. *O segundo sexo*. Vol. 1-2. São Paulo: Nova Fronteira, 1980.

do mágico (onipotência das ideias), o poder científico sobre os processos naturais se revela tão eficaz que tanto os cientistas quanto os dirigentes da sociedade se orgulham de possuir um meio concreto de demonstrar sua virilidade e se convencerem de sua indiscutível "superioridade".

A mensagem segundo a qual o homem é **ativo**, portanto, criador etc., e a mulher é **passiva**, portanto, incapaz de criar etc., é bastante antiga. A originalidade dos Tempos Modernos consiste em retomá-la e conferir-lhe o estatuto de um critério diferenciador entre os sexos.

Se dermos uma olhada na obra de Platão, não vamos encontrar sinais de um respeito particular pelas mulheres ou que atribua-lhes alguma dignidade. Pelo contrário, no que diz respeito à virtude, afirma que estão muito abaixo dos homens. Como sexo frágil, são mais traiçoeiras, astutas e superficiais. Exaltam-se e exasperam-se facilmente. São inclinadas ao insulto, supersticiosas e pusilânimes. O fato de nascer mulher constitui uma maldição dos deuses: os homens que, no decorrer de sua vida, não conseguirem se controlar, deixando-se levar pela covardia e pela injustiça, receberão como punição, após sua morte, renascerem mulheres. Ademais, o casamento do homem com a mulher não pode ser baseado na busca de simpatias e disposições comuns entre os dois: deve estar fundado num acordo visando a geração e a criação de filhos. Não é a simpatia que une o homem à mulher, mas a tarefa de produzir uma descendência o mais bem-educada possível. Por isso, compete ao Estado cuidar para que os parceiros adequados se encontrem. As mulheres são destinadas aos homens como recompensa por sua capacidade guerreira, como um objeto de posse, como uma propriedade para seu uso particular, devendo servi-lo como a seu senhor.

Quanto a Aristóteles, sua teoria hilemórfica (todo ser é composto de matéria e forma) constitui a mais contundente justificativa racional da inferioridade "natural" (por natureza, por essência) da mulher. Com efeito, segundo essa teoria, é o macho que dá forma ao sangue fornecido pela fêmea (matéria). Sendo assim, "A fêmea, enquanto tal, é passiva; o macho, enquanto tal, é ativo". E acrescenta: "A fêmea é um macho mutilado" (Freud dirá que nenhuma mulher escapa ao inelutável complexo de castração provocado pela descoberta de que é privada do pênis). Sua conclusão não podia ser outra: "A relação do macho com a fêmea é naturalmente (quer dizer, por natureza, por essência) a relação do superior ao inferior". Portanto, a semente (*sperma*) do macho fornece o princípio ativo ou a forma à matéria receptiva e passiva feminina. A fêmea, um simples "macho infértil", fornece a matéria sobre a qual opera o princípio ativo masculino. Quando tudo se passa bem, da união sexual resulta um rebento macho. Mas se o princípio ativo é defeituoso ou apresenta uma anormalidade qualquer, nasce um rebento feminino. De onde o caráter congenitamente imperfeito e inferior da mulher.

> Assim como pais disformes dão origem a rebentos ora disformes ora não, da mesma maneira os rebentos produzidos por uma fêmea são por vezes do sexo feminino por vezes machos. A razão disso é que a fêmea é um macho malformado; os escorrimentos menstruais são espermas, mas em estado impuro, isto é, espermas aos quais falta um constituinte, e somente um, o princípio da alma (Aristóteles).

De Aristóteles a Tomás de Aquino, as mulheres são consideradas, não só natural e intelectualmente inferiores aos homens, mas desempenhando um papel eminentemente passivo na reprodução: o de simples fornecedora da matéria para o crescimento físico do feto; ao passo que o pai humano e o Deus pai gozam do privilégio criador de fornecer-lhe, respectivamente, sua alma animal e sua alma racional (espiritual). Na procriação, o papel criador da mulher é reduzido a zero. Teoricamente, constitui apenas um recipiente, uma espécie de receptáculo ambulante para os fetos que se sucedem no decorrer dos tempos. Aprouve a Deus libertar o sexo macho dos cuidados da gestação a fim de permitir-lhe uma melhor apropriação e o domínio do mundo. A mulher deve estar submetida à autoridade do homem. E condenada a sempre obedecer. É um ser dependente, sem nenhuma autonomia. Porque nela não predomina, como no homem, a faculdade da Razão. Foi criada por Deus (da costela de Adão) para ser a simples colaboradora do homem em matéria de procriação. Em todos os demais domínios, o macho é melhor assistido por seus semelhantes masculinos. Deus, em sua infinita sabedoria, ao encarregar a mulher da tarefa da gestação, deixa o homem livre para levar adiante seus elevados objetivos intelectuais. Fornece-lhe diretamente a alma racional (só no século XVI, a Igreja reconhece que a mulher é portadora de uma alma racional, após declarar que o índio é um ser humano, possui uma alma, não devendo mais ser massacrado pelos colonizadores).

Uma das características fundamentais da filosofia mecanicista? Legitimar essa tarefa eminentemente masculina: informar a burguesia, cujo estatuto social começa a se afirmar. Outra característica consiste em instaurar a distinção entre matéria e espírito, vale dizer, entre uma matéria desprovida de toda espécie de valor e o espírito do homem, indivisível e imortal, lugar de tudo o que possui valor. Esta distinção valida a religião, solapa o ateísmo e a magia natural e desqualifica o ocultismo. Sobretudo, funda uma cosmologia legitimando a superioridade do homem sobre o mundo material ou dos objetos do qual a mulher faz parte. Não nos esqueçamos de que a institucionalização da pesquisa do poder sobre o mundo natural se produz, nessa época, num contexto de grande estratificação social. Por isso, a nova cosmologia, ao interpretar o mundo natural, não questiona a legitimidade dos novos detentores do poder. Pelo contrário, vem reforçá-lo.

Afirmações de uma filosofia *masculina*

No que se refere às relações do homem com a mulher, essa concepção grega, predominante em toda a Idade Média, não somente é retomada, mas fortalecida pela ciência moderna. Só ela estaria aparelhada para dominar o real e apropriar-se dele como sua "matéria". Por isso, é a partir do momento em que começa a institucionalizar-se e a impor-se socialmente que seus promotores enfatizam seu caráter fundamentalmente masculino. O físico Henry Oldenburg é taxativo: "A ciência veio promover uma filosofia masculina". O mesmo é proclamado por outro membro da *Royal Society of Sciences*, Robert Hooke: a ciência concebe a matéria como um princípio feminino sobre o qual o homem pode e deve exercer seu poder. Ainda em pleno século XIX, F. Galton, considerado o "gênio vitoriano" e o criador do eugenismo ou darwinismo social, proclama sem nenhum constrangimento a inferioridade natural da mulher. É por esta razão que "os cientistas têm pouca simpatia pelo modo feminino de pensar".

Foi essa filosofia masculina que constituiu o fundamento social, não só da caça às bruxas, mas da inferioridade constitutiva (por natureza) da mulher. Em tempos de crises e desastres, os homens sentem a necessidade encontrar bodes expiatórios nos quais possam descarregar seus medos e ódios acumulados. Depois da publicação do *Martelo das Bruxas*, o bode expiatório passa a ser o sexo feminino. Instaura-se uma grande hostilidade contra as mulheres na Europa cristã: a mais violenta misoginia (ódio, aversão às mulheres). O cristianismo produziu uma forma especialmente virulenta de machismo. Aceitando a ideia grega e judaica da inferioridade natural da mulher, os Padres da Igreja (primeiros séculos de nossa era) proibiram as mulheres de exercer qualquer atividade nas comunidades cristãs: falar, pregar, administrar sacramentos... Teriam sido responsáveis, na lamentável fraqueza de Eva, pela queda e desgraça (pecado) da humanidade. Ademais, eram consideradas como tentadoras da carne e insaciáveis sedutoras sexuais.

Tertuliano (dirigindo-se às mulheres) adverte: "A sentença de Deus recai sobre o vosso sexo; e Seu castigo ainda pesa sobre vós. Vós sois a porta do demônio". Por sua vez, Lactâncio sustenta que a mulher é o agente do Demônio. E São João Crisóstomo não hesita em declarar: "Um dia, a mulher deu seus conselhos e estragou tudo", seduzindo o homem com seu corpo feminino, este "sepulcro caiado". Assim, desde seu início, o cristianismo criou uma tradição de misoginia sem precedentes e inigualável depois. Esta tradição dominou toda a Europa durante a Idade Média, o Renascimento e o começo da era moderna. Para a Igreja, as mulheres só eram reconhecidas enquanto seres assexuados e inacessíveis: a Virgem Maria representando o impossível ideal a ser aspirado. Eis como se exprimiu o abade Conrad de Marchtal:

Considerando que a maldade das mulheres ultrapassa qualquer outra maldade do mundo, que não há cólera comparável à das mulheres e que o veneno das víboras e dos dragões é menos perigoso para os homens que o comércio com as mulheres, decidimos unanimemente, para a salvaguarda de nossas almas, bem como a de nossos corpos e de nossos bens, não mais receber, sob nenhum pretexto, irmãs arriscando aumentar nosso perigo, mas evitá-las como animais venenosos.[6]

O historiador das ciências Keith Thomas nos faz observar que, na Inglaterra do século XVII, "as mulheres são tinham acesso a nenhum dos canais de expressão oferecidos pela Igreja, pelo Estado ou pela Universidade, e as que tentavam invadir essas reservas masculinas provavelmente desenvolveriam uma aparência estranha, mesmo que apenas como forma de autodefesa". De um modo geral, quando queriam ser ouvidas, assumiam o papel de "profetas religiosas", suas palavras sendo a expressão de uma revelação divina. Quase todas que de uma forma ou de outra se destacavam eram logo acusadas de bruxaria ou feitiçaria.

Qual a explicação para o fato de a maioria das bruxas serem de mulheres? K. Thomas dá pouca importância à explicação psicológica: "é mais plausível explicar esse aspecto dos julgamentos por intermédio de considerações econômicas e sociais, pois as mulheres eram os membros mais dependentes da comunidade e, assim, as mais vulneráveis à acusação". Ademais, eram mais suscetíveis às influências de Satanás, por causa das deficiências de seu sexo frágil, porém, voraz e insaciável. Só no século XVIII, começa a ser superada a opinião corrente de que "as mulheres são sexualmente passivas e totalmente carentes de lascívia. A mudança coincide elegantemente com o desaparecimento da crença segundo a qual as bruxas satisfaziam seus apetites sexuais com o Diabo".[7]

---

[6] Apud ESLEA, B. *Science et philosophie*. Paris: Ramsay, 1980.
[7] TOHMAS, Keith. *Da religião e do declínio da magia*. São Paulo: Companhia das Letras, 1991.

Durante os séculos XVI e XVII, as mulheres são concebidas e tratadas como criaturas voltadas para a lascívia e a voracidade. Por conseguinte, constituindo uma ameaça real para o domínio pessoal, a realização intelectual e espiritual do homem. Eis o que diz um personagem do *The Ephesian Matrone*, de Walter Charleton: "Vocês são verdadeiras Hienas, que nos traem pela beleza de sua pele; e quando a loucura nos coloca a seu alcance, vocês caem em cima de nós e nos devoram. Vocês são as traidoras da Sabedoria, o obstáculo ao Labor engenhoso, o entrave à Virtude e o aguilhão que nos leva a todos os Vícios, à Impiedade e à Ruína. Vocês são o Paraíso dos Insensatos, a Peste do Homem sábio e o grande Erro da Natureza".[8]

Por sua vez, Robert Burton registra "a monstruosa e insaciável lubricidade das mulheres".[9] Quanto a Montaigne, reconhece que elas são superiores aos homens, tanto do ponto de vista de suas aptidões sexuais quanto no plano do desejo, a ponto de "seu senhor e mestre, o homem, ficar facilmente exposto ao ridículo como totalmente inadequado em sua função sexual". A "superioridade" e a "dignidade" masculinas são potencialmente vulneráveis em relação à sexualidade sem freios da mulher. Até mesmo Newton teve posições misóginas: sua filosofia natural devia constituir um meio de escapar das mulheres, da sensualidade e do deboche. Consta que, em sua depressão nervosa de 1693, desejou a morte de John Locke, depois de saber que tentara intrigá-lo com as mulheres.

Muitas outras citações poderiam ser invocadas. Mas creio que estas já são suficientes para ilustrar a existência de um consenso (entre os cientistas) na defesa da seguinte posição: as mulheres não possuem a indispensável capacidade intelectual para o empreendimento científico; o órgão produtor de conhecimento é, por excelência, o cérebro; e este sempre foi considerado um órgão tipicamente masculino. Ora, se o homem é, antes de tudo, um cérebro e uma razão, somente ele tem capacidade intelectual para a criação e a prática da ciência. Não sendo

---

[8] CHARLETON, Walter. *The Ephesian Matron*. Publicação de 1659.
[9] BURTON, Robert. *Anatomy of Melancoly*. Publicado em 1638.

por natureza cerebral e racional, a mulher deve ser caracterizada pelo sexo e pela sensibilidade. Esta tese, pretensamente científica, encontra-se sintetizada num texto médico de 1659, que uma vez pude ler: "As mulheres, por causa de seu sexo frio e úmido, não podem ser dotadas de um juízo tão profundo quanto o dos homens. De fato, constatamos que são capazes de ter conhecimentos sobre assuntos fáceis, mas raramente conseguem ir além das noções superficiais quando se trata de ciência profunda".

A maioria das cabeças pensantes do século XVII defende a inferioridade "natural" da inteligência feminina, desprovida de vigor mental indispensável para se penetrar no fundo das grandes questões. Podemos condensar o testemunho de inúmeros cientistas e filósofos dessa época nas seguintes teses machistas: as mulheres são instáveis, volúveis, levianas, emotivas, intuitivas e deixam-se levar pelas emoções; os homens, ao contrário, pensam serenamente, de modo eficaz, profundo, racional, objetivo e facilmente dominam suas emoções.

Lembremos que todo o projeto da *Royal Society of Sciences* de Londres, segundo seu secretário geral Henry Oldenburg, consiste em edificar uma *Masculine Philosophy* graças à qual "o Espírito do Homem se enobrece pelo conhecimento de sólidas Verdades". Em outras palavras, tudo o que é feminino deve ser sumariamente excluído da verdadeira filosofia dessa sociedade: "os naturalistas franceses são mais raciocinadores do que ativos ou experimentalistas. Ora, diz o provérbio italiano, le parole sono femine, li fatti maschi (as palavras são femininas, os fatos são masculinos)". Glanvill, outro membro da Sociedade Real, declara que se sente "mais gratificado pelo senso viril que corre numa eloquência natural e sem afetação do que pela música, pela curiosidade das belas metáforas e pelos períodos cadenciados". Quanto a Sprat, que elabora a história da *Royal Society*, é incisivo: a finalidade dessa sociedade é a de construir uma filosofia especificamente masculina, porque "o Espírito que se funda nas Artes da mão do homem é masculino e constante. O grande e fecundo autômato de Deus (como Boyle chamava a Natureza) seria submetido ao poder dos homens". Eis o maior triunfo masculino: "Conhecer os meios de subjugar a Natureza, de convertê-la na serva de nossos desígnios". Como profetizara Bacon, para o bem da humanidade.[10]

Por que afirmar a superioridade masculina?

Por que o "arrogante" homem moderno tem tanta necessidade de demonstrar sua superioridade mental sobre os indivíduos "débeis" do sexo masculino e o conjunto das mulheres naturalmente inferiores? O filósofo mecanicista sente uma necessidade imperiosa de demonstrar sua virilidade face às mulheres, que, no plano sexual, são mais exigentes e "superiores", posto que mais performantes e insaciáveis que os homens.

Pierre Bayle (1683) afirma categoricamente: "as mulheres podiam satisfazer seus desejos sem pôr em perigo sua reputação, levariam o deboche bem mais longe que os homens". O homem moderno (dotado de reflexão e raciocínio) lança mão, para demonstrar sua masculinidade e sua virilidade, consequentemente, sua incontestável superioridade intelectual, da dominadora filosofia mecanicista, afirmando que os fenômenos físicos se explicam apenas pelo movimento (por oposição ao dinamismo). Porque somente ela permite-lhe a apropriação tecnológica do mundo natural, desumanizado e passivo. Não foi por acaso que Descartes anunciou o princípio do dualismo espírito/matéria, insistindo no fato: só a filosofia mecanicista torna o homem senhor e possuidor da natureza.

A raiz profunda dessa pretensa "superioridade" (no plano do saber) deve ser buscada na tradicional forma de exercício do poder por parte dos homens. O saber pré-moderno ainda é insuficientemente poderoso para assumir os caracteres típicos da masculinidade. O modelo do macho ativo se encarna mais claramente na ciência com o advento do primeiro capitalismo e a consequente ascensão dos comerciantes, empresários, engenheiros e banqueiros.

---

[10] Apud ESLEA. *Op. cit.*, p. 257s.

Quando Bacon firma que o saber é indissociável do poder e Descartes proclama que a ciência converte o homem em possuidor da natureza, estão lançando as bases de uma valorização sistemática das virtudes masculinas no campo do saber e, por conseguinte, caucionando "cientificamente" a inconteste supremacia da inteligência masculina. É todo o progresso da ciência que doravante fica subordinado a suas características fundamentais de *racionalidade, objetividade, dominação, rigor, eficácia e realismo*. Características proclamadas e reconhecidas como exclusivas do sexo forte.

Neste sentido, o racionalismo cartesiano pode ser considerado uma espécie de masculinização do pensamento. Situa a Razão e a inteligência acima da "Sabedoria" e da "afetividade". E a dominação capitalista, ao apropriar-se da racionalidade científica, reforça a dominação da mulher pelo homem. Para manter-se, essa dominação precisa ainda ser repressiva: é exercida de modo produtivo e transformador. O modo como a ciência exerce seu poder está baseado em sua eficácia produtiva e em sua riqueza estratégica: produzir o real. E ao fundar-se numa "filosofia experimental", torna-se um negócio tipicamente viril. Qual é o objetivo fundamental da "filosofia masculina", operando segundo o "modelo mecanicista"? Desfeminizar a Natureza para, em seguida, refeminizá-la. Eis os dois modos como se deu esse processo:

a) A ideologia dominante do saber amalgama os dois dualismos tradicionais: razão/natureza, objetividade/subjetividade. Os dois dualismos sujeito/objeto e razão/natureza não se recobrem totalmente. Pelo contrário, a razão se situa do lado da objetividade e se apresenta como alternativa para a subjetividade. A razão ordena e domina a Natureza, além de dominar os sentimentos e as paixões. Eis o resultado desse amálgama: de um lado, situam-se a Razão e a objetividade; do outro, a natureza e a subjetividade. Ao mesmo tempo, a natureza é tomada como a realidade objetiva, enquanto a Razão é deslocada para o lado do sujeito. No entanto, apesar desses dois dualismos, lembremos que a objetividade prevalece, de direito, sobre a subjetividade, e que a razão prima sobre a natureza. A subjetividade e a natureza possuem um lugar subordinado. Assim, enquanto sujeitos, submetemo-nos à realidade objetiva. Enquanto sujeitos racionais, dominamos a natureza e a submetemos.

Não se identificam os sujeitos que se submetem e que submetem. Numa palavra, esse amálgama de dualismos se explica pelo papel ideológico que desempenha na justificação e conservação das estruturas sociais.

b) De realidade inquietante, viva, exuberante, dotada de espontaneidade, rica em "forças ocultas e misteriosas", a Natureza passa a ser encarada (pela filosofia mecanicista) como uma espécie de mecanismo. De "dama natureza" ou força criadora, passa a ser estudada como uma gigantesca máquina cujas leis de funcionamento são descobertas por uma filosofia tipicamente masculina. Evidentemente, na origem de tudo, impõe-se a presença de um criador, também Ele do sexo masculino, de nome "Deus pai". De posse dessa concepção, a ciência moderna espera ter decretado o fim da era das bruxas e da magia. Progrediu em virtude da eficácia crescente de sua racionalidade. Liquidou, teoricamente, as objeções de seus opositores. E se triunfou, foi porque seu método conferiu àqueles que o empregaram um poder incontestável sobre os que o ignoravam. Os pioneiros da racionalidade científica maldiziam os dogmas tradicionais, ridicularizavam as superstições populares, combatiam a religião e os feiticeiros acusados de manterem a ignorância das massas. No fundo, esperavam que uma vitória final da Ciência e da Razão viria suprimir os estragos da desrazão, a mistificação e o engodo organizado. Portanto, estaria instaurado o reino da racionalidade. A ciência teria ingressado na era da virilidade propriamente cognitiva. Teria alcançado sua maturidade masculina, seu pleno vigor, sua completa possibilidade de dominar as coisas e submetê-las aos ditames da Razão.

Como se pode notar, o projeto dos cientistas consiste em dominar, possuir e submeter a Natureza ao controle de suas diretrizes racionais e de seus desejos masculinos veiculados por uma ideologia machista cujo alcance pode ser compreendido mediante a metáfora sexual da "penetração". Tal metáfora nos revela que os cientistas devem penetrar no seio da Natureza ("violá-la"), desnudar suas profundezas e desvendar seus mistérios a fim de dominá-la e possuí-la. Tais imagens não são inocentes. Foram muito utilizadas para louvar a chamada "coragem viril" e enaltecer a "potência" masculina; consequentemente, demonstrar que as mulheres são mais desprovidas de qualidades criadoras, possuem um espírito nitidamente inferior ao dos homens e um "segredo" oculto, guardado nas "profundezas" de seu ser, uma espécie de "cofre" que precisa ser "aberto" ou "violado".

Mais uma vez, por que os modernos têm tanta necessidade de proclamar o "poder intelectual superior" do homem? Por que precisam tanto salvar sua virilidade? De que ela estava ameaçada? Se a proclamam com tanta insistência é porque a percebem em perigo. E o que poderia constituir uma ameaça à virilidade masculina senão a situação concreta das relações sexuais entre homens e mulheres?

A este respeito, os preconceitos da época são aceitos como "verdades" e "valores" universais. Até mesmo as autoridades religiosas, os médicos, dramaturgos e escritores põem-se de acordo quanto à superioridade do homem. Entre todos, há um consenso quanto ao fato de serem as mulheres, quando entregues a si mesmas, "pessoas" sexualmente lúbricas, insaciáveis e vorazes. E os homens passam a ter medo de não conseguirem satisfazer a contento aos apetites lascívos e luxurientos dessas vorazes criaturas eminentemente carnais. Receiam que, no leito conjugal, sua virilidade, ficando inexoravelmente à mercê de seus apetites insaciáveis, venha a demonstrar sua fragilidade. O medo do fracasso os apavora.

Neste domínio, não há como o homem deixar de tomar consciência de sua inegável "inferioridade". Em matéria sexual, não consegue "competir" com a mulher ou "mandar no jogo", "comandar" ou "ditar as regras" etc. Por isso, para se sentir compensado e vitorioso, começa a vangloriar-se da superioridade de seu cérebro e de sua inteligência. Para compensar a chamada "fragilidade do pênis", aprimora algumas estratégias defensivas e justificadoras (racionalizadoras) a fim de afirmar sua superioridade em outro nível, no registro mais nobre que é o da Razão dominadora e conquistadora. Uma dessas estratégias consiste em denunciar o caráter vil e degradante daquilo que passou a ser chamado de "ninfomania". Outra, em recorrer ao velho tema do homem ativo e da mulher passiva: o que esta pode fazer, no domínio das relações sexuais, é responder aos desejos de seu senhor e mestre, como se fosse (fazendo uma analogia com o "reforço" dos behavioristas) uma espécie de "caixa preta" onde só importam os *in puts* (estímulos) e os *out puts* (reações).

Portanto, diferentemente do mundo feudal, no qual o homem demonstra sua virilidade guerreando com coragem ou ganhando torneios esportivos, o mundo novo (de empresários, engenheiros e cientistas) tem necessidade de inventar novas formas para garantir a dominação e a superioridade masculina. Dentre todas essas formas, nenhuma suplanta a racionalidade científica. É graças a ela que o homem se torna mais eficaz em seu projeto de dominação da natureza e garante a "virilidade" de sua Razão. Fazer ciência constitui um modo privilegiado de garantir a superioridade masculina e manter a mulher em seu estado natural de submissão.

Daí por diante, passa-se a recusar (no campo do conhecimento) toda uma série de valores que, segundo a ideologia machista, devem ser relegados ao domínio feminino: subjetividade, intuição, ternura, emoção, sensualidade, gosto das relações humanas... Instauram-se os esboços de um verdadeiro processo inquisitorial contra as possíveis infiltrações, no saber científico, de sentimentos, necessidades, desejos; numa palavra, do vivido e de todas as suas manifestações. Inaugura-se o culto à Razão, levando a sociedade a colocar seus problemas em termos estritos de poder, de relações de força e de competição. A espontaneidade afetiva é reprimida e proscrita. Até mesmo as relações amorosas passam a ser fundadas na necessidade de conquistar, sobrepor-se e ser mais forte. Culturalmente, é reforçada a imagem da mulher meiga, instável, sem controle, acolhedora, maternal e devotada.

A este respeito, três teorias ditas "científicas" tentaram, cada uma a seu modo, elucidar os fundamentos do papel feminino: a marxista, a psicanalítica e a feminista (não trataremos delas aqui). Apenas concluamos fazendo algumas observações.

Superar o machismo da ciência: há perspectivas?

Quais as perspectivas de superação da ideologia machista da ciência? Se o código de produção é masculino, se esta ideologia constrói uma barreira estrutural à "integração" ativa da mulher (como sujeito) no sistema socioeconônimo-cultural, talvez ela precise desposar o código desse sistema, mas correndo o risco de perder parte de sua identidade, se é que não pretende ficar prisioneira de seu tradicional estado de submissão. Deverá fazer da ciência um instrumento de sua libertação? Sem dúvida. Contanto que deixe de significar um instrumento de poder dos homens e de constituir um saber voltado exclusivamente para o serviço da produção. Os cientistas contribuíram bastante para a perenidade de uma civilização encerrada no triângulo poder-produção-fálus. Se inúmeras mulheres acedessem à racionalidade científica, certamente contribuiriam para a mudança desse sistema. Adotando ativamente o código masculino em suas práticas sociais, abririam o caminho, não digo para uma ciência nova, mas para um novo modo de se fazer ciência.

Como diz Marcuse, a visão masculina do mundo proposta pela ciência (ampliando o poder do homem, engajando-o no ativismo crescente e sonhando com dominação e conquista) não é capaz de levar a humanidade à paz, ao desabrochamento e à felicidade de viver. Por causa de seu método e de seus conceitos, "a ciência promoveu um universo no qual a dominação da natureza permaneceu ligada à dominação do homem". De onde sua postulação de uma "ciência nova", para que tenhamos um mundo mais humano: seria mais humano se encarnasse o princípio feminino, com suas promessas de paz, alegria e fim da violência.

Teríamos assim uma ciência, se não "feminina", pelo menos não mais governada por um "princípio macho", mas promovendo a paz e a justiça. A ideologia masculina do "feminino" parece enraizada numa atitude de autoalienação face ao corpo e ao mundo consistindo em projetar no outro sexo a metade inferior de nossos dualismos. Numa declaração de 1975, a feminista R. Ruther é enfática: "Não é exagero dizer que o calcanhar de Aquiles da civilização humana, que hoje adquiriu as dimensões de um genocídio e de um ecocídio planetário, é o falacioso desenvolvimento da masculinidade pela opressão da mulher". Isto viria possibilitar a superação da contradição entre o homem e a mulher, tão primitiva e fundamental quanto qualquer outra. Afinal, "é uma metade da humanidade contra a outra" (S. Beauvoir).

Seria tudo isso uma utopia? Talvez. Sobretudo numa sociedade bastante patriarcal, onde o apelo aos sentimentos e às emoções constitui sinal de incurável fraqueza e se postula que somente a virilidade, a força, a eficácia e a racionalidade constituem fatores de "progresso". Mas quem nos garante que tal "filosofia" é tão racional assim? Utopia por utopia, por que não se levar a sério a proclamada por Fourier em 1808? "Os progressos sociais operam-se em razão do progresso das mulheres em direção à liberdade. E a decadência da ordem social opera-se em razão da diminuição da liberdade das mulheres".[11]

A esse respeito, vejamos como se manifestaram as duas formas de socialismo: a *utópica* de Fourier e a *científica* de Marx e Engels. Os "utopistas" deram um importante lugar aos sentimentos, ao coração e à imaginação. Eram "feministas" e, em seu projeto de sociedade, valorizaram os aspectos "femininos" da natureza humana. Para eles, a emancipação das mulheres constituía, não só um objetivo desejável, mas um *meio* importante para se atingir uma sociedade melhor.

Ao contrário, os marxistas "científicos" enfatizaram os aspectos do pensamento masculino: razão, objetividade, gosto da eficácia, da força, da dominação etc. Para eles, a emancipação da mulher não constitui a causa da emancipação geral, mas só sua "medida natural". Posteriormente, em pleno século XX, o filósofo alemão Herbert Marcuse, retomando o essencial das teses marxistas, declara: "A ciência, por causa de seu método e de seus conceitos, promoveu um universo no qual a dominação da natureza permaneceu ligada à dominação do homem". De onde sua conclusão: uma "nova ciência" se torna indispensável se quisermos construir um mundo mais humano. Até hoje, foi o "princípio macho" que predominou em todos os domínios. No entanto, "é a mulher que encarna a promessa da paz, da alegria e do fim da violência".[12]

---

[11] FOURIER, Charles. *Théorie des Quatre Mouvements*. 1808; FOURIER, Charles. *The Phalanstery*. 1851.

[12] MARCUSE, Herbert. *Ideologia da Sociedade Industrial*: O *Homem unidimensional*. Rio de Janeiro: Zahar Editores, 1967.

A este respeito, proclama S. de Beauvoir (1980): "A contradição entre o homem e a mulher é tão primitiva e fundamental quanto qualquer outra. A meus olhos, é tão importante quanto a luta das classes: a mulher e o operário são ambos explorados".

Ao analisar a estreita relação entre a sorte reservada às mulheres e a reservada à Natureza, Carolyn Merchant nos mostra como, histórica e politicamente, os poderes das mulheres começam a diminuir a partir do momento em que se instaura a sociedade comercial, industrial e científica. O objetivo principal dessa sociedade? "Racionalizar" a Natureza e a produção. A nova ciência tinha uma concepção estrita e ordenada das realidades naturais. Para a filosofia mecanicista, a Natureza era concebida como uma máquina, não como um organismo; e nela só havia matéria em movimento. A nova ciência não se interessa mais pelas forças ocultas, pelo mistério, pelas almas e pelos princípios vitais. O importante é prever e calcular. Ao apoiar-se numa filosofia masculina fazendo reinar a Razão, desencanta-se o mundo. As mulheres são percebidas como seres intelectualmente inferiores, ao passo que os homens se atribuem o papel de representantes privilegiados da Razão. A ideologia dominante apresenta a mulher como um ser dominado pelas paixões, pouco dotada para a pesquisa metódica.

O homem, ao contrário, é apto para compreender e dominar a Natureza, graças a seu rigor e a sua objetividade. A nova filosofia da natureza proscreve todo sentimentalismo. Cada vez mais afastadas da produção, as mulheres perdem igualmente o controle da reprodução. A partir do século XVII, as parteiras perdem seu monopólio. Cada vez mais os homens (médicos) as substituem. O grande pretexto? A invenção do fórceps: instrumento técnico utilizado de modo bastante violento nos partos.[13]

Para essa historiadora feminista, as questões relativas ao estatuto da mulher estão relacionadas com as "ecológicas". Durante muito tempo,

---

[13] Cf. MERCHANT, Carolyn. *The Death of Nature*. Harper and Row, 1983.

a Natureza foi concebida como um ser feminino merecendo todo respeito. Contudo, no período entre 1500 e 1700, com a ascensão dos engenheiros, comerciantes e industriais, as atividades femininas se tornam marginais. Desaparece o culto aos valores femininos. As mulheres se submetem ainda mais aos homens. As parteiras são substituídas pelos médicos.

Por isso, nossos atuais problemas ecológicos só serão verdadeiramente resolvidos no dia em que voltar a ser revalorizada a *imagem da mulher* e os homens não forem os únicos gestionários racionais das riquezas naturais. Não se trata apenas de uma gestão utilitária das matérias-primas. Tampouco de uma "ecologia reducionista" à maneira do Clube de Roma. Mas de uma filosofia *ecológica* preocupada com as pequenas comunidades animadas por uma visão "orgânica" das coisas, não por sistemas tecnocráticos. É de fundamental importância a "participação democrática".Todos os problemas precisam ser abordados global, inteligente e humanamente, levando em conta as ciências e as técnicas, sem dúvida, mas também todos os fatores socioculturais a nossa disposição.

Para realizar o projeto fundamental da ciência moderna de libertar a humanidade das tiranias da Natureza e conquistar um poder sobre o mundo exterior, os pioneiros da racionalidade precisaram romper seus vínculos com a "Natureza-mãe" a fim de afirmar seu desejo compulsivo de provar sua masculinidade e sua virilidade. O meio mais eficaz de que dispunham? A apropriação tecnológica cada vez maior da Natureza passiva com o objetivo de "efetuar todas as coisas possíveis" (Bacon). Sentindo-se ameaçado pela sexualidade feminina, pois temia não se mostrar à altura do desejo feminino e das proezas sexuais das mulheres, o homem moderno utilizara todos os recursos disponíveis para demonstrar que era macho dominador, não estando à mercê de seus apetites vorazes.

A esse respeito, é interessante a comparação entre as mulheres e os escravos na Inglaterra a partir do século XVI. Os brancos consideravam os negros como sexualmente mais potentes e bem-dotados pela Natureza. A razão: possuíam um pênis maior que o dos brancos. Apesar disso, os brancos das classes dirigentes mantinham sua incontestável superioridade intelectual. Em uma de suas declarações diz Hume: "Acredito que os negros e, de um modo geral, todas as outras raças humanas, são naturalmente inferiores aos brancos". E comenta: "Jamais houve natureza civilizada que não tivesse tez branca, nem mesmo um único indivíduo eminente, tanto no plano da ação quanto no domínio da especulação. Entre eles (os negros), nada de manufaturas, nada de artes, nada de ciência". E ao reconhecer que o pênis dos africanos é mesmo maior, como demonstram "as escolas de anatomia de Londres", o Dr. Charles White é enfático: "Chegamos à conclusão de que o Europeu branco, que se encontra mais distanciado da criação bruta, pode ser considerado o mais belo da raça humana". Ademais, a caixa craniana, "que contém o cerebrum e o cerebellum, é menos espaçosa no Africano que no Europeu". De onde a incontestável "superioridade das capacidades intelectuais do homem branco".

Se o homem africano é mais potente sexualmente, é porque se encontra mais próximo da natureza animal. Cientificamente, prossegue nosso cientista, há uma gradação das faculdades mentais: na base da escala estão os macacos, com suas capacidades mentais rudimentares; em seguida, os orangotangos (estes protótipos do homem) e os negros; no topo da pirâmide, no limite superior da perfeição, os homens (machos) brancos, superiores a suas próprias mulheres, a todas as outras mulheres e a todos os demais homens (não brancos ou negros).

Por sua vez, T. H. Huxley (1865) também defende as aptidões "superiores" do branco: "Nenhum homem racional, que conhece os fatos, pode crer que o negro seja igual ao branco". Na competição entre o branco e o negro, é o cérebro que conta, **não o corpo**. E na competição entre o homem branco e a mulher branca, o que conta são o cérebro e o **corpo**. Darwin arremata: "O homem é mais poderoso de corpo e espírito que a mulher". O Dr. Acton comenta: "As qualidades intelectuais são inversamente proporcionais aos apetites sexuais, como se os dois fossem incompatíveis; mas a ciência é uma busca do homem branco e uma busca essencialmente viril".

E o médico J.H. Bennet conclui:

O principal traço que, a meus olhos, caracteriza a raça branca e a eleva bem acima de todas as outras é o poder que possui grande número de seus membros masculinos de ampliar o horizonte da ciência, de penetrar além dos limites existentes do saber, numa palavra, em seu poder de descoberta científica. Que eu saiba, nenhum membro feminino de nossa raça participa desse poder mental, desse supremo desenvolvimento do espírito humano; nessas condições, as mulheres não têm o direito de pretender à igualdade intelectual com os homens.[14]

---
[14] Apud ESLEA. *Op. cit.*, p. 298s

2
Pode a Ciência ser neutra?

Considerada como um conjunto realizado de conhecimentos, a ciência é a mais impessoal produção humana. Todavia, considerada como um projeto que se realiza progressivamente é tão subjetiva e psicologicamente condicionada quanto qualquer outro empreendimento humano.
A. Einstein

Não são as ideias da ciência que geram as paixões. São as paixões que utilizam a ciência para sustentar sua causa. A ciência não conduz ao racismo e ao ódio. É o ódio que faz apelo à ciência para justificar seu racismo.
F. Jacob

Até a pura luz da ciência tem necessidade, para resplandecer, das trevas da ignorância.
K. Marx

Uma das ilusões mais visceralmente enraizadas na mentalidade do grande público, ainda em nossos dias, em matéria de ciência, é a de que ela seria "pura" ou *desinteressada,* vale dizer, totalmente desembaraçada das escórias ideológicas, dos preconceitos e das ideias recebidas que abarrotam os discursos não científicos sobre o mundo. Seria também considerada "neutra" no sentido em que os cientistas não emitiriam juízos de valor nem seriam responsáveis por seus aspectos negativos para as sociedades humanas.

"Neutralidade" e seus contextos

Comecemos com um exemplo. Em si, a pesquisa fundamental em física atômica seria neutra. São suas aplicações militares que constituem desvios. Como se essas aplicações não estivessem implicadas no projeto mesmo da física atômica! Claro que, no início, a física nuclear não teve finalidades práticas. No entanto, logo se tomou consciência de que servia para a construção de centrais nucleares, para se produzir energia para a iluminação e o aquecimento. E também se percebeu que servia para fabricar bombas. Para isso é que foi usada em primeiro lugar. Durante a Segunda Guerra mundial, a energia nuclear foi utilizada para fazer bombas (duas foram lançadas no Japão em 1945, matando milhares de pessoas). Portanto, a energia nuclear, ao mesmo tempo em que serve para fabricar objetos ou desenvolver relações com o mundo nos facilitando a vida, produz também efeitos perversos, contrários às boas intenções iniciais.

Assim, inovações que, no ponto de partida pareciam boas, possuem efeitos maus e danosos. O aquecimento planetário é um exemplo, devido ao lançamento, na atmosfera, de quantidade enorme de gás carbônico, provocando o "efeito estufa". O mesmo poderia ser dito das diversas formas de poluição.

Portanto, ou é clara a separação entre ciência e ideologia, e compreendemos mal sua aparente confusão, ou não existe uma separação radical, e seria temerário traçar uma fronteira rígida entre ambas. Mas isto viria contradizer o seguinte fato: na experiência subjetiva comum da maioria esmagadora dos cientistas e filósofos, a ciência e a ideologia se apresentam como entidades absolutamente distintas. O desafio do problema é bem mais amplo, pois não só diz respeito ao estatuto da ciência, mas também, de modo inesperado, à questão da liberdade humana.

Apresentaremos, em suas grandes linhas, algumas abordagens científicas marcadas por aderências ideológicas e políticas. No dizer de Pierre Thuillier, "afirmar a neutralidade da ciência é negar a espécie de lógica operatória que lhe é imanente".[15] Porque é o caráter cultural da ciência que se encontra em questão: ou ela seria de certo modo transcendental, sendo possível sua neutralidade, ou é produzida em determinadas condições culturais, no quadro de um projeto social preciso (implícito ou não), sendo sua neutralidade uma ilusão. Os exemplos que iremos analisar ilustram esse ponto de maneira quase paradigmática. Não nos esquecendo de que é diante das gerações futuras que teremos de responder por nossos atos, pois também com elas devemos ser solidários. Cada um de nós tem necessidade do futuro, porque, sem ele, não conseguiremos dar sentido ao que fazemos.

Sabemos que o problema da *neutralidade* da ciência, uma ciência isenta de valores, foi posto de modo contundente pelo sociólogo alemão Max Weber, notadamente em duas famosas conferências,[16] publicadas como livro[17] durante a primeira grande guerra, tratando do tema da "neutralidade axiológica", do "metiê e da vocação do homem político". Ali define a *ética da responsabilidade*, a única que convém aos que têm a responsabilidade do destino coletivo, e a *ética da convicção*, pertinente apenas ao plano pessoal.

Qual a conclusão geral a que muita gente chegou? A ciência é neutra, competindo apenas ao político decidir. Contudo, após a catástrofe da Segunda Guerra (1945), essa visão é contestada: não é mais possível livrar a ciência de toda responsabilidade como se pudéssemos considerá-la pura e neutra em relação ao processo político. Houve uma clara tomada de consciência: a ciência decide. Mas como? Da mesma maneira como o faz um mecanismo coletivo e anônimo, um processo sem sujeito, cego e irrefletido. Foi isso que Heidegger resumiu num aforismo bastante conhecido: "A ciência não pensa". Longe de ser neutra, é portadora de um *projeto*, podendo ser considerada a realização da metafísica ocidental.

---

[15] THUILLIER, Pierre. *Le petit savant illustré*. Paris: Seuil, 1972.
[16] WEBER, Max. *Wissenschaft als Beruf* – 1917 e *Politik als Beruf* – 1919.
[17] WEBER, Max. *Ciência e Política: duas vocações*. São Paulo: Cultrix, 2004.

De onde podermos dizer que a ciência e a tecnologia, por mais que tenham desencantado o mundo, feito desaparecer sua visão mágica, jamais poderão constituir instrumentos neutros a serviço de uma vontade, que seria política. Como se pudesse existir uma ciência imanente, contentando-se em dizer os fatos, totalmente indiferente aos valores, competindo à filosofia e às religiões a tarefa de conferir sentido ao mundo! Porque não creio que possamos repensar a ciência e a tecnologia "enquanto tais", vale dizer, em termos puramente positivistas e cientificistas, totalmente dissociadas de toda metafísica, de toda ideologia ou imune a todo valor. A este respeito, vale a interrogação da moderna filosofia-política (cf. Espinoza): têm os homens condições de viver juntos e revolver seus problemas em toda *autonomia*, vale dizer, fora de toda transcendência, religiosa ou outra? Neste sentido, e de modo paradoxal, o famoso "desencantamento do mundo" (como desaparecimento de sua apreensão mágica) se revela uma crença ou um ato de fé mais do que uma verdade histórica.

Nos dias de hoje, pouca gente acredita na imagem de uma ciência que seria, por natureza, despojada de sentido, totalmente indiferente a toda escolha moral, social e política, a todo valor. Assistimos hoje, no dizer do físico Bernard d'Espagnat, a uma reabertura dos "caminhos do sentido". O prêmio Nobel de medicina Christian de Duve é mais contundente: é a ciência, não a filosofia, que nos habilita "a nos vermos como uma das partes de um modelo cósmico que apenas começa a revelar-se".[18] A neutralidade é uma ficção inventada, em circunstâncias bastante precisas, no final do século XIX, como uma posição defensiva, no contexto da controvérsia sobre o fracasso da ciência. Para rebater os ataques dos que a acusavam de não ter mantido suas promessas ou, mais tarde, de ter posto em perigo o futuro da humanidade com a bomba atômica, pretendeu-se que seria neutra e que só suas utilizações seriam boas ou más. Todo enunciado científico é carregado de sentido, sobre-

---

[18] STAUNE, Jean (org.). *Science et quête de sens*. Paris: Presses de la Renaissance, 2005.

determinado. Não só porque engaja uma visão do mundo, orienta ou desenha uma paisagem da cultura e da sociedade na qual é produzido, mas porque é carregado de todas as dores e alegrias da vida cotidiana dos pesquisadores que trabalharam para construí-lo.

Assim, na superfície de um árido e anônimo artigo científico, ocultam-se aventuras individuais e coletivas de pesquisadores que hesitaram, depois acreditaram, enfim convenceram seus pares de que por vezes puseram em jogo sua carreira, sua reputação por causa de uma experiência ou de uma fórmula. Sob a abstração de uma fórmula, muitas vezes se oculta uma emoção estética: "A busca da verdade é uma escolha que não exclui seu contrário" (Ganguilhem). Não resta dúvida de que, do ponto de vista teórico, a ciência liberta os espíritos e constitui uma barreira contra o obscurantismo. *Praticamente*, porém, frequentemente há nela algo de desumano, tornando-se indispensável uma melhor orientação social do empreendimento científico.

Nas últimas décadas, numerosos estudos nos mostraram que os debates científicos raramente podem se desconectar do contexto sociocultural no qual aparecem. Tampouco da dimensão psicológica dos pesquisadores. A este respeito, Einstein, um exemplo do gênio tutelar da ciência, é bastante ilustrativo. Sempre ouvimos dizer que a teoria da relatividade geral foi confirmada em 1919 pelas observações de Arthur Eddington. Esta confirmação nos foi apresentada não só como um extraordinário sucesso dessa teoria, mas como o inconteste triunfo da démarche científica, a mais teórica, fundamental ou "pura", "neutra".

No entanto, a história real não é tão brilhante e inocente assim. Qual o projeto de Eddington? Montar uma expedição para fotografar estrelas próximas da direção do Sol, por ocasião de um eclipse, a fim de determinar se a trajetória de sua luz era curva, tal como predizia Einstein (a outra expedição veio para o Brasil, no nordeste, mais precisamente para Sobral, no Ceará: comprovou a teoria de Einstein). Todavia, as más condições metereológicas vieram se acrescentar às dificuldades inerentes a esse tipo de observação. O resultado: fotografias de má qualidade. A expedição corria o risco de fracassar. O que fez Eddington? Convencido da veracidade da teoria da relatividade geral, ajustou os resultados para que correspondessem a suas predições. Qual a lição a tirar? Para compreendermos o dinamismo das ciências, por vezes precisamos fazer intervir considerações culturais, sociológicas e psicológicas.

A esse respeito, lembremos um exemplo histórico. Sabemos que, no início da era moderna, o homem toma consciência da seguinte ideia-chave: o conhecimento pode e deve ser útil. Serve para transformar o mundo e agir sobre ele. O homem não se contenta mais em observar ou contemplar o mundo. Não se contenta em observar como as pedras e as folhas caem, como os astros se deslocam no espaço. Quer fazer experiências. Ao invés de olhar uma pedra que cai, prefere fazer algumas bolas rolarem sobre um plano inclinado, modificar as condições da experiência, observar atentamente o que se passa, proceder a medidas, quantificar tudo o que pode. E foi assim que nasceu a ciência moderna. Herança de Galileu e de seus contemporâneos, logo estabeleceu estreitos vínculos com a técnica.

Num texto célebre, Descartes proclama: graças à ciência, os homens vão se tornar "mestres e possuidores da natureza". Estranha e violenta, com suas tempestades, terremotos, avalanches e vulcões que nos amedrontam, agora temos o poder de dela nos apropriar e nos tornarmos seus dominadores graças ao conhecimento das ciências modernas. Na mesma época, Francis Bacon proclamava: "Saber é Poder": se *sei* algo, posso *fazer* algo.

Neutralidade e método

De forma alguma a introdução de considerações socioculturais vem desqualificar as coerções experimentais e as considerações conceituais relativas às teorias científicas. Simplesmente vem enfatizar as múltiplas dimensões, tanto culturais, sociais e psicológicas, quanto conceituais e experimentais da atividade científica. Todo debate sobre a ciência também se encontra confrontado com o delicado problema da caracterização do método científico. A ideia segundo a qual existe um método próprio da ciência, que todos os cientistas obrigatoriamente deveriam seguir, apesar de suas "fraquezas" humanas, tem sido bem debatido em filosofia das ciências. É justamente esse método que nos permite distinguir a ciência do mito, da metafísica, das pseudociências e de qualquer outra forma de saber.

Por exemplo, Karl Popper, nos anos 70, lançou a ideia segundo a qual, para ser científica, uma teoria deveria ser refutável, vale dizer, os cientistas deviam produzir suas teorias de tal forma que experiências pudessem avaliar sua validade. Isto não nos permitia dizer que uma teoria era verdadeira, mas somente que era falsa. Uma teoria só será científica se for refutável. Inversamente, uma teoria repousando em enunciados não refutáveis, é pseudocientífica. Mas, antes de prosseguir, vejamos sucintamente como surgiu o mito da neutralidade científica.[19]

Sabemos que, num passado não tão remoto assim, competia à Igreja tudo nos explicar o que deveríamos pensar sobre o Homem, a Natureza e Deus. Seu poder explicativo era praticamente absoluto, incontestável e inapelável: *Roma locuta, causa finita* (Roma falou, caso encerrado). Depois, os filósofos tiveram seu momento de glória. No Século das Luzes, poderiam ter dito: *Ratio locuta, causa finita*. Agora, tudo se passa como se os cientistas viessem ocupar os espaços culturais deixados mais ou menos vazios pelo "declínio" dos saberes teológicos e ideológicos. A chamada "secularização", ou "desencantamento", seria não o abandono do sagrado, mas a aplicação da tradição sagrada a fenômenos humanos precisos. Max Weber vê na sociedade capitalista a filha legítima do espírito calvinista. De onde o novo slogan: *Scientia locuta, causa finita* (a ciência falou, assunto encerrado). Tudo parece indicar que os cosmologistas, os físicos, os astrofísicos, os biólogos, os etnólogos, os antropólogos, os sociólogos, os economistas, os psicólogos e os neurocientistas estariam em condições de elaborar uma *nova síntese*.

---

[19] Cf. JAPIASSU, Hilton. *O mito da neutralidade científica*. Rio de Janeiro: Imago Editora, 1979.

Em certo sentido, esse projeto prolonga o de Galileu, fundador da ciência moderna, que reconhecia dois livros: o da Bíblia, propondo uma concepção particular do homem e do mundo, e o da Natureza, que os cientistas podem e devem metodicamente descrever, explorar e explicar racional e objetivamente. Com Galileu, houve a transmissão dos poderes. O relato bíblico se torna obsoleto. E as especulações metafísicas caducam. Todas as ideias justas sobre nós mesmos e sobre tudo o que nos cerca passam às mãos dos cientistas e, mais recentemente, dos experts do *big bang*, da teoria da evolução, da genética das populações, da psicologia das profundezas e das neurociências.

Assim, a superioridade teórica e prática dos conhecimentos científicos passa a constituir um fato adquirido. Porque somente eles se encontrariam fundados na rocha do "método experimental" e sobre a análise rigorosa dos "fatos". Ademais, só eles seriam seres racionais e objetivos, imunes às paixões e emoções. Forneceriam verdades independentes das condições de sua descoberta e produção, cuja validade escapa a todo critério histórico e a todo juízo de valor. No processo de descoberta da verdade, fariam abstração de sua subjetividade. Promovem a *self-elimination*. Conduzem seus trabalhos desembaraçados dos preconceitos políticos, das referências filosóficas e das inclinações emocionais. Ademais, estão ancorados num conjunto de regras e critérios permitindo-lhes estabelecer a verdade e avançar o saber.

Quer dizer, seu método teria os seguintes traços fundamentais aceitos por todos: a elucidação dos fatos e sua sistematização, a formulação de hipóteses teóricas, a dedução de consequências observáveis, a verificação experimental dessas consequências, conduzindo à validação ou à rejeição das teorias propostas.

Nessa linha de argumentação, foi criada a categoria "a Ciência" para designar o único caminho seguro capaz de nos conduzir à verdade. Como se ela fosse "neutra" relativamente a suas consequências. Como se o conteúdo do conhecimento científico fosse estranho a toda consideração de ordem moral ou social, podendo as descobertas serem utilizadas tanto para fins bons quanto para fins maus. Como se os cientistas fossem inocentes relativamente às aplicações feitas de suas descobertas. Como se a responsabilidade coubesse apenas ao poder político ou à sociedade em seu conjunto. Como se a ciência fosse apenas um fato de "Progresso" social e humano.

Ora, "a Ciência" não existe enquanto entidade independente que poderíamos considerar como causa ou efeito individualizado de outros fenômenos. É um conjunto de atividades humanas inseparável das outras. Participa da história de nossas sociedades, sendo portadora de seus traços, dos mais nobres aos mais hediondos. É verdade que suscitou admiráveis devotamentos e autênticas grandezas de espíritos livres contra as tiranias intelectuais e os dogmas religiosos. Mas também é certo que viu desenvolver-se, por seu espírito de conquista e pelo prestígio conferido a suas descobertas, o autoritarismo, o elitismo, a competição e, ate mesmo, a fraude. Um dos grandes títulos de glória da ciência consiste em ter cassado a ideia de uma verdade intangível e eterna. Por isso, precisamos estar atentos para que suas verdades não se convertam em dogmas.

A este respeito, é justo o alerta de C. Castoriadis (em Jacquard, 1987: 292) quando diz:

> Ao deixarem seu laboratório, os cientistas são homens como os outros, tão vulneráveis à ambição, ao desejo de poder, à bajulação, à vaidade, às influências, aos preconceitos, à cobiça, aos erros de julgamento e às tomadas de posição irrefletidas como qualquer um. Por isso, como se podia prever, o extraordinário progresso do saber positivo e de suas aplicações não se fez acompanhar de um milímetro de progresso moral, nem entre seus protagonistas nem entre seus concidadãos.[20]

Bastidores da ciência moderna

Gostaria de lembrar ao leitor que outros aspectos poderiam ter sido desenvolvidos em nossa busca de compreensão da *face oculta da Ciência*

---

[20] JACQUARD, A. (org.). *Les scientifiques parlent*. Paris: Hachette, 1987, p. 292.

Moderna. Por exemplo, o papel das *controvérsias* científicas que hoje tanto interesse despertam nos sociólogos das ciências. Inclusive, o papel de algumas *situações* históricas particulares ou da influência de algumas personalidades fortes de certos sábios. Vamos nos limitar a fornecer algumas referências documentais a título de ilustração. Com efeito, sabemos que alguns fatos, inicialmente sem nenhuma relação aparente com a ciência, em outras circunstâncias sobre ela tiveram sérias consequências.

Pensemos no exemplo da revogação do Edito de Nantes pelo rei Luiz XIV (1685). Fazendo parte da política real francesa em relação à religião reformada, esta medida teve por consequência imediata a partida, do país, de alguns sábios estrangeiros de primeira importância (C. Huygens e O. Römer) que haviam dado uma relevante colaboração ao desabrochamento da ciência e à formação de inúmeros técnicos de alta competência. Emigraram para a Holanda e a Inglaterra onde continuaram a pesquisar e a construir numerosos instrumentos científicos. Outro exemplo, bem mais próximo de nós: o "*affaire* Dreyfus" e o antissemitismo na França, completados pelo nacionalismo antialemão, bem como a fria acolhida, pelos meios científicos franceses, de Einstein e de sua *teoria da relatividade* (1922). Enfim, foi o medo (justificado) do regime nazista alemão que levou o renomado físico Leo Szilard, ajudado pelo pacifista Einstein, a propor ao presidente dos Estados Unidos Roosevelt a fabricação da bomba atômica. O que muito contribuiu para acelerar a física nuclear.[21]

Ásperos debates sempre agitaram a instituição científica. Por vezes muito reveladores da influência da ideologia dominante da sociedade e do modo como ela condicionou a solução de um conflito opondo representações do universo material.[22] Sua amplitude nem sempre é tão

---

[21] Cf. BRIEZUNSKI, M. *Einstein à Paris*. Paris: PUF, 1992; GRENET, M. *La passion des astres au XVIIe siècle*. Paris: Hachette, 1994; WEART, S. *La grande aventure des atomistes français*. Paris: Fayard, 1980.

[22] Cf. JAPIASSU, Hilton. *Galileu – O mártir da ciência moderna*. São Paulo, Letras e Letras, 2003.

extensa assim, mesmo que seu objeto possua, no momento, uma real significação. A polêmica envolvendo os cientistas Pouchet († 1872) e Pasteur († 1895) sobre a "geração espontânea" interessou a muitos autores. Da mesma forma, a história dos "raios N": no início do século XX, foi bastante significativa do funcionamento do meio científico francês. Num passado mais longínquo, podemos citar o conflito entre Newton e Leibniz a respeito do *cálculo infinitesimal*, entre Newton e Hooke a propósito da *lei da gravitação* etc. Recentemente, a "fusão fria" e o que passou a ser chamado de "a memória da água" agitaram o mundo científico.

Claro que uma controvérsia às vezes tem apenas uma importância anedótica. Mas pode ter um grande impacto ideológico e político, como por exemplo, foi o papel de Lyssenko na URSS a partir de 1927. Em outras circunstâncias, pode elucidar as relações de poder no meio científico de determinada sociedade.[23]

Ilustremos isso com cinco célebres controvérsias históricas: a primeira, opondo Pascal ao reitor dos Jesuítas em Paris em torno da questão: "a natureza tem horror ao vazio?"; a segunda sobre a "ideologia biológica" presidindo ao fenômeno da evolução; a terceira opondo Félix Pouchet a Louis Pasteur em torno da "geração espontânea"; a quarta, opondo o famoso médico Mesmer aos sábios da Academia de Ciências de Paris em torno dos poderes miraculosos do magnetismo; finalmente, a quinta tratando do famoso e famigerado "*affaire* Lyssenko".

---

[23] Veja a esse respeito COLLINS, H.; PINCH, T., *Tout ce que vous devriez savoir sur la science*. Paris: Seuil, 1994; DAGOGNET, F. *Méthodes et doctrines dans l'oeuvre de Pasteur*. Paris: PUF, 1967; LATOUR, B. *La science telle qu'elle se fait*. Paris: Pandore, 1982; LECOURT, D. *Lyssenko. Histoire réelle d'une science prolétarienne*. Paris: Maspero, 1976; POITIE, F. A. *Mesmer and animal magnetism*. Edmonton: Edmonton Publishing, 1994; SIMONE, M. *Gassendi, Pascal et la querelle du vide*. Paris: PUF, 1998; VINCK, D. *Sociologie des Sciences*. Paris: A. Collin, 1995.

Observemos logo que uma das mais fortes e profundamente enraizadas ilusões de nosso grande público consiste em acreditar na "pureza" e na "neutralidade" da ciência, que seria completamente desembaraçada das escórias ideológicas e dos preconceitos recebidos que continuam entulhando os discursos científicos sobre o mundo, o homem e a sociedade. Por ser "pura", seria também "neutra", na medida em que não seria responsável pelos aspectos negativos do uso de seus conhecimentos. Ora, afirmar sua neutralidade seria negar a espécie de lógica operatória que lhe é imanente. O que se encontra em questão é o caráter cultural da ciência: ou seria de certo modo transcendente, e sua neutralidade seria possível; ou é produzida em condições socioculturais bem concretas e, neste caso, sua neutralidade constitui uma ilusão.

No final do século XIX, o influente intelectual francês Ferdinand Brunetière faz duras críticas à ciência e a seu projeto de dominar o mundo. Salienta seu fracasso em manter suas promessas de tornar os homens mais felizes, resolver os grandes mistérios da natureza e revelar os destinos da humanidade. Em suma, nega que seja a fonte única de todo conhecimento e de todo progresso.

Posição oposta é tomada pelo grande cientista da época, o químico Marcelin Berthelot († 1907), para quem "o triunfo universal da ciência chegou a garantir aos homens o máximo de felicidade e de moralidade". Ora, mais de um século depois, esse tipo de debate parece obsoleto. Quase mais ninguém vê na ciência a panaceia universal, mesmo que continue ainda aureolada e com bastante prestígio. Ao longo de todo o século XX, muitas foram as críticas à ciência. A mais radical, formulada por alguns historiadores, filósofos e sociólogos, consiste em reconhecer que a ciência não seria o empreendimento racional que pretende ser, não oferecendo necessariamente a melhor descrição do mundo. Os cientistas são seres humanos como os outros, com subjetividades, paixões, sonhos, mentiras, cegueiras, dogmatismos etc. Portanto, podem usar de suas posições de poder para impor seus pontos de vista. Os exemplos que iremos analisar ilustram de modo quase paradigmático essa situação.

Pascal e o vazio

Como atingir a certeza concernente aos acontecimentos *contingentes* na trama de nossa vida cotidiana? Eis uma das grandes questões debatidas com paixão na metade do século XVII. Mais precisamente, a questão se formulava assim: podemos aceitar uma ordem de certeza distinta da certeza lógica ou matemática fundada num encadeamento de verdades necessárias? Esta questão foi muito debatida por ocasião da controvérsia sobre o *vazio* (espaço desprovido de qualquer substância). De um lado, o filósofo e pensador Blaise Pascal († 1662), do outro, o teólogo Noel, defendendo intransigentemente a tese clássica: "a natureza tem horror ao vazio". Como deveríamos raciocinar? Em qual guia deveríamos confiar? Que autoridade deveríamos invocar?

Para resolver a questão, Pascal, reconhecendo a distinção corrente entre "certeza metafísica" (atingida apenas nas ciências especulativas) e "certeza moral" (repousando nas circunstâncias, seja interiores pertencentes aos fatos, seja exteriores dizendo respeito aos personagens através dos quais somos levados a crer), mostra que podemos chegar a uma certeza moral no que diz respeito às coisas da natureza. A questão metafísica do vazio, ameaçando o aristotelismo, pode ser reduzida a uma questão pontual suscetível de um tratamento experimental: o que existe no espaço aparentemente vazio situado no alto de um tubo de Torricelli? Em 1643, este italiano realiza uma experiência demonstrando a existência do vazio. A preocupação fundamental de Pascal era, para combater a autoridade dos antigos, defender a legitimidade do raciocínio e da experiência na busca da verdade científica: assim como o indivíduo, a humanidade progride acumulando conhecimentos. Mas a conquista da verdade não será feita por um método universal (como o de Descartes). Respeitando as três ordens de realidade (os corpos, os espíritos e os corações), o pensamento deverá se fazer *espírito de geometria* (dedutivo e demonstrativo) ou *espírito de finura*, capaz de ver, por intuição, mediante um único olhar.

Uma vez formulada a questão, Pascal lança seu desafio: um único espírito pode balançar a opinião da maioria no domínio do preconceito: contrariar "a opinião dos povos e a multidão dos filósofos". As pessoas letradas e ignorantes acreditavam piamente no "horror ao vazio". Para levá-las a pensarem o contrário, e achando graça dessa expressão, pois emprestava sentimentos à natureza, Pascal precisou apenas de uma demonstração experimental. O que fez para derrubar "a crença geral dos povos e da multidão dos filósofos"? No dia 15 de novembro de 1647, através de cartas, orientou seu cunhado Périer, residindo perto de Puy-de-Dôme, a realizar uma experiência destinada a colocar por terra e desacreditar a máxima: "a natureza tem horror ao vazio". Esta experiência, destinada a evidenciar a ação da pressão atmosférica pela variação da altura do mercúrio em função da altitude, foi concebida como um estratagema destinado a derrubar a opinião estabelecida e provocar uma conversão dos espíritos.

O objetivo da experiência? Responder à questão: como se comportava a coluna de mercúrio medida no pé da montanha, no curso da ascensão e no topo? Claro que a prova pode parecer fraca aos cientistas de hoje, que fazem outra ideia da demonstração científica. Mas Pascal precisou, para se contrapor à opinião geral dos povos e dos filósofos, escolher um indivíduo capaz de falar por todos e de construir um outro "universal". Por isso, cercou-se de um público respeitável encarregado de atestar os resultados de sua experiência. Assim, convencido de que a questão do vazio não poderia ser resolvida por discussões metafísicas, mas através das experiências, os verdadeiros mestres a serem seguidos, Pascal procede em três tempos: a) estabelece o fato que põe o problema praticando novas experiências; b) verifica a hipótese da pressão atmosférica pela experiência realizada por seu cunhado; c) generaliza os resultados obtidos numa teoria do equilíbrio dos líquidos.

O resultado? Os efeitos que se atribuía ao *horror vacui* vinham da gravidade e da pressão do ar. Verifica-se a hipótese da pressão atmosférica. O relato dessa experiência constitui um verdadeiro modelo de prática experimental. Todas as precauções, medidas e observações foram feitas e anotadas com competência e clareza, reveladoras do espírito moderno no século XVII.

Mas qual a grande lição de Pascal? Uma teoria hoje considerada verdadeira poderá ser refutada amanhã, a descoberta de um fenômeno e sua explicação (a experiência barométrica, por exemplo) permanecem na superfície das coisas, seu valor último sendo, por natureza, destinado a permanecer inacessível a nosso entendimento. Esta tomada de posição, considerada "fenomenista", apresenta uma característica interessante: tanto pode convir ao misticismo de um Pascal quanto ao materialismo ateu de um Roberval negando a possibilidade de uma instância capaz de garantir a verdade das coisas e das explicações que temos do mundo. Mas ambos acreditam que a ciência pode e deve progredir, acumular saberes novos sem se iludir quanto à profundeza dos "desvelamentos" que é capaz de operar: a natureza permanece *oculta*.

O fato inegável é que o *Prefácio para o tratado do vazio*[24] é um texto essencial do espírito moderno: recusando o argumento de autoridade dos antigos e inaugurando a ideia de progresso, Pascal nos mostra que todas as matérias que compõem a natureza (sólida, líquida ou gasosa) passaram a ser concebidas como pesando umas sobre as outras, em equilíbrio geral, como se a natureza fosse uma grande balança. Todavia, não devemos nos esquecer de algo muito importante: os poetas e os escritores foram os primeiros a exprimirem sua inquietude ou sua revolta diante das ambições desmesuradas da ciência galileana. Pascal, eminente físico e matemático, mas também poeta e escritor, recoloca a ciência em seu devido lugar com algumas frases lapidares: "O coração tem razões que a razão desconhece"; "Todos os corpos juntos e todos os espíritos juntos e todas as suas produções não valem o menor movimento de caridade. Isto é de uma ordem infinitamente mais elevada".

---

[24] PASCAL, Blaise. *Preface du traite du vide*. 1663.

O "racismo" de Darwin

O *affaire* da evolução dividiu os biologistas do século XIX: de um lado, situavam-se os que se opunham à evolução por razões extracientíficas, fundadas em arraigadas crenças religiosas; do outro, os que a admitiam por razões estritamente de método. Até o início do século, a teoria dominante, concernente à origem das espécies, era o *fixismo:* as espécies são hoje o que sempre foram desde a Criação. Não mudam. São estáveis. Esta teoria se baseia em outra mais ampla sobre a origem do mundo: o *criacionismo*, segundo o qual o mundo nasceu do ato criador de Deus, não podendo as espécies estarem sujeitas a uma evolução.

Contudo, a esses princípios fixistas, são contrapostos inúmeros *fatos* de observação acumulados durante todo o século XVIII e que sugerem uma história diferente da narrada pela Bíblia: a) *biogeográficos*: a diferença das espécies de peixes de um lado e do outro do Panamá, sendo as mesmas as condições biológicas e climáticas; b) *anatômicos*: o número de vértebras cervicais é idêntico na girafa e no hipopótamo, enquanto o tamanho do pescoço é muito diferente; c) *paleontológicos*: os fragmentos fossilizados dispostos segundo sua idade apresentam uma continuidade deixando supor uma transformação progressiva das espécies etc.

Mas é Lamarck († 1829) quem apresenta uma explicação mais aceitável. Em *Filosofia zoológica* (1809), lança a teoria do *transformismo:* as espécies vivas não são fixas e distintas, mas variáveis e suscetíveis de se transformarem umas nas outras. As formas vivas mudam ao longo de inumeráveis gerações. Duas correntes logo se opuseram ao transformismo: a) o *catastrofismo* de Cuvier, para quem as espécies são renovadas após cada catástrofe geológica; b) o *conservadorismo* religioso, recusando todo questionamento das palavras bíblicas. Mas foi só na segunda metade do século XIX que Charles Darwin († 1882) chega a algumas conclusões em favor do transformismo. Contudo, por receio das críticas, retarda sua divulgação. Não pretende ser confundido com Lamarck, o primeiro a dar uma forma concreta à teoria da evolução de Spencer, e sofrer a mesma sorte. Faz tudo para negar sua filiação ao transformismo.

Como seu colega Wallace defende a mesma teoria, resolve, para não perder sua paternidade, publicar *A Origem das espécies* (1859),[25] centrada em dois eixos fundamentais:

a) As variações – Como Lamarck, fica impressionado com a multiplicidade das formas vivas e com sua extraordinária adaptação a seu meio. Parece-lhe evidente que as espécies se modificam. Mas não considera satisfatórias as explicações pela influência do meio ou por uma eventual vontade dos organismos. Não dispondo das leis da genética (surgem com Mendel a partir de 1862), considera apenas que leis de variabilidade se exercem sobre os seres vivos: todo indivíduo é único, o filho correspondendo, traço por traço, a seus pais. Fala apenas de variações "ao acaso".

b) A seleção natural – Eis o problema: como as variações dos indivíduos se articulam entre si para permitir a evolução de toda a espécie? Darwin encontra a resposta lendo um artigo de Malthus sobre as populações: os seres vivos tendem a se reproduzir mais depressa (segundo uma progressão geométrica) do que as subsistências de que podem dispor (crescem segundo uma progressão aritmética). Fatalmente, a vida se torna uma luta impiedosa pela sobrevivência. Só sobreviverão e poderão se reproduzir as formas mais adaptadas às condições do meio. As outras desaparecerão. Portanto, toma por base teórica a lei de Malthus: as populações aumentam segundo uma progressão geométrica enquanto os recursos só crescem segundo uma progressão aritmética, Darwin concebe uma concorrência vital que elimina os indivíduos mais fracos: *seleção natural* conferindo aos mais dotados uma superioridade individual. Toda a espécie se transforma e progride graças à acumulação de variações favoráveis. Eis a *seleção natural* levando as espécies a sempre melhorarem, a seguirem as exigências de seu meio de vida.

O desafio do *evolucionismo* parece mais grave que o do transformismo. Com efeito, enquanto o transformismo implica uma harmonia entre

---

[25] DARWIN, Charles. *A Origem das espécies* (1859). Rio de Janeiro: Zahar, 1980.

o ser vivo e seu meio (poderia ser proposta uma origem divina para essa harmonia: Deus teria imposto uma causalidade final ao funcionamento da natureza), o evolucionismo parece mais fundado no *mecanicismo*: leis impiedosas obrigam os seres vivos a evoluírem ou a perecerem, não havendo nenhum lugar para uma harmonia. O que Darwin mostra é como as leis da evolução tendem à perfeição e à beleza das formas vivas, e como a evolução era um mecanismo de criação contínua pelo qual Deus aperfeiçoava incessantemente sua obra. Enquanto o transformismo implica uma harmonia entre o ser vivo e seu meio, o evolucionismo está próximo do mecanicismo: leis impiedosas obrigam o ser vivo a evoluir ou a perecer, não havendo mais lugar para uma harmonia. Apesar disso, ele anuncia quatro predições que lhe parecem muito seguras, pois visam conciliar a teoria da evolução com a origem divina do mundo:

- no futuro, somente um pequeno número de espécies terá descendentes;
- prevalecerão as espécies mais comuns e mais difundidas;
- como a sucessão regular das gerações jamais foi interrompida, contamos com um futuro bastante duradouro;
- as qualidades físicas e intelectuais das espécies tendem a progredir em direção à perfeição.

Observemos que, na segunda metade do século XIX, os êxitos da idade da Razão em astronomia, em física, em biologia e em química foram abalados pela controvérsia travada em torno da *Origem das espécies*. O debate era travado em torno de dois pontos principais: a) de um lado, os cientistas formavam um poderoso partido, com o qual a civilização ocidental deveria, doravante, contar; b) do outro, a ciência pura tinha se empenhado em traçar o plano de uma gigantesca máquina: a máquina do Universo. Segundo essa visão, o que saltava aos olhos? Que toda coisa era material e que toda porção da matéria constituía uma das peças da máquina cósmica. E logo foram descobertas as regras de funcionamento dessa máquina, acessíveis a todos os que lhes prestassem a devida atenção. Durante uns quarenta anos, essa querela produziu grandes estragos. E foi assim que a ciência se transformou no objeto de uma intensa popularização. Para seus propagandistas da época e o grande público, aparecia como o *senso comum* ampliado e organizado. Os mais eminentes sábios afirmavam: a todo enunciado científico corresponde um modelo mecânico. O princípio lançado por Darwin para se estudar os fatos humanos era claro: "estudá-los do mesmo ponto de vista que o de um naturalista a propósito de um animal qualquer".

Em sua teoria, Darwin não se cansa de dizer: a finalidade do evolucionismo é a produção de animais superiores. Portanto, toda a natureza é finalizada em vista de desenvolver o melhor possível as formas vivas. Chega mesmo a encontrar uma vontade divina por detrás de seu poderoso mecanicismo: "Não há uma verdadeira grandeza neste modo de considerar a vida, com seus diversos poderes atribuídos primitivamente pelo Criador a um pequeno número de formas, ou mesmo, a apenas uma?" O fato é que, apesar desse esforço para não contestar de frente a religião, a teoria de Darwin continua sendo proibida nas escolas de vários Estados norte-americanos! Claro que ainda não foi verificada experimentalmente *stricto sensu*. As observações sobre espécies com rápida reprodução (mosca drosófila) evidenciam algumas mutações que não engajam a espécie em formas vitais, apenas sobre caracteres secundários. A teoria da evolução é admitida por todos os biólogos, mas não foi verdadeiramente provada. Segundo Darwin, a evolução é um fenômeno bastante lento e gradual: "a natureza não dá saltos". Se, do ponto de vista biológico, é eficaz, é porque dispõe de longas durações, avaliáveis em milhões de anos.

"Racista" ou não, o fato é que o pensamento científico de Darwin não é "puro" nem muito menos "neutro". Pelo contrário, é profundamente marcado pelo trabalho difuso da ideologia victoriana: a compaixão pelos pobres, a simpatia por eles, a educação de que precisavam etc. tinham por homólogo a missão civilizadora do Império britânico. No dizer de P. Bowler, Darwin, como a maioria de seus contemporâneos, "via a civilização europeia e a raça branca como os produtos mais elevados da evolução social e intelectual. E rejeitava os traços inferiores como ramos da espécie humana que permaneceram bloqueados na escala dos seres".²⁶

Ora, pouco tempo após o aparecimento de *A Origem das espécies*, o físico Kelvin, apoiado no fato matematicamente calculado de a Terra ser habitada há apenas algumas dezenas de milhões de anos, faz um feroz ataque à teoria da evolução; assinala, com arrogância, "a completa futilidade da filosofia de Darwin". Este fica muito impressionado. Claro que hoje as afirmações desse físico estão completamente erradas. Mas não impediu Darwin de adaptar sua teoria e modificá-la para satisfazer as novas durações geológicas. Pode hoje ser considerado um monstro sagrado, pois é um "grande homem de ciência", um teórico "genial" que modificou a imagem que os homens se faziam deles mesmos. Sua revolução é comparável à copernicana: esta havia expulsado nosso planeta do centro do universo; a sua fez o homem perder a supremacia que acreditava possuir sobre os outros animais. No entanto, acontece que Darwin, mesmo sem ter querido, serviu de caução ao "darwinismo social" (pretendendo aplicar à vida social o princípio da seleção natural). Estas razões explicam por que suscitou uma curiosidade excepcional.

O fato é que, a partir dos anos 1880, fundando-se na teoria da evolução de Darwin, seu primo Francis Galton cria o "eugenismo" (*eugenics*) ou "darwinismo social". Seu objetivo? Promover uma melhora sistemática das "raças mais dotadas"; os mecanismos da seleção darwinista (concorrência vital, luta pela vida, seleção natural e sobrevivência dos mais aptos) podem ser transferidos de modo válido às sociedades humanas. Segundo ele, as qualidades humanas eram hereditárias. Esta concepção funcionava como ideologia da legitimação do liberalismo econômico que já fazia estragos na Inglaterra victoriana. Portanto, para se elevar o nível de uma população determinada, era preciso proceder como os criadores de animais: favorecer a reprodução dos "bons" e di-

---

²⁶ BOWLER, P. *Biology and the Social Thought: 1850-1914.* San Francisco: University of Califórnia, 1993, p. 45.

minuir (ou parar) a dos "maus". No final do século XIX e no início do XX, o programa geral do eugenismo encontrou um formidável sucesso. Na Europa e na América, foram criadas várias sociedades eugenistas. Medidas espetaculares foram tomadas, nos Estados Unidos, concernentes à esterilidade dos "débeis" e "incapazes". Na Alemanha nazista, levaram ao extermínio das "raças inferiores" para se defender e assegurar a salvação da "raça ariana".

Nos dias de hoje, o militantismo eugenista parece bem mais discreto. Contudo, os extraordinários progressos da genética não estão tornando possível uma nova forma de eugenismo médico? O que é a Sociobiologia, senão um biologismo social, um biologismo apresentado como o estudo dos fundamentos biológicos dos comportamentos sociais? Se essa "ideologia biológica" ocupa um lugar de destaque no interior do movimento ideológico do século XX, sem dúvida foi por causa do sinistro esclarecimento retrospectivo que a vitória dos nazistas, com sua "ciência ariana", lançou sobre a pré-história das doutrinas do "espaço vital" e do direito do mais forte, fundado na pretensa superioridade da pura raça ariana. Por mais científica que possa parecer, o fato é que a teoria darwiniana da seleção é portadora de inegáveis considerações éticas e políticas, como transparece nesta afirmação de Darwin:

> Há muita coisa de verdadeiro na opinião segundo a qual os maravilhosos progressos dos Estados Unidos vêm do caráter de seu povo e constituem o resultado da seleção natural; os homens mais corajosos, os mais enérgicos e os mais empreendedores de todas as partes da Europa emigraram durante as últimas doze gerações para o grande país e aí prosperaram o máximo.

Ou esta outra passagem, revelando uma total ausência de neutralidade:

> Como todos os outros animais, o homem certamente chegou a seu alto grau de desenvolvimento pela luta pela existência, que é a consequência de sua multiplicação rápida; e para chegar ainda mais alto, é preciso que continue a ser submetido a uma luta rigo-

rosa. De outra forma, cairia num estado de indolência, em que os mais dotados não teriam melhor êxito no combate da vida que os menos dotados.

E o que falarmos da questão do "darwinismo social"? Desta doutrina que pretende que os mecanismos da seleção (concorrência vital, luta pela vida, seleção natural etc.) podem ser transferidos, de maneira válida, às sociedades humanas? Seu promotor mais célebre foi Herbert Spencer († 1903), fazendo desta doutrina a mais descarada legitimação ideológica do liberalismo econômico. A questão consiste em saber: o que o darwinismo social, o biologismo social e a sociobiologia contemporânea devem ao pensamento de Darwin? Claro que, de um modo ou de outro, todas essas doutrinas se reclamam de sua teoria da seleção, portadora de considerações éticas, até mesmo políticas. Como vimos, a tese darwinista segundo a qual devemos estudar o homem como animal desempenhou um importante papel na antropologia do século XIX, que se tornou o laboratório de ideias de onde saiu a teoria científica do nazismo. Os médicos nazistas a aplicaram com uma terrível lógica.[27] Também Lenine e seus sucessores a colocaram em prática.

O que devemos nos perguntar é por que as lições dessa prática foram bastante ignoradas pela comunidade científica, pelos homens de Estado e por toda uma opinião pública desinformada? Implicitamente admitimos que essas experiências foram acontecimentos históricos aberrantes, cujo estudo constitui uma especialidade entre outras no seio da historiografia. Contudo, com raras exceções, os biólogos em geral têm se comportado como se nada tivesse acontecido no passado, e conservam o princípio darwiniano com uma fidelidade quase canina. Quanto aos epistemólogos e historiadores da ciência, continuam, em sua maioria,

---

[27] Cf MULLER-HILL, Benno. *Science nazi, science de mort. Murderous Science.* Cold Spring Harbor Lab Press (EUA), 1988.

a ignorar deliberadamente a significação fundamental da influência da ciência sobre os pensamentos e as práticas totalitárias.

Pasteur e a geração espontânea

Desde Aristóteles, acreditava-se que os animais (insetos, ratos...) apareciam espontaneamente em certas circunstâncias. Os textos bíblicos não dirimiam a questão: contentavam-se em afirmar que Deus é o criador de tudo, mas conferindo à natureza o poder de produzir novos organismos. O biologista Félix A. Pouchet († 1872), fundador do Museu de História Natural de Rouen, apoiando-se em experimentações controladas, defende a heterogênese: formação de um ser vivo a partir de um material vivo prescindindo da reprodução; ela só diz respeito aos micro-organismos a partir de uma matéria viva em decomposição.

Três ideias fortes constituem sua argumentação: a) depois das catástrofes geológicas passadas, só podemos explicar o reaparecimento das formas vivas pela criação de novos organismos por geração espontânea; "Deus não quebrou suas formas": relança a vida por um nascimento sem pais a partir de uma matéria viva; b) a heterogenia diz respeito apenas aos micro-organismos, a partir de uma matéria viva em decomposição; c) ela não deve apoiar-se apenas numa teoria, mas ser estabelecida pela experimentação. Os germes não provêm do ar. Se fosse assim, haveria tantos germes no ar que este se tornaria irrespirável. É sobre esta questão de método que se instaura a polêmica com Pasteur, que acusa Pouchet de realizar experiências grotescas: a esterilidade dos flacões utilizados não é assegurada, sendo volumosa a entrada de ar; além de não evitar a contaminação pelas mãos.

Louis Pasteur (1822-1895), químico que se tornou célebre por seus trabalhos sobre a fermentação, põe em dúvida essas experiências de Pouchet. Ao realizar experiências melhor controladas sobre a fermentação no leite, ataca, do ponto de vista do método, a geração espontânea. E demonstra experimentalmente que os micro-organismos presentes num líquido só se desenvolvem se forem contaminados pelo ar. Os dois cientistas não se opõem sobre suas opiniões políticas, religiosas ou filosóficas. *Grosso modo*, ambos possuem a mesma ideologia: são conservadores, crentes e antievolucionistas. O ponto fundamental de seu desacordo se refere ao papel da experiência na pesquisa científica. Para Pouchet, a ciência é um conjunto de ideias sobre o mundo: abarca um amplo conjunto de observações e construções conceituais. A experiência de laboratório desempenha um papel bastante restrito. Para Pasteur, ao contrário, a ciência é uma prática de laboratório: é um metiê que exige minúcia e precisão. Ao controlar os parâmetros da experiência e ao garantir uma esterilidade do meio no qual pretende constatar o aparecimento ou não dos micro-organismos, chega à seguinte conclusão: só se desenvolvem quando o que é utilizado em sua experiência (leite) é contaminado pelo ar. Ao evidenciar o papel decisivo da poeira no ar, Pasteur realiza sua experiência diante de uma comissão da Academia de Ciências. Teve de negociar durante seis meses até se porem de acordo quanto ao protocolo experimental: enquanto Pouchet queria realizar várias experiências, queria fazer apenas uma.

Pouchet se dá por vencido e a comissão emite um parecer favorável a Pasteur. E a teoria da geração espontânea fica cientificamente invalidada: "Jamais a doutrina da geração espontânea se levantará do golpe mortal infligido por esta simples experiência" (Pasteur). É todo um conjunto de ideias que cai por terra. Bastou uma experiência para derrubá-la. O que não significa que, para avançar, a ciência prescinda de ideias. Os trabalhos de Pasteur foram qualificados por Pouchet de "barrocos", pois seriam inúteis para afirmar uma teoria contrária à da geração espontânea. Mas ele responde: "Não tenho a pretensão de estabelecer que não exista geração espontânea. Em assuntos desse tipo, não podemos provar a negativa. Mas tenho a pretensão de demonstrar com rigor, em todas as experiências em que se acreditou reconhecer a existência de gerações espontâneas, a observação foi vítima de ilusões".

O fato é que a velha teoria da geração espontânea fica totalmente invalidada. É todo um conjunto de ideias que cai por terra. O que não significa que basta a invenção de uma única experiência para se fazer avançar a ciência: ideias são indispensáveis. Todo cientista é guiado por ideias produzidas por sua imaginação.

Nesse momento histórico, a grande maioria dos cientistas travava uma luta com a religião. Pasteur, decididamente um cientista apegado a sua fé católica, também entrou nesse debate. Muitos, entre os quais Renan e Berthelot, acreditavam que a ciência veio para tomar o lugar da religião, da mesma forma como a República veio tomar o lugar do regime monárquico. Ademais, praticamente todos começam a admitir que o Ocidente foi o teatro de uma "secularização" ou de uma "laicização" do pensamento.

Foi justamente o prolongamento dessa mentalidade que provocou profundas perturbações nos dias de hoje. Fala-se, em certos países industrializados, de uma "revanche de Deus"[28] exprimindo-se por uma expansão sem precedente de práticas supersticiosas que enquadram, em escala internacional, numerosas e poderosas seitas. Ainda não nos interrogamos o suficiente sobre as origens intelectuais dessa onda. Sociólogos e politólogos não deveriam pesquisar mais a fundo os motivos econômicos, sociais e políticos desse avanço do irracional? Não se encontra a origem decisiva do lado mesmo de "a ciência"? Não é devida ao fato de o século XIX, por ter acreditado ter terminado com o pensamento religioso, ter instalado a ciência em seu lugar? Doravante, ilusoriamente investida do poder de tudo explicar, não tentou ela desempenhar, até mesmo em política, moral etc., o papel de "referência absoluta"? Nestas condições, claro que tinha de perder sua alma. Por natureza, o espírito científico inventivo não fornece nenhuma certeza intemporal. Pelo contrário, não se cansa de tornar questionáveis as que admite. Ao fetichizar a ciência, o cientificismo a expunha a um retorno da chama em que o ódio veio substituir o amor. De onde o alerta de Dominique Lecourt:

---

[28] KEPEL, Gilles. *La revanche de Dieu*. Paris: Seuil, 1991

Às decepções, sucederam as tragédias. Não somente **a ciência** se revelava impotente para trazer a abundância a todos os homens (aprofundava mesmo as desigualdades), mas fornecia às ambições políticas e militares instrumentos de um poder pondo em perigo a existência mesma da espécie: Hiroshima. O ecologismo, que denuncia os efeitos nocivos da atividade industrial dos homens sobre o equilíbrio do planeta, frequentemente se faz acompanhar de um sistemático denegrimento da tecnociência.[29]

Mesmer e o magnetismo

Vejamos agora uma bela ilustração do exercício da ciência como uma autoridade, de natureza indissociavelmente epistemológica e política, fornecida pelo "caso Mesmer". Em 1784 (mesmo ano em que Kant responde à questão: *O que são as Luzes?*), o médico alemão Franz Mesmer, amigo de Mozart, faz um sucesso extraordinário em Paris com suas miraculosas curas ditas "magnéticas", tendo que enfrentar a irada reação das autoridades científicas, representadas pelos membros da Academia de Ciências. A controvérsia é estabelecida entre esse porta-voz dos milhares de pacientes entusiasmados com suas curas miraculosas e a autoridade científica ciosa de seu saber e de seu poder. Não se trata de uma controvérsia científica entre duas doutrinas rivais.

Do ponto de vista doutrinal, o mesmerismo não constituía uma ameaça, posto que a noção de um fluido universal imponderável difundido em toda parte não era fundamentalmente chocante no contexto da ciência da época. Admitindo a influência recíproca dos corpos celestes e dos terrestres, nosso médico "curandeiro" fascina Paris com sua teoria mirabolante tendo por propósito convencer o mundo sábio da "influência dos planetas no corpo humano". O que inquieta os poderes públicos? As "curas" prometidas e por ele realizadas produzindo um verdadeiro encantamento em toda a população e arrastando multidões a suas con-

---

[29] LECOURT, Dominique. *Déclarer la philosophie*. Paris: PUF, 1997, p. 81.

sultas e a seus tratamentos "magnéticos". Tratava-se de um fenômeno de "cura coletiva" através do magnetismo (limalhas de ferro e água magnetizada). Por arrastar multidões, essas "curas" provocavam muita desordem e confusão; intoleráveis pelas autoridades políticas, muito ciosas de manterem a "ordem" (de onde o uso constante das "forças da ordem").

Do ponto de vista teórico, o mesmerismo é uma doutrina se apresentando como uma "paraciência" e repousando inteiramente na afirmação de que o universo se banha num fluido sutil que penetra e envolve todos os corpos. Tomado numa versão meio esotérica, apresenta-se como uma epidemia que se alastrava por toda parte, perturbando a ordem social e desafiando a ordem moral: crises histéricas e convulsões das multidões em delírio. No fundo, era percebido como um fenômeno de contágio da opinião. Convencido de que existe um "magnetismo animal" bem mais poderoso que o "mineral", Mesmer defende a seguinte tese: o corpo humano é percorrido por um fluido magnético comportando dois polos: o "polo norte", situado no cume da cabeça, recebe os fluidos das estrelas; o "polo sul", situado nos pés, recebe o magnetismo terrestre. A doença surge da má circulação dos fluidos no organismo. De onde a cura consistir no restabelecimento de sua livre circulação por "massagem dos polos" a fim de restabelecer a harmonia do organismo. Três são as características desse processo: a) a aplicação direta de uma visão cosmológica a uma técnica visando diminuir o mal-estar ou as angústias dos indivíduos; b) uma fisiologia imaginária apresentando-se como a versão "científica" de antigos mitos; c) técnicas com alguns aspectos eróticos e causando a indignação dos bem-pensantes.

Em 1774, em Viena, Mesmer já utilizara imãs para tratar uma paciente atacada por uma "doença convulsiva". Mas logo se deu conta de que a melhora de sua paciente não foi devida ao uso dos imãs, mas ao uso de uma poderosa força que acreditava possuir. De onde sua convicção: não acreditava que possuía um "dom" todo especial, mas que todo homem é portador de um "magnetismo animal" muito mais poderoso que o magnetismo mineral. Por isso, elaborou uma teoria segundo a qual o corpo humano é percorrido por um fluido magnético comportando os dois polos: "sul" e "norte". O que seria a doença? Nada mais que um obstáculo encontrado por esse fluido para circular no organismo. Mas em que consiste a terapia? Em restabelecer sua livre circulação por uma massagem dos "polos" ou por algumas fricções no "equador", na altura do ventre. As "crises" assim provocadas concorrem para o estabelecimento da harmonia do organismo.

Então, Mesmer começa a vender muito caro seus segredos doutrinais. Fica muito rico. A polêmica se instala; reina a maior confusão. As autoridades, guardiãs da ordem, intervêm. As paraciências tornam-se cada vez mais práticas comerciais lucrativas, impulsionadas por verdadeiras estratégias de marketing. Circulava em Paris um panfleto dizendo: "O célebre autor da descoberta do magnetismo animal fez pelo amor o que Newton fez pelo sistema do mundo".

Por isso, a Academia é convocada a intervir como medida da opinião. São-lhe atribuídas as funções de um tribunal. Seus procedimentos de investigação lançam mão de todos os recursos do método experimental (nas vésperas da Revolução), pois já se dava uma significação política ao mesmerismo. Diante de alguns "desregramentos dos costumes", a polícia se inquieta. Inclusive, porque surgiam "discursos sediciosos contra a religião e o governo inspirados pelo estrangeiro Mesmer". O *affair* se torna diretamente político quando o Parlamento (La Fayette, Marat etc.) manifesta-lhe apoio em sua própria estratégia de luta contra o rei. Neste contexto, o êxito das paraciências se assemelhava sempre a um modo de rebelião face às autoridades através de um desafio lançado à "ciência oficial". E ele se revela tanto mais amplo e popular quanto mais poderoso o fascínio pelo poder da ciência e mais profunda a crise da sociedade.

A Comissão oficial começa por suprimir o público, para que os pacientes e as testemunhas da ação não atrapalhem a investigação. No final do inquérito, apresentou seu relatório às autoridades. O que todos queriam saber? A *causa* das curas. A este respeito, os sábios são contundentes: "Temos razões legítimas para duvidar de que sua verdadeira causa seja o magnetismo". Esta conclusão, que já lança uma suspeição em toda tentativa de se fazer psicologia experimental, declara solenemente: a opinião popular ignorante e crédula é o vetor da epidemia; não é o fluido que trabalha e produz efeitos, mas a imaginação e a credulidade dos pacientes. Assinado pelo grande Lavoisier, o veredicto é incisivo: "As experiências são uniformes e igualmente decisivas; e nos autorizam a concluir: a imaginação constitui a verdadeira causa dos efeitos atribuídos ao magnetismo". Assim, dando por encerrada a questão, a Academia endossa o papel do inquisidor, outrora reservado à Igreja: ao invés de explicar, condena. A ciência, não só condena o mesmerismo por introduzir a degradação dos costumes, mas as escolhas e convicções da opinião popular apresentada como vulnerável, crédula e irresponsável: *Scientia locuta causa finita* (a ciência falou, caso encerrado).

O que restou do *mesmerismo*? Nada, afirmam os melhores historiados da medicina: o método conservou, durante algum tempo, seus adeptos, antes de entrar em descrédito. Mas não teria havido uma revanche póstuma de Mesmer? Em certo sentido, sim: os fenômenos que desencadeou encontram direito de cidadania nas instituições que os desprezavam. Em outro, não: o conjunto do edifício teórico que construiu ruiu para ceder o lugar a uma explicação de anatomia patológica.

O *affaire* Lyssenko

No dia 31 de julho de 1948, o acadêmico soviético Trofim Denisovitch Lyssenko (1898-1976) apresentou, por ocasião da sessão da Academia Lenine das Ciências Agrícolas da União Soviética, um famoso relatório intitulado *Sobre a situação da ciência biológica*. Neste relatório, faz um feroz ataque contra a genética clássica ou mendeliana. A seu ver, os representantes da biologia reacionária, quer se denominem neodarwinianos, weisminianos ou, mesmo, mendelianos-morganistas, defendem o que a teoria cromossômica da hereditariedade afirma: as propriedades adquiridas pelos organismos vegetais e animais, embora possam ser transmitidas às gerações seguintes, não podem se transmitir hereditariamente.

Como tinha o apoio irrestrito de Stalin (1879-1953), Lyssenko levou adiante sua condenação da genética mendeliana como ciência burguesa e reacionária produzida pelos capitalistas. Consequência: durante uns trinta anos seus defensores foram perseguidos, presos e eliminados pelo poder soviético, em nome da "ciência proletária" fundada no materialismo histórico formulado por Marx e Engels e destinada ao bem-estar do povo. Trata-se de uma ciência que nos ensina as condições que determinam o estado da ciência e o conteúdo do conhecimento. A exploração política dessas ideias conduziu a este episódio pouco glorioso como o *affaire* Lyssenko e à oposição entre a ciência proletária (marxista-leninista) e a ciência burguesa (idealista e capitalista) de Mendel. Pretende construir uma "biologia materialista" devendo conquistar a adesão de todos os sábios anti-capitalistas. Contudo, na prática, sua teoria, definitivamente refutada, levou a agricultura soviética ao desastre conhecido de todos, e numerosos sábios à desgraça e ao ridículo.

O filósofo e historiador das ciências Dominique Lecourt[30] nos mostra toda a desventura dessa "ciência proletária" que, inspirando-se em Marx, teria feito reviver uma interpretação dialética das ciências da natureza. Tudo partia da seguinte observação: se mantivermos, durante certo tempo, grãos úmidos de trigo de outono, numa temperatura relativamente baixa, poderiam ser semeados na primavera com excelentes resultados. Seguindo este princípio da "vernalização" (do lat. *vernalis*, "primavera"), Lyssenko se vangloriava de ter descoberto a possibilidade de criar novas espécies. Passou então a defender abertamente a *adaptação lamarckiana*: não somente não estava em dissonância "ética" com a interpretação stalinista da filosofia marxista, mas vinha mesmo conferir-lhe verdadeiros fundamentos científicos:

---

[30] LECOURT, Dominique. *Lyssenko, Histoire réele d'une science prolétarienne.* Paris: PUF, 1976.

As teses bem conhecidas do lamarckismo que admitem o papel ativo das condições do meio exterior na formação do corpo vivo e na hereditariedade das propriedades adquiridas, contrariamente ao que afirmava a metafísica do neodarwinismo, longe de serem errôneas, são, muito pelo contrário, perfeitamente justas e perfeitamente científicas.[31]

Por contestarem a seriedade e a cientificidade de teses como as de Lyssenko, muitos cientistas perderam sua liberdade ou sua vida, em nome de uma pretensa "verdadeira ciência". E isto, por razões estritamente político-ideológicas. Um dos deveres do historiador das ciências é o de contribuir para que seja reavivada a memória daqueles que, no passado, tiveram a insensata coragem de submeter e subordinar a verdade à razão de Estado, a autoridade do argumento ao argumento de autoridade. Nunca devemos nos esquecer: a memória constitui uma poderosa e indispensável arma contra o ressurgimento da barbárie e o nascimento de novos ovos da serpente. Mas devemos tirar outra lição: como as quimeras jurídicas, morais, religiosas e artísticas frequentemente têm uma vida bastante dura, precisamos reconhecer que todas as teorias científicas, quando aparecem, semeiam a perturbação. Todavia, esta desordem, esta desestabilização das convicções desemboca numa ordem mais estável constituída em torno de uma verdade nova e mais sólida.

O que afirmo é que também elas constituem a ocasião de incertezas, anomalias e controvérsias inéditas, que nascem justamente de seu poder de exploração da natureza. Não devemos nos esquecer de que um dos deveres de quem pretende fazer história das ciências é contribuir para jamais deixar morrer a *memória* dos que, no passado, não só tiveram a audaciosa ousadia de, "no domínio do pensamento, fazer da imprudência um método" (Bachelard), mas a insensata coragem de fazer passar a verdade na frente da razão de Estado (Aristóteles já dizia: "Amigo

---

[31] LYSSENKO, Trofim Denisovitch. *Sur la situation dans la science biologique*. Moscou, 1953, p. 538.

Platão, mas prefiro a amiga verdade"). A memória é uma das armas mais poderosas contra a insurgência da barbárie.

Por isso, precisamos tomar consciência de que, não só no caso Lyssenko, não é a ciência que conduz ao dogmatismo e ao totalitarismo, mas a ideologia cientificista que se arvora em sistema irracional e que, partindo dos laboratórios e centros acadêmicos, contamina toda a sociedade. O cientificismo se caracteriza, antes de tudo, por sua pretensão totalizante: pretende conhecer tudo do ser, acredita e afirma que o conhecimento total está a seu alcance. Podemos ainda caracterizá-lo como a embriaguez do pensamento científico aturdido por seu sucesso. É uma cegueira quanto aos limites da ciência e à crença na validade universal de seus métodos experimentais. Isto o leva a contestar radicalmente a existência das demais regiões ontológicas. Tendo raízes filosóficas antigas e profundas apoia-se principalmente na física e nas ciências conexas cujos fundamentos metafísicos consistiram numa série de generalizações abusivas articuladas em sistema.

No século XX, tendo ultrapassado os fundamentos metafísicos sobre os quais se apoiou durante tanto tempo, e reconhecendo agora apenas uma região ontológica, o cientificismo se vincula intimamente às tendências totalitárias que constantemente espreitam o pensamento ocidental. Como tão bem nos mostrou Hannah Arendt,[32] desempenhou um papel fundamental no pensamento e na propaganda dos totalitarismos nazista e comunista. Por sua vez, analisando o processo de desestalinização, Levinas (1957) reconhece com tristeza: "O totalitarismo político repousa num totalitarismo ontológico".

Dependência política das pesquisas

Esses exemplos nos mostram que, de uma forma ou de outra, os pesquisadores sempre estiveram na dependência do poder político.

---

[32] ARENDT, Hanna. *O Sistema Totalitário*. Lisboa: Edições Don Quixote, 1978.

A partir do século XIX, notadamente durante todo o século XX, a pesquisa científica e tecnológica tornou-se mesmo um negócio de Estado. As mudanças tecnológicas deixam de constituir um processo autônomo engendrado pela evolução das forças do mercado na medida em que cada vez mais os governos passam a intervir para estimular a emergência de novas possibilidades tecnológicas (estradas de ferro, e metalurgia, por exemplo), por razões de segurança nacional.

Essa intervenção do Estado nas atividades de pesquisa se reforça a partir da última grande Guerra Mundial. As políticas da ciência e da tecnologia passaram a constituir o produto, não da paz, mas da guerra. A Segunda Guerra terminou com a utilização do armamento nuclear, com o confronto entre os dois Blocos e com a escalada tecnológica. Todo um setor novo de pesquisa, notadamente o nuclear, passou a ser desenvolvido sem nenhuma consulta aos Parlamentos nem à opinião pública. Doravante, as políticas da ciência e da tecnologia se inspiram nesse modelo. Até o final dos anos 60, a atitude que praticamente todo mundo adotava em relação à ciência e à tecnologia era feita de confiança e de esperança. Se o mundo possuía problemas, é porque havia uma extrema carência de ciência, ou de um tipo adequado de ciência, ou porque não se sabia ainda o modo correto de aplicá-la.

Mas não tarda a aparecer um período de desencantamento e de contestação convertendo as políticas da ciência e da tecnologia num domínio aberto a controvérsias públicas. Um exemplo demonstra bem que a tecnologia não constitui uma variável independente no sistema econômico e social, pois não existe nenhum determinismo tecnológico. Refiro-me ao eloquente exemplo surgido no final dos anos 60. Trata-se de um momento em que vemos surgir e se desenvolver, um pouco por toda parte, críticas e reivindicações visando, entre outros alvos, a própria ciência e a tecnologia. Esses movimentos, denominados "anticiência", vinham por em questão não somente os meios, mas também os objetivos das políticas da ciência. Foi o próprio empreendimento científico e tecnológico que se tornou o grande desafio do debate político. E logo as decisões que ele gerou saem dos "corredores do Poder"

(C. P. Snow) e levam a controvérsias públicas e a disputas por vezes violentas. Depois de Hiroshima e Nagasaki, "os físicos conheceram o pecado" (Oppenheimer).

Essa fórmula exprime uma realidade: a era dos grandes entusiasmos parece encerrada, e a sociedade tecnocientífica esbarra em problemas que, de uma forma ou de outra, suscitam inquietação. Muitos pensadores (Theodore Roszak, entre outros) começam a denunciar o suicídio nuclear, a destruição do meio-ambiente, o elitismo tecnológico-tecnocrático etc. Não somente o "progresso científico" se tornou possível e favoreceu a corrida aos armamentos, a poluição, o culto desenfreado da produção e do consumo, mas dessacralizou a natureza e destruiu preciosos valores culturais. Essas acusações revelam certo desencantamento. Desencantamento que não devemos atribuir apenas à "ciência", pois esta constitui uma de suas vítimas.

Nas sociedades industriais, profundamente marcadas pela influência da ciência e da tecnologia, a questão do saber torna-se cada vez mais indissociável da questão do poder. Muitos temas contestatários são levantados. Não só porque a ciência e a tecnologia fracassaram em resolver os problemas sociais, mas porque teriam contribuído para o surgimento de muitos outros. Muitos aspectos negativos foram atribuídos à ciência. Manifestam-se não só nas críticas do movimento ecologista, que prolonga, no plano político, o debate sobre os limites do conhecimento quantitativo, mas nos movimentos antinucleares, sobretudo nas pesadas críticas contra o "complexo industrial-militar" (Einsehower), cujos programas e sistema de armamentos estão intimamente ligados à pesquisa científica. Qual a grande contribuição dessas controvérsias sobre os desenvolvimentos científicos e tecnológicos? Evidenciar, senão a relatividade, pelo menos a falibilidade de muitas das afirmações dos patenteados experts científicos. Sua autoridade repousava na ideia segundo a qual suas interpretações, avaliações e previsões escapavam dos conflitos de valores de interesses próprios a todo debate político, na medida mesma em que elas fariam tão somente apelo a dados objetivos, recolhidos e analisados segundo critérios da mais estrita racionalidade e de métodos rigorosos. Seria o postulado da objetividade e da racionalidade que funda sua reivindicada "neutralidade".

Muita gente continua hoje afirmando de boa fé: "Não, não é a ciência, não é a tecnologia que são desumanas, mas o modo como os homens delas se utilizam"; "não são os cientistas que decidem, mas os governos e os políticos que brincam com o fogo". Claro que, no abstrato, é verdade que os teóricos (cientistas) fornecem apenas os "meios", sendo os "fins" da responsabilidade dos que detêm o poder de decisão. Ora, mesmo que isso seja verdade, ainda se pode duvidar que resolva definitivamente o problema, pois precisamos constantemente nos interrogar sobre duas questões cruciais: a) a da *responsabilidade* dos cientistas; b) a da escolha das *orientações* da pesquisa, pois esta escolha não depende apenas deles, mas interessa a todos os cidadãos.

Neutralidade, tecnonatura e busca da sabedoria

À guisa de conclusão, trazemos algumas considerações finais. Antes de tudo é preciso notar que se nenhum cientista pode escapar totalmente de suas aderências políticas e ideológicas, como se fossem uma espécie de fatalidade, não por isso temos o direito de confundir ciência e ideologia. O pensamento epistemológico contemporâneo as distingue nitidamente. Sem dúvida, ninguém escapa à ideologia. Contudo, submeter-se a ela é uma decisão inteiramente arbitrária. O fato de ser muito difícil combater uma ideologia dominante é outra história. Mas os cientistas sempre foram livres para dizer, por exemplo, que a escala dos seres era arbitrária. Afirmar, como fez Darwin, fundando-se em Galton, que "a média do poder mental no homem deve exceder o da mulher" é tão arbitrário quanto afirmar a igualdade das potencialidades intelectuais dos dois sexos. Com efeito, considerar que a ideologia tem um peso tão grande que chega a esmagar o pensamento científico lembra a ideia (frequentemente avançada pelos políticos para justificar suas decisões) segundo a qual "não podiam fazer de outro modo". Ora, sempre podemos *fazer de outro jeito*. Eis a essência da política. Constitui também uma característica fundamental da liberdade humana.

O paradoxo é que, se a ideologia marca necessariamente a elaboração científica, sempre é possível dela nos libertamos, ou pelo menos contestá-la. Porque não podemos renunciar a nossa liberdade. A não ser que admitamos a servidão voluntária. De onde a importância fundamental dessas questões impertinentes: a) por que o pensamento dos cientistas frequentemente se mostra meio totalitário?; b) De onde vem essa mania de se pretender reduzir a diversidade do mundo e da vida a um único princípio?; c) Se a ciência pretende efetivamente nos "libertar" das trevas da ignorância, dos preconceitos e dos irracionalismos herdados de uma cultura do passado, por que nos incita a vermos o ser humano apenas como "contêiner de neurônios" ou um sistema de tratamento da informação? Ora, nada, na ciência, justifica a negação do "humano" no homem. Ela começa a morrer a partir do momento em que destrói as condições permitindo-lhe ser *compreensível*.

Desde os anos 70, o filósofo e cientista político Jean-Jacques Salomon vem chamando nossa atenção para o seguinte fato: a aliança cada vez maior e mais estreita entre a Ciência e o Estado. A ciência não é mais um sistema autônomo no conjunto social. O que significa a pesquisa fundamental numa época em que o saber puro não é mais dissociável de suas aplicações? E a situação do cientista, não se inscreve ela cada vez mais num espaço de decisões políticas afetando profundamente seus trabalhos e os influenciando? Neste espaço, a ciência é manipulação das forças naturais sob o horizonte das decisões políticas subordinando-a à chamada "*tecnonatura*" ("tecnociência") instaurando uma nova relação entre o saber e o poder. Em outras palavras,

> a tecnonatura consagra a aliança da cientificidade das ciências e da ideologia como instrumentos a serviço do poder; não designa um clã, um grupo, uma elite visando o poder como tal, mas

a situação na qual a ciência concebida como discurso de verdade não é mais dissociável da função que desempenha nem do poder que exerce como discurso político.[33]

Ninguém nega mais que os vínculos entre governo e ciência institucionalizaram-se não só para as questões que dependem da política, mas também para as que afetam o desenvolvimento da pesquisa científica. E o que é a tecnonatura senão a cena sobre a qual o sentido da ciência passa a ser concebido exclusivamente numa relação de instrumentalidade, ou seja, de fato, de subordinação a valores e a fins com os quais os cientistas dizem não estar comprometidos? Eis que, na tecnonatura, descobrem que o discurso aparentemente neutro da ciência não se encontra ao abrigo das antinomias da "ética da responsabilidade". Não conseguem mais ver na ciência um empreendimento indiferente aos valores, às ideologias, aos conflitos que lança sobre os negócios humanos mais que uma suspeita de irracionalidade. Apesar da racionalidade dos métodos e resultados da ciência.

Se a ciência ainda insiste em reivindicar certa neutralidade por seus métodos e resultados, o fato é que a tecnonatura nada tem de neutra. Diria que veio consagrar o fim da inocência do cientista concebido como desvinculado do projeto político ao qual serve e do qual se serve, terminar com o mito da imaculada concepção da ciência. Evidentemente que, na tecnonatura, o cientista não vem tomar o lugar do chefe ou do profeta, muito embora esteja a seu serviço e conserve a crença que não renuncia a sua vocação. O fato é que, mesmo trabalhando no objeto de sua vocação, não deixa de estar trabalhando para o poder: ao mesmo tempo em que afirma a cientificidade de sua obra, o fato inegável é que está inscrevendo-a na ideologia de uma causa. Não existe mais um cientista no sentido em que sua atividade fosse o da pura e simples busca da verdade.

---

[33] SALOMON, Jacques. *Science et politique*. Paris: Seuil, 1970, p. 26.

No dizer de Salomon, "a tecnonatura é o espaço que revela a ciência como técnica e o cientista como técnico de um poder cuja instrumentalidade é o sentido, mais que a relação com a verdade".[34] O caso de Oppenheimer é ilustrativo. Ao evocar as consequências, sobre os físicos, da fabricação da primeira bomba atômica, reconhece que perderam sua inocência, pois toda a ciência tinha se engajado na política, caído nas armadilhas da "ética da responsabilidade", até mesmo em seu discurso mais teórico: "Numa espécie de significação brutal que nenhuma vulgaridade, nenhuma zombaria, nenhum exagero pode abolir totalmente, os físicos conheceram o pecado; e isto é um conhecimento que não podem perder".[35]

Claro que inúmeros cientistas resistem à alienação da tecnonatura e põem em questão os fins aos quais serve seu saber. Todavia, a ideologia da ciência, concebida como o santuário de um discurso racional, objetivo e neutro, ao abrigo das vicissitudes históricas, das palavras mundanas e dos compromissos da política, não os impede de tomar partido nos negócios deste mundo. Embora sua intervenção não seja tão diferente da de um cidadão comum, é em nome da ideologia da ciência, concebida como discurso de verdade, que ele se interroga sobre o sentido e as implicações políticas da cientificidade de seu discurso.

Ao estabelecer sua legitimidade no sistema da cultura, a ciência moderna proclamou e defendeu, ao mesmo tempo, a autonomia de sua *démarche* contra o espírito de autoridade e de ingerência de toda autoridade (religiosa, política ou econômica). Uma vez conquistada essa autonomia, muitas vezes ela foi posta em questão. Mas não podemos nos esquecer, autonomia não é neutralidade! A neutralidade foi muitas vezes utilizada como barragem para proteger a autonomia. O resultado foi perpetuar em muito a ideia antiga de um pensamento cortado da ação e

---

[34] SALOMON, J. *Op. cit.*, p. 272.
[35] OPPENHEIMER, J.Robert. In: *Bulletin of the Atomic Scientists,* vol. 4, n. 3, março de 1946, p. 66.

do saber indiferente ao poder, como se a ciência estivesse ao abrigo das torrentes da história, como se fosse estranha a seu desenrolar. Por mais que a ciência insista em ser o templo da verdade, seria uma grande hipocrisia reivindicar o privilégio de uma imunidade contra a história.

Não resta dúvida que a ciência e a tecnologia ingressaram na era da suspeita. Seus desenvolvimentos podem desencadear conflitos e, até mesmo, confrontos violentos: os benefícios que nos proporcionam por vezes se fazem acompanhar de estragos e ameaças sem precedentes. Por isso, um número crescente de cidadãos reivindica o direito de exercer um controle sobre as escolhas que, em seu nome, são feitas pelas instâncias do poder. Porque, como constata Salomon,

> Prometeu avança firme, embora acorrentado, entravado, embaraçado nos vínculos dos quais não cessa de libertar a humanidade. Deve contar, não só com a resistência das coisas ou da natureza, mas com a resistência dos homens, das instituições e sociedades. A escala e a natureza das consequências da mudança técnica impedem de tratarmos a tecnologia como o domínio reservado dos técnicos: é um processo social cujo controle é assunto de cada um.[36]

Sabemos hoje que o progresso tecnocientífico não somente permitiu a produção de mortíferas armas nucleares, mas a proliferação de terríveis armas químicas e biológicas. O acelerado desenvolvimento da ciência, da tecnologia, da indústria e da economia, que doravante impulsiona nossa nave espacial Terra, deixou de ser regulado por uma ética, pela política ou pelo pensamento, numa palavra, pela sabedoria. No dizer de Morin, os processos motrizes da dinâmica planetária ciência → técnica → economia → lucro são ambivalentes, tendo produzido o *pior* e possivelmente pressagiando o *melhor*. Estaria a humanidade caminhando para o caos ou ainda há uma saída? O que acontece quando um sistema é incapaz de tratar seus problemas vitais? Ou se desintegra, ou conse-

---

[36] SALOMON, Jacques. *Promethé empêtré*. Paris: Pergamon, 1982.

gue, em sua desintegração mesma, metamorfosear-se num metassistema mais rico, capaz de melhor tratar esses problemas. Doravante, as palavras "reforma" e "revolução" já parecem insuficientes. Em nossa atual crise planetária, parece que "a única perspectiva de salvação reside no que traria ao mesmo tempo conservação e transformação: numa metamorfose". Porque, não tenhamos ilusões, conclui Morin:

> A física continua a melhorar as armas de destruição nuclear, mas a fusão nuclear, que seria um progresso energético capital, é prevista para a metade do século. O laser mata e cura. As nanotecnologias prometem e amedrontam. As ciências biológicas irão progredir tornando-se sistêmicas, e integrarão a biologia molecular num complexo de auto-eco-organização. A descoberta das células tronco em organismos adultos abre o caminho permitindo se envelhecer jovem e fará recuar a morte (sem conseguir suprimi-la). A manipulação da vida, ao mesmo tempo que as felizes consequências terapêuticas, apresentam o perigo de um manipulação do humano, podendo dar início a um novo totalitarismo (...) De qualquer modo, precisamos abandonar o sonho de um mundo dominado; já bactérias e vírus nos fazem perceber que saem reforçados de tudo o que busca eliminá-los definitivamente. O futuro comportará sempre riscos, vicissitudes e inquietudes, mas também poderá comportar capacidades criativas, desenvolvimento da compreensão e da bondade, uma nova consciência humana.[37]

De onde vem a pertinência de nossa última observação. A filosofia, como atividade intelectual, como uma reflexão sobre o mundo tendo por objetivo a verdade, mas também com um elã vital para o bem, pois se afirma como busca da sabedoria, estaria condenada a desaparecer ou voltaria a ter garantida sua perenidade? Em outras palavras, estamos marchando para uma paz planetária universal e a cultura religiosa da felicidade ou para novas guerras e o retorno da barbárie? Encontramo-nos no início de uma irreversível decadência ou na aurora de um verdadeiro re-

---

[37] MORIN, Edgard. *Vers l'abîme?*. Paris: L'Herne, 2007, p. 166 e 181.

nascimento da humanidade? Será que estamos em condições de colocar a ciência e a tecnologia a serviço da arte e da vida? Não sabemos.

No entanto, há mais de dois mil e quinhentos anos os sábios vêm indicando o caminho a ser seguido. Sem dúvida, trata-se de um caminho solitário, exigente e laborioso. Mas é um caminho que, apesar de escarpado, é acessível, eternamente aberto, extraordinariamente seguro e maravilhosamente fecundo. Porque não podemos duvidar: quanto mais progredirmos em sabedoria, mais ficaremos satisfeitos, seremos fortes e livres, apesar dos horrores do mundo moderno. Quanto mais cuidarmos de nossa alma, mais seremos felizes, pois para sermos felizes basta "cuidarmos de nossa alma: sermos bons, honestos e justos (Sócrates). Qual a grande causa de nossos horrores, misérias, violências, massacres, genocídios, ódios, feiúras, exclusões, escravidões etc.? A *estupidez* humana. Einstein tinha razão ao reconhecer que duas coisas são infinitas: o Universo e a imbecilidade humana (da primeira ele tinha dúvidas). Claro que, pela filosofia, não podemos eliminar todos esses horrores e todas essas misérias. No entanto, acredito, como o filósofo Bruno Giulliani, que

> podemos nos tornar bastante felizes para desenvolver nosso poder, bastante poderosos para lutar contra todas as formas de sofrimento, bastante amorosos para ser confiantes, criadores e prudentes, bastante prudentes para educar nossas filhos e os não filósofos na vida racional. Talvez os homens serão um dia mais sábios para realizar a revolução política e religiosa que dará a todos os meios de partilharem a felicidade de existir neste mundo trágico e maravilhoso. Claro que o caminho não é fácil. A busca da sabedoria é repleta de obstáculos. Mas não há outro caminho. "Não é o caminho que é difícil, é o difícil que é o caminho" (Kierkegaard). Aos filósofos principiantes, devemos repetir as palavras de Rilke: "Precisamos nos ater ao difícil. Tudo o que vive a ele se atém. É bom estarmos sós, porque a solidão é difícil. É bom amarmos, porque o amor é difícil".[38]

---

[38] GIULLIANI, Bruno. *L'amour de la sagesse*. Paris: Éditions du Relié, 2001, p. 303.

3
Há uma Ética da Ciência?

É a ciência desumana? Se a desumanidade consiste em desmistificar o mais possível as paixões alienantes e as ilusões humanas, inclusive as que a própria ciência contribui para manter, então, sim, a ciência é desumana. Mas se a desumanidade consiste em subjugar os corpos e os espíritos no sofrimento, na impotência e na ignorância, ao contrário, pode ser um fator insubstituível de humanidade.
H. Atlan

Não são as ideias da ciência que geram as paixões. São as paixões que utilizam a ciência para sustentar sua causa. A ciência não conduz ao racismo e ao ódio. É o ódio que faz apelo à ciência para justificar seu racismo.
F. Jacob

A ética é a ciência da liberdade.
Kant

No mundo contemporâneo, alguns médicos e biólogos desenterraram o termo *ética* criado pelos filósofos gregos para designar a reflexão sobre a *partilha da vida segundo o justo e o injusto* e passaram a utilizá-lo como um slogan. Na realidade, esse termo passa a ser sinal de inquietação e de interrogação. Despertando dúvida e paixão não só entre teólogos, filósofos e juristas, mas entre cientistas preocupados em ter certeza de que suas conclusões possam enunciar juízos de valor: *isto é bem, isto é mal*, correto ou incorreto, justo ou injusto. O uso corrente atribui a essas palavras um sentido relativo aos fins que nos propomos e aos meios de que dispomos. Fala-se de uma operação "bem-sucedida", de uma postura "correta"etc.

Em nossos tempos surge o neologismo "bio-ética". Criado por van Rensselaer Potter,[39] passa a designar a abordagem interdisciplinar da filosofia moral preocupada em elucidar as condições que uma gestão responsável da vida humana exige no contexto dos rápidos e complexos progressos das ciências da vida e das tecnologias biomédicas. Não trataremos dessas questões. Após colocarmos sucintamente a questão ética nos dias de hoje, abordaremos apenas as *origens* do problema: as relações da ética com a *biologia humana*, notadamente no que tange à experimentação no *corpo* humano. A ética de que todo mundo fala hoje não é mais da médica tradicional, mas da *biomédica*. O prefixo *bio* é revelador: significa que a maioria dos problemas mais delicados postos para a proteção dos seres humanos se situa nas fronteiras da pesquisa biológica e da medicina.

Ética em biociências hoje: algumas notas

Há muito tempo os pesquisadores vêm se debruçando sobre os dilemas levantados pelas experimentações em seres vivos. A consciência humana, as leis e a humanidade vêm condenando as experimentações no homem. Em 1934, o prêmio Nobel Charles Nicolle declara: como nunca deixaram de ser realizadas, precisam ser levadas a efeito, porque são "indispensáveis ao progresso da ciência para o maior bem da humanidade". Daí para cá, a situação modifica-se bastante. A ponto de numerosos peritos considerarem mais ou menos superados os princípios da medicina clássica ainda impregnados de humanismo hipocrático.

Não nos esqueçamos de que o termo grego *ethos* significa ao mesmo tempo a *maneira de agir*, o *ambiente moral* e o *caráter* das pessoas. De onde a ética poder ser definida, pela filosofia, como a realização de si: fim e sentido da vida humana. O filósofo Gilles Deleuze (1925-1995) a considera "a ciência prática dos modos de ser". Seu objetivo? Permitir

---

[39] POTTER, Rensselaer. *Bioethics: bridge to the future*. 1971.

ao indivíduo aplicar os princípios da sabedoria universal na conduta individual de sua vida. Tanto a ética quanto a moral visam elaborar uma reflexão sobre ações e valores. No entanto, a ética se situa mais do lado da teoria e dos princípios gerais, enquanto a moral está mais ligada à prática, à aplicação dos princípios aos casos particulares. Por isso, podemos dizer que a ética é *filosófica*, enquanto a moral é mais de ordem *ideológica*. Enquanto a ética se afirma como a busca filosófica da felicidade, a moral se impõe como a aplicação de um código de condutas. O próprio da moral consiste em obrigar um indivíduo a respeitar regras que definem um "dever-ser" distinto do real. Ela é a codificação de regras de conduta opondo-se a uma realidade considerada amoral ou imoral.

No sentido moral, o "dever" designa uma obrigação absoluta: é um imperativo categórico imposto a todos sem condição. Por isso, toda moral toma a forma de um "Tu deves". Tanto o filósofo quanto o moralista visam o "bem". Mas é em nome do bem ideal que o moralista proíbe e ordena certas ações. Razão pela qual a ética é independente da moral, pois não visa apenas o bem real dos indivíduos. O que visa é a maior felicidade possível, ou seja, o bem soberano ao mesmo tempo sensível e compreensível por cada um. Neste sentido, pode ser considerada a "verdadeira moral", a "moral sem regras" que "zomba da moral" (Pascal).

Enquanto a moral apresenta-se como uma fidelidade meio cega a uma ideia, a um dogma ou a uma lei, a ética se revela antes de tudo como uma fidelidade lúcida à razão, à verdade e ao amor. Enquanto o moralista vive no ódio e no medo do mal que pouco compreende, o filósofo se esforça por agir no desejo do amor do bem que compreende. O moralista não admite a relatividade dos valores nem da liberdade. Funda sua conduta em dois dogmas: a) há valores objetivos e absolutos, do bem e do mal em si; b) o homem possui um livre arbítrio que lhe permite escolher de modo absolutamente livre entre o bem e o mal.

Kant forneceu a esses dogmas uma justificação racional, que se torna a referência principal para quem defende a manutenção da moral. Outros, como Epicuro, Montaigne, Espinoza e Nietsche tentaram mostrar que não passavam de crenças sem fundamento, puras ilusões insensatas.

São filósofos éticos, mas amorais, pois preferem admitir que o homem não possui uma vontade livre, mas um espírito mais ou menos sábio. Rejeitam assim a moral judaico-cristã dos "Dez mandamentos", colocando a origem do bem na vontade de um Deus transcendente, e aderem a uma moral leiga humanista, capaz de comandar o agir humano por um puro respeito ao dever moral definido pelos "Direitos do Homem". As regras da moral decorrem unicamente da compreensão do real, não de um "dever-ser" e de um bem transcendente. Daí ser preferível falar de ética, pois busca a vida digna, livre e alegre, a vida vivida em consciência, inclusive no momento de morrer. Por isso, Paul Ricoeur a define como "a busca de uma vida boa, com e para os outros, em instituições justas". E considera a moral, enquanto prescritiva e deontológica, como "a articulação dessa busca em normas caracterizadas ao mesmo tempo pela pretensão à universalidade e por um efeito de coação".[40]

Nos dias de hoje, a questão ética ocupa um lugar relevante nos meios intelectuais, notadamente entre os que se encontram marcados pela ideologia pós-modernista, opondo às doutrinas consideradas "modernistas" uma forma de relativismo moral quase absoluto. Neste domínio, de que é acusado o racionalismo oriundo das Luzes? De ter defendido um domínio ético independente do indivíduo, definindo o conjunto dos princípios aos quais deve submeter-se e conformar-se. A expressão mais detestável dessa visão modernista? O "transcendentalismo" kantiano, com sua dupla pretensão inaceitável: a) existiria um mundo físico regido por leis universais objetivas bem como um mundo moral regido por leis tão morais quanto objetivas; b) este "segundo mundo" da moral seria autônomo relativamente ao primeiro. Ora, segundo Kant, o homem moral age por dever, não por inclinação. E seus deveres lhe são ditados pela Razão. Não nega as paixões humanas. Mas afirma que não devem constituir o único motivo da ação moral. De onde ser moral a ação que se conforma a um princípio. O problema é que Kant considera esses

---

[40] RICOEUR, Paul. *Soi-même comme un autre*. Paris: PUF, 1990, p. 202.

princípios universais. Segundo os pós-modernistas, a transcendência (ou transcendentalismo) não passa de uma ilusão.

Por isso, ao transcendentalismo ético de tipo kantiano e esclarecido propõem uma visão da moral como fator essencialmente individual. O próprio conceito de moral só possui valor quando fundado na vida real concreta, ou seja, se é um sujeito individual. Porque os juízos morais emanam do espírito dos indivíduos. Portanto, a responsabilidade moral só pode ser vivida no interior da consciência individual. Neste sentido, a ética transcendental seria a negação mesma da moral, posto ser esta algo de individual, concreto e terrestre. Por exemplo, se minha concepção da responsabilidade individual não vai contra minha ideia de viver sem trabalhar, drogado ou cometendo roubos, quem poderia ter o direito de me punir se me comporto em conformidade com "meus" princípios morais? E se minha moral pessoal ou de grupo me leva a considerar perfeitamente legítimo abusar sexualmente de uma criança? Por isso, o problema dos fundamentos da moral só adquire sentido quando for posto como um problema transcendendo a pessoa e concernindo às relações interpessoais e às regras suscetíveis de harmonizá-las. Enquanto problema relacional e intersubjetivo, o problema ético engaja a questão da objetividade.

Não resta dúvida de que, nos dias de hoje, são graves e profundas as questões éticas levantadas pelo acelerado desenvolvimento das ciências e das tecnologias num mundo que globaliza, não só a produção, mas as trocas e a cultura. Chegam mesmo a afetar a ideia que nos fazemos da *condição humana*, de seu *devir* e do *futuro da espécie*. E não são poucos os pensadores que entram em pânico, a ponto de lançar mão de preconceituosos argumentos para denegrir a ciência, diabolizar a indústria e denunciar não só a crise, mas o delírio ou enlouquecimento da razão. O velho fatalismo do melhor (otimismo de um progresso garantido) cede o lugar a um fatalismo do pior (pessimismo negro) que ameaça até mesmo os mais sólidos bastiões da filosofia das Luzes. Razão pela qual, não pretendendo renunciar à especulação teórica, em proveito de uma visão utilitária do pragmatismo que nos invade, precisamos retomar essas questões e tentar entendê-las em suas raízes filosóficas.

A primeira coisa de que devemos tomar consciência é que, em nossa aventura humana, jamais podemos estar satisfeitos com os conhecimentos que produzimos para dominar nosso meio (a natureza). Nunca podemos nos contentar em nos *adaptar* a esse meio. Porque, por tateamentos, fracassos e êxitos, precisamos analisar seus elementos e, por uma síntese inédita, criar um novo meio que nos seja mais favorável. Todavia, tampouco devemos nos contentar com os conhecimentos adquiridos. Porque precisamos determinar, em função do já conhecido, a parte do desconhecido que nos parece cognoscível. Desta forma, erigimos a norma de um conhecimento perfeito: a *verdade*.

É justamente em função desse *ideal* que procuramos retificar permanentemente o que *julgamos* terem sido nossos erros: "A experiência é justamente a lembrança dos erros retificados" (Bachelard). Este movimento de *retificação* pode ser considerado a alma da ciência. Mas só pode ser compreendido se o valor de verdade for afirmado como tendo um valor absoluto, vale dizer, *universal*. Todavia, o ser humano, portador de um valor universal inspirando sua apreciação dos conhecimentos que adquire sobre si e o mundo, possui outra singularidade: jamais age individualmente sem afirmar, em seu pensamento, o valor dos outros que reconhece como seus "semelhantes": "Para sermos felizes, precisamos pensar na felicidade dos outros" (Bachelard). Daí brota este "ato moral" de que todo ser humano revela-se capaz e sobre o qual muitos filósofos têm refletido a partir de Kant.

Dominique Lecourt ao constatar que o ser humano se revela portador do valor de universalidade, não só pelo aspecto cognitivo de seu pensamento, mas por seu aspecto ético, comenta:

> Cada um experimenta um poderoso sentimento de satisfação em superar os limites de seu egoísmo, em dominar e domar suas inclinações naturais para melhor afirmar a universalidade da liberdade humana, condição mesma desse ato. E é assim que o ser humano erigiu o ideal do Bem em norma suprema, jamais completamente realizada, dos comportamentos humanos. E as

regras (jurídico-políticas) da vida em sociedade nada mais fazem que proteger e garantir a versão admitida desse Bem.[41]

Por conseguinte, as questões éticas que iremos analisar não dependem da deontologia (do respeito às regras do metiê). Porque, para além delas, há os princípios diretamente relacionados à dimensão moral da vida humana, "a seu ideal do Bem e a sua liberdade de afirmar valores universais e, por tabela, o de verdade!", como acrescenta Lecourt.

Ética e "corpo-sujeito"

Desde os gregos, o *corpo humano* vem sendo considerado uma questão relevante para os filósofos. Seria uma aparência exterior do ser humano, um invólucro da alma (Lucrécio) ou sua prisão (Platão), um simples organismo assegurando as funções necessárias à vida da alma ou uma parte essencial? Ou não deveria ser considerado "um organismo qualificado por sua pertença a uma destinação cuja inserção assume no domínio humano" (Gusdorf)? Ou "um conjunto de significações vividas em busca de seu equilíbrio" (Merleau-Ponty)?

Na concepção de muitos filósofos contemporâneos, estamos diante de um "corpo-sujeito", definido como um conjunto de significações vividas, não de uma realidade simplesmente material. A experimentação sobre o corpo humano (corpo próprio ou corpo-sujeito) põe a questão fundamental de seu valor. Se é considerado apenas o invólucro carnal do espírito, claro que pode e deve ser tomado como um material experimental útil à pesquisa científica. Mas se faz parte da essência do ser humano, possui uma dignidade tal que não temos o direito de permitir que sobre ele se faça indiscriminadamente qualquer coisa, nem mesmo em nome da ciência ou do bem da humanidade.

---

[41] LECOURT, Dominique. Conferência na Faculdade de Ciências Humanas do México, 2006.

É por isso que a prática experimental deve ser "enquadrada" ou regulada pela ética médica, por um saber *deontológico* suscetível de enunciar os deveres que os profissionais precisam se impor no exercício de suas atividades. Diferentemente da deontologia (do grego *deon*, o que convém, e *logos*, ciência) e da *moral* (saber prático permitindo discernir o Bem e o Mal, enunciando regras que dizem respeito às ações permitidas ou proibidas na conduta cotidiana em função de valores de referência: religião, educação, sentimento), a *ética* é um saber que diz respeito aos fins da vida humana, "estudando os modos de ser da existência segundo o bom e o mau" (Espinoza); "é a ciência da liberdade" (Kant); "a ciência prática dos modos de ser" (Deleuze).

Enquanto a moral designa aquilo que, na ordem do bem e do mal, refere-se a leis, normas e imperativos, a ética diz respeito aos questionamentos precedendo a ideia de lei moral. É ela que, partindo de uma análise dos fundamentos da moral, determina os fins últimos da ação livre do homem. Em sua *Ética a Nicômaco*, Aristóteles propõe a *felicidade* (a atividade conforme à virtude) como fim último da existência. A ética está acima da moral (conjunto de normas e regras de conduta), fixa seus valores de referência e os que comandam suas aplicações pelas deontologias.

A ética sempre se interessou pelo corpo humano, sobretudo dando-se também por objeto a determinação do fim da vida humana e dos meios de atingi-lo. Nos dias de hoje, os médicos e os biologistas voltam a colocar, a seu respeito, numerosas e interessantes questões. Notadamente a respeito de seu famoso paradoxo: se os enunciados prescritos remetem sempre a um juiz situando-se fora de nosso mundo, a questão que se coloca é a seguinte: não seria Deus a figura desse juiz? Como pode o discurso ético apresentar-se de outra forma a não ser sob as espécies de uma variante do discurso religioso?

Kant tentou resolver a questão fundamental: existe um imperativo moral que seja ao mesmo tempo universal e não repouse num fundamento superior (a Natureza, Deus, a Razão)? Sua resposta afirmativa reside na máxima por ele denominada *imperativo categórico*: "Devo agir sempre de tal modo que possa também querer que minha máxima se torne uma lei universal". Em outros termos, devemos sempre agir como desejamos que os outros ajam. Por exemplo: para sair de um embaraço, posso fazer uma promessa sabendo que não irei cumpri-la? Ao agir dessa forma, posso me dar bem, mas não posso erigir essa atitude em norma, pois as promessas perderiam qualquer credibilidade: *só o respeito às promessas pode ser erigido em lei universal.*

Portanto, o imperativo categórico é a resposta fornecida à questão moral, "o que posso fazer"? Os fundamentos de uma moral universal não podem ser encontrados em princípios exteriores ao ser humano: Deus, a Natureza ou a Razão. O imperativo é igualmente universal no sentido em que é desprovido de todo conteúdo empírico: não enuncia esta ou aquela prescrição empírica (busca da felicidade, ajuda aos outros) ou proibições (por exemplo, não matarás), mas uma regra geral aplicada em todo tempo e lugar e que não se encontra vinculada a hábitos e costumes, pois o imperativo categórico seria acessível a todo mundo, ordenando sem condição.

Claro que, nos casos mais difíceis e importantes, esse princípio nos deixa em certo desamparo. De onde Kant reconhecer: para fundar a moral devemos supor que a natureza humana pertence a dois mundos: ao mundo físico regido pelas leis newtonianas e ao mundo suprassensível submetido às leis morais que se revelam a nossa consciência por nossa capacidade de resistir aos impulsos do prazer. Ele se recusa a analisar o domínio da moral por meio dos princípios que caracterizam as ciências físicas. Reconhece que, assim como a ordem que impõe a gravitação aos corpos celestes evoca uma imagem de harmonia, equilíbrio e perfeição, da mesma forma as leis universais do mundo moral devem impor um quadro de harmonia social, justiça e felicidade. Mas vai além de uma moral abstrata e desencarnada: ela só faz sentido pelo fato de possuir uma finalidade humana. De onde, logicamente, decorre uma segunda formulação do imperativo categórico, fundada na pessoa humana que jamais poderá ser um simples objeto a serviço de interesses e paixões: "Ajas de tal forma que trates a humanidade, tanto em tua pessoa quanto na pessoa dos outros, como um fim, e jamais como um simples meio".

Na era tecnológica, a ética kantiana enfrenta várias dificuldades. O que levou o filósofo e teólogo Hans Jonas a substituir o imperativo categórico por um novo suscetível de implicar, não a integridade do homem, mas a integridade da vida. Esse novo imperativo decompõe-se em quatro formulações:

a) Ajas de tal modo que os efeitos de tua ação sejam compatíveis com a permanência de uma vida autenticamente humana na Terra;

b) Ajas de tal modo que os efeitos de tua ação não sejam destruidores para a possibilidade futura de tal vida;

c) Não comprometas as condições para a sobrevivência indefinida da humanidade na Terra;

d) Inclui em tua escolha atual a integridade futura do homem como objeto secundário de teu querer.[42]

O que se percebe é uma vontade de reencontrar uma forma universal: é a humanidade global que se torna norma e ponto de referência. Reagindo anteriormente à ética kantiana, Péguy exclamava: "a moral tem as mãos puras, mas não tem mãos".

No fundo, o que postula Jonas? Que a teoria e a prática da responsabilidade coletiva deveriam mudar em função das consequências da tecnologia. O grande desafio consiste não só no respeito ao próximo, em uma imediatez do ato moral, mas em a) tomar consciência dos atos coletivos cujos efeitos poderão ser desastrosos; b) assumir obrigações novas para com o meio técnico-natural ao qual condenamos as futuras gerações; c) "incluir o planeta na consciência da causalidade pessoal". Pois não podemos admitir que os critérios da equidade, da felicidade, do bem-estar e da manifestação das liberdades democráticas possam ser comandados pela análise científica do domínio moral ou social, porque esta faz apelo apenas a critérios formais e de eficácia (na ótica da pura eficácia, nenhum sistema é mais eficaz que a ditadura). Ademais, esses

---

[42] JONAS, Hans. *O princípio Responsabilidade*. São Paulo: Contraponto, 2006.

critérios nos conduziriam à aceitação da doutrina do relativismo moral, do utilitarismo.

Quando se tenta mudar o lema "Liberdade, igualdade e fraternidade" por "Qualidade, competitividade e produtividade", deveríamos protestar. Se outrora o utilitarismo se apresentou como uma doutrina inspirada numa ética, com o tempo, transformou-se numa doutrina da otimização da eficácia pregando que uma escolha ou uma lei são justas apenas se favorecem a eficácia na ação do governo e as forças produtivas.

Ora, como podemos invocar a pureza da "lei moral", que nos anunciaria o "reino dos fins", sem sorrir ou gemer num mundo onde seu rigor professado não conseguiu impedir as piores atrocidades e as mais escabrosas monstruosidades? Como podemos invocar a pureza do discurso ético quando sabemos que muitas vezes justificou e encobriu, com o véu da omissão, do conformismo e da hipocrisia, tantas infâmias e crueldades? Se a ética kantiana parece impotente diante dos horrores deste mundo, não seria porque se dirige à ficção de um homem sem "mãos"?

As respostas de nossa filosofia ocidental nem sempre foram satisfatórias. Talvez porque frequentemente tenha lidado com um pensamento sem corpo ou com a ideia de um corpo-máquina. Quando Pascal declarou que "a verdadeira moral zomba da moral", estava afirmando que as regras morais instituídas para sustentar o homem em sua fraqueza revelam-se irrisórias a respeito do que constitui sua verdadeira grandeza: seu insaciável desejo de infinito. Porque todo ser humano se apresenta sempre como corpo e alma para além "dele mesmo", sem que esse "além" se situe em "outro mundo". Neste sentido, Pascal tem razão, reconhece D. Lecourt:

> a verdadeira moral consiste em afirmar sua própria liberdade; em recusar as mil e uma pequenas covardias que nos fazem os escravos de nosso servilismo, em confiar em nossos semelhantes para que vejam nela um sinal para mais liberdade. Esta **confiança** que desafia todo ceticismo e todo dogmatismo nos leva a jamais nos desesperar, mesmo diante das piores atrocidades. Eis um valor ético que tanto nos falta.. Cabe ao legislador, ao poder político,

canalizar esse movimento de inventividade, essa alegria da reapropriação, por cada um com os outros, da parte de si que dele havia excluído.[43]

Chamaria ainda a atenção para o princípio ético formulado por Sócrates: "Cometer a injustiça é pior do que sofrê-la". Porque cometê-la é aviltar nossa alma sujando-a de maneira irremediável. O homem injusto se engana se espera obter uma vantagem do mal perpetrado, porque reconhece o prejuízo que se inflige promovendo ao mesmo tempo a infelicidade dos outros e a sua própria. Em contrapartida, a injustiça sofrida afeta nossa felicidade apenas na aparência. Porque deixa intacta nossa alma, só produzindo atentados a objetos exteriores: nossos bens, nossa reputação ou nosso corpo. Por isso, é com toda serenidade, sem nenhuma cólera e nenhum remorso, que Sócrates, falsamente acusado de impiedade e corrupção da juventude, prefere enfrentar a morte a ter que parar de "filosofar", pois "uma vida sem **exame** não merece ser vivida". E se um tribunal das almas nos aguarda no além, o sábio sabe que sai duplamente ganhando. Inclusive, completa Sócrates, porque "ninguém é mau voluntariamente". Se o mal existe, só pode ser a consequência de nossa ignorância quanto a sua verdadeira natureza, não sendo devido ao fato da alma escolher deliberadamente prejudicar a si mesma.

Ao final destas considerações, uma grande questão se põe: em que medida os princípios éticos podem constituir um entrave ou, até mesmo, uma barreira nefasta ao progresso dos conhecimentos científicos? Não é nada fácil a resposta a essa questão. Múltiplos são os obstáculos: de ordem psicológica, cultural, institucional etc. Porque o corpo humano não constitui um objeto como outro qualquer. Os médicos e os demais especialistas biomédicos não são profissionais como os outros. Nesta área, numerosos são os tabus e os comportamentos de medo, sem falarmos das ignorâncias e dificuldades levantadas pela existência de ocultos inte-

---

[43] LECOURT, Dominique. *Déclarer la philosophie*. 1997, p. 202.

resses econômicos ou corporativistas. Do lado do corpo médico e dos pesquisadores, numerosas são as resistências quando se trata de abordar as questões relativas à informação ao público.

Em 1979, no célebre *New England Journal of Medicine*, N. Frost explicava: a obrigação de pedir o consentimento explícito antes de uma experiência constitui um obstáculo à pesquisa. As mesmas resistências também se manifestam no domínio das ciências humanas. Por exemplo, na década de 70, o psicólogo americano Kenneth Gergen fazia o seguinte alerta: "A instauração de princípios éticos seria certamente nefasta à psicologia e ao progresso dos conhecimentos".[44] Contudo, o mais profundo obstáculo diz respeito a uma *contradição*: de um lado, nossa sociedade deposita uma enorme esperança na medicina e na ciência em geral; do outro, tem muita dificuldade em admitir que os progressos da medicina exijam a experimentação no homem. Como superar essa contradição? Aceitando uma "ética do progresso médico a todo preço?" Ou recusando-se a engajar nesse caminho e assumindo essa escolha até o fim?

O ponto de partida: Darwin e o "darwinismo social"

Desde a publicação e a divulgação de *A origem das espécies*, em 1859, ao afirmar a historicidade da natureza, a teoria de Darwin foi objeto de críticas e ataques apaixonados e por vezes bastante violentos. Entre as objeções formuladas, numerosas eram de natureza científica. Na maioria das vezes, porém, por detrás da argumentação ou a seu lado, eram nitidamente visíveis diferentes opções filosóficas, éticas e/ou políticas. Por exemplo, alguns cristãos eram guiados pela preocupação de refutar o "materialismo" darwiniano. Quanto a Marx, considerou a teoria da "luta pela vida" ao mesmo tempo sedutora e perigosa: lembrava demais as competições sociais e econômicas da Inglaterra vitoriana.

---

[44] GERGEN, Kenneth. *La Recherche*. 1974

O fato é que, a partir de então, as ciências biológicas conheceram um enorme desenvolvimento. E a teoria da evolução, notadamente a partir dos anos 1940, organizou-se e consolidou-se com o nome de "teoria sintética". Houve mesmo quem acreditasse que, doravante, estariam superadas as controvérsias "ideológicas" sobre o transformismo.

Nada disso. Um pouco por toda parte, sob formas mais ou menos elaboradas, o combate continua. E as contestações teóricas que abalaram a velha Europa se repercutem no Novo Mundo, onde a teoria da evolução encontra também poderosa resistência, não só "científica", mas ética, religiosa e ideológica. Nos anos 1980, não se tratava mais de proibir o ensino da teoria da evolução nas escolas, mas de autorizá-la, a título de hipótese, de valor científico equivalente ao relato do *Gênesis*.

Mais tarde, surge a sutil doutrina do *Design inteligente* manifestando-se no processo evolutivo desde o nível molecular. Esta doutrina aceita a biologia contemporânea, mas a interpreta num sentido estritamente finalista. Seus defensores tentam impor no ensino público uma versão da evolução ligando-se explicitamente à "teologia natural" de William Paley (1802), rejeitada por Darwin para conceber a seleção natural.

Sabemos que, em matéria de ciência, uma das ilusões mais fortemente enraizadas na mentalidade do público é que ela seria "pura", desembaraçada das escórias ideológicas, dos preconceitos e das ideias recebidas que entulham os discursos não científicos em todo o mundo. Por ser "pura", também seria "neutra", na medida em que com ela não estariam relacionados seus aspectos negativos para as sociedades humanas. Assim, por exemplo, a pesquisa fundamental em física atômica seria neutra em si. As responsabilidades éticas caberiam às autoridades que a utilizam para fins militares. Neste domínio, o que interessa analisar não é uma pesquisa fundamental em si, pois nada existe simplesmente em si. Interessa o *caráter cultural* da ciência. Esta seria, de certo modo, transcendente, e sua neutralidade seria possível; ou ela deve ser considerada como se produz em contextos culturais concretos, vale dizer, no contexto de projetos sociais determinados, implícitos ou explícitos; e, neste caso, a neutralidade é simplesmente ilusória.

O pensamento de Darwin ilustra esse ponto de modo quase paradigmático. Ao meditar sobre a evolução, foi influenciado pela visão do mundo e pela ideologia nascente do capitalismo do *laissez-faire*. Portanto, sua teoria reforçou essa visão do mundo e lhe forneceu, além disso, um poderoso modelo biológico. Eis como declara ter descoberto que a seleção natural é a *causa* da evolução:

> Em outubro de 1838, quinze anos após eu ter iniciado minha investigação sistemática, aconteceu que estava lendo o livro de Malthus sobre população e, estando preparado para apreciar a luta pela existência que se desenrola por toda parte, graças às minhas longas e contínuas observações sobre os hábitos de animais e plantas, imediatamente me impressionou que, nessas circunstâncias, as variações favoráveis tendiam a ser preservadas e as desfavoráveis a ser destruídas. O resultado disso seria a formação de novas espécies. Enfim, eis que dispunha de uma teoria na qual poderia apoiar meu trabalho.[45]

O fato incontestável é que muitos cientistas foram buscar no darwinismo as bases daquilo que podemos denominar a "nova religião" pós-cristã dos modernos. Trata-se de uma religião fundada na ciência, de uma religião sem milagres, mas pressupondo o culto da ciência. Religião acreditando que as ciências, notadamente as físicio-químico-biológicas são capazes de fornecer o único modelo válido de verdade e conhecimento, pois toda causa seria objetivável e todo o mundo humano poderia ser integrado no mundo dos objetos. Os herdeiros das Luzes, depois do aparecimento de *A origem das espécies*, enfim acreditavam estar de posse de um terreno sólido para propagar sua "nova fé". O que prima, entre os espíritos "esclarecidos" da época, que doravante só pretendem reclamar da ciência, é a elevação de um novo altar fundado na base das descobertas no domínio das ciências da natureza. Em 1873, com um enorme entusiasmo, exclama David F. Strauss:

---

[45] DARWIN, Charles. *Autobiografia*. Lisboa: Relógio d'Água, 2004.

Nós, filósofos e teólogos críticos, achávamos oportuno decretar o fim do milagre, nossa sentença permanecia sem eco, porque não tínhamos, para colocar no lugar, uma força da natureza que pudesse supri-la. Darwin mostrou essa força, essa ação da natureza; abriu a porta pela qual uma posteridade mais feliz deve expulsar para sempre o milagre.[46]

O "caminho" estaria traçado, a "direção", fixada. Se agora sabemos (final do século XIX) como nos orientar no pensamento e na vida, se acreditamos saber tudo isso nos meios do "livre pensamento", devemos isto à concepção científica do mundo fundada na ideia de evolução; portanto, à ciência da natureza à qual Darwin, um dos "maiores benfeitores da humanidade" (Strauss), forneceu seus verdadeiros fundamentos. E comenta: "É para lá que devemos seguir e iremos". Assim, o otimismo progressista se inscreve numa ideologia científica considerando-se o fundamento de uma nova "religião". Esta religião forneceria ao mesmo tempo os princípios de um novo vínculo universal entre os homens e as finalidades esboçando um novo sentido da História. Assim, a felicidade universal como finalidade da história, substituiria a salvação: no plano cognitivo, "fora da ciência" não haveria salvação.

Teríamos o direito de falar de um "racismo" desse pensamento? Em *The Descent of Man* (1871), que trata das origens e da evolução do homem, Darwin estende a toda a humanidade o campo de ação dos mecanismos da seleção natural. A seu ver, na natureza (onde sobrevivem os mais aptos), comportamentos de ajuda mútua são selecionados e transmitidos quando trazem vantagem para a população na qual apareceram e se desenvolveram. Pelo jogo da seleção natural, comportamentos não seletivos (qualidades "morais") aparecem e se desenvolvem entre os seres humanos: solidariedade, ajuda mútua, caridade etc. Contudo, de fato, na obra de Darwin há várias passagens em que as chamadas "raças inferiores" são apresentadas como moralmente inferiores a certos

---

[46] STRAUSS, David F. *L'Ancienne et la Nouvelle Foi*. 1873.

animais. Trata-se de "racismo" no sentido em que entendemos esse termo? Não, pois em numerosas outras passagens ele revela ideias bastante generosas, inclusive, antiescravagistas. Em contrapartida, é preocupante a lógica de seu sistema, pois considera a evolução uma "marcha para o progresso": começa com os homens simples e prossegue com sua complexificação crescente, os macacos superiores e os homens de "origem inferior" representando os estágios últimos, imediatamente anteriores ao acabamento que representa o anglo-saxão moderno. Racista ou não, o fato é que o pensamento científico de Darwin está longe de ser "puro" ou "neutro".

Pelo contrário, é até bastante marcado pelo trabalho difuso da ideologia vitoriana do século XIX. Por exemplo, a compaixão pelos pobres, a simpatia que por eles deveria ser testemunhada, a educação que era indispensável lhes dar em matéria de higiene e temperança tinham, por homólogo, a missão civilizatória do Império britânico pretendendo fazer, de seu colono, o tipo acabado do *gentleman*. Como a maioria de seus contemporâneos, Darwin via a civilização europeia e a raça branca como os produtos mais elevados da evolução social e intelectual, rejeitando as raças inferiores como ramos da espécie humana que não teriam evoluído suficientemente na escala dos seres.

Esta ausência de "neutralidade" se revela mais claramente no "darwinismo social", nesta doutrina que considera que os mecanismos da seleção natural (concorrência vital, luta pela vida, sobrevivência dos mais aptos etc.) podem ser transferidos de maneira válida para as sociedades humanas. Seu promotor mais famoso, o sociólogo Herbert Spencer (1820-1903), usou essa ideologia para justificar e legitimar o liberalismo econômico que já fazia enormes estragos na Inglaterra vitoriana. Posteriormente, a questão que se pôs foi a seguinte: o que o darwinismo social, o biologismo social e a sociobiologia (biologismo social geralmente apresentado como o estudo dos fundamentos biológicos dos comportamentos sociais) devem ao pensamento de Darwin? Não resta dúvida de que a teoria da seleção é portadora de considerações éticas e, até mesmo, políticas. Por exemplo, num trecho de *A origem do homem*, ele declara:

Certamente há muito de verdadeiro na opinião de que os maravilhosos progressos dos Estados Unidos, bem como o caráter de seu povo, constituem o resultado da seleção natural; os homens os mais corajosos, os mais enérgicos e os mais empreendedores de todas as partes da Europa emigraram durante as doze últimas gerações para esse grande país onde muito prosperaram.[47]

Em outra passagem da mesma obra há uma recomendação que nada tem de politicamente neutra:

Como todos os outros animais, o homem certamente chegou a seu alto grau de desenvolvimento atual pela luta pela existência, que é a consequência de sua rápida multiplicação; e para chegar mais alto ainda, é preciso que ele continue sendo submetido a uma luta rigorosa. De outra forma, cairia num estado de indolência, onde os melhor dotados não teriam mais sucesso no combate da vida que os menos dotados.

Tomada de posição de Claude Bernard

Historicamente, sabemos que os grandes criadores da ciência moderna jamais tentaram separar as ciências e as técnicas. Quando a *Royal Society of Sciences* de Londres foi fundada em 1662, seus promotores tiveram o cuidado de explicitar isso nos estatutos: "A tarefa e o objetivo da Sociedade é o de aperfeiçoar o conhecimento das coisas da natureza, e de todas as artes úteis, as manufaturas, as práticas mecânicas, as máquinas e as invenções, graças a experimentações". Logo depois, em 1666, o ministro de Luís XIV Colbert cria a *Academie Royal des Sciences de Paris* com as mesmas intenções. Os acadêmicos, longe de se confinarem na ciência "pura", tiveram de assumir várias responsabilidades práticas declaradas. Assim, desde o início, a história da ciência experimental era indissociável do mundo dos comerciantes, engenheiros

---

[47] DARWIN, Charles. *A origem do homem*. Belo Horizonte: Itatiaia, 2004.

e empresários. Numerosos cientistas reconheceram que seus saberes estavam destinados a satisfazer "necessidades materiais" e deram razão a Bacon quando declarou que *Knowledge is Power* (Saber é Poder), que o saber é força e poder. A este respeito, o testemunho de Claude Bernard (1813-1878), o verdadeiro criador da fisiologia experimental, nos parece bastante convincente.

O nome desse célebre cientista esteve ligado à noção mesma de "método experimental". A seus olhos, a situação era perfeitamente clara:

> Eis toda a ideia moderna nas ciências: conquistar a natureza, arrancar seus segredos, dela nos servir em proveito da humanidade. A física e a química garantiram ao homem sua dominação sobre a natureza bruta. A fisiologia lhe conferiu poder sobre a natureza viva.[48]

Era necessário, acrescentava, "subjugar a natureza viva". Os antigos cometeram o erro de serem demasiado passivos, extremamente contemplativos: "Acreditaram que o papel do homem era o de um simples espectador e não o de um ator". O que estava querendo nos explicar? Que só uma mutação espiritual tornou possível a ciência experimental. Porque seu objetivo real podia ser caracterizado em duas palavras: "prever e agir". Culturalmente, o empreendimento científico não era neutro. Pelo contrário, constituía parte integrante de um projeto global.

Claude-Bernard concebia esse "exercício de dominação da natureza" como racional. Mas era a ação que conferia sentido ao projeto; "Eis por que o homem se empenha na busca difícil das verdades científicas". Portanto, longe de planar acima da história, os cientistas nela se encontram completamente submersos. Não descobriram *a Ciência* (como muitos pretensos educadores contavam ao povo), mas construíram *uma ciência* bastante requintada e extraordinariamente eficaz,

---

[48] BERNARD, Claude. *Introdução ao estudo da medicina experimental*. 1865.

mas cujos pressupostos nada tinham de absoluto. No cerne mesmo do método científico, o que se exprimia era a paixão ocidental pelo poder.

Em suma, o fisiologista Claude-Bernard, sistematizador do método experimental, foi um pioneiro na abordagem *ex professo* da questão ética das experimentações em seres humanos. O primeiro a tomar a ciência como valor fundamental de suas análises. Acreditava que deveríamos desenvolver as pesquisas de modo livre para permitir seu progresso em benefício da humanidade. De seu ponto de vista, a medicina experimental não deveria dar-se por objetivo justificar qualquer doutrina pessoal ou confirmar este ou aquele sistema filosófico. Estava convencido de que o inato desejo aristotélico do conhecimento (*libido sciendi*: desejo ou pulsão de saber) constitui o único motivo suscetível de fascinar e manter o investigador em seus esforços.

O problema que se punha era: para satisfazer a essa justa e boa paixão pela ciência, seria lícito recorrer a qualquer meio? Afinal, um fim moralmente bom justificaria a utilização de meios imorais? Como a questão suscitava polêmicas e confusões, Claude Bernard tentou elucidar o grande público: assim como só descobrimos as leis da natureza penetrando nos corpos inertes (na matéria), da mesma forma só conseguiremos descobrir as leis da vida intervindo nos organismos vivos para nos introduzir em seu interior. Neste sentido, a experimentação neles se torna uma prática necessária e eticamente justificável.

O problema se agrava quando se trata de saber quais seres vivos poderiam constituir objeto de experiências. Podemos experimentar nos seres humanos? Há muito tempo os médicos vinham realizando experiências terapêuticas e os cirurgiões vivisseção em seus doentes (a descoberta da anestesia é recente). Por conseguinte, há um consenso em se admitir essa prática sobre o homem para salvar sua vida ou curá-lo. Mas não se justifica o direito de praticá-la quando o efeito vier causar-lhe dano, mesmo que o resultado interesse à ciência ou traga benefícios à saúde dos demais homens.

Mas não poderiam ser realizadas experiências nos indivíduos condenados à morte? Claude-Bernard não aceita a ideia de um contrato propondo uma operação perigosa em troca da vida do condenado. Sobre este ponto, é mais moderado que o grande Pasteur, que escreve ao Imperador do Brasil Pedro II:

Se eu fosse Rei ou Imperador, eis como exerceria o direito de graça sobre o condenado à morte. Ofereceria a seu advogado, na véspera de sua execução, escolher entre uma morte iminente e uma experiência que consistiria em inoculações preventivas da raiva para levar outros indivíduos a serem refratários à raiva. Mediante esse experimento, a vida do condenado seria salva. Caso fosse salvo – e estou convencido de que seria –, para garantia da sociedade que o condenou, o criminoso seria submetido a uma vigilância permanente. Todos os condenados aceitariam essa proposta.[49]

E nos animais, como se justificam as experimentações? A esta questão, Claude Bernard não hesita um instante. É até mesmo categórico: "Penso que temos esse direito de um modo total e absoluto". Todas as culturas têm admitido sem discussão o sacrifício dos animais para a alimentação dos homens e outros usos em seu benefício. Não haveria nenhuma razão para que a vivisseção constituísse uma exceção. Ao rejeitar os gritos de sensibilidade das pessoas que ignoram as exigências da ciência, escreve: "O fisiologista não é um homem do mundo, é um sábio tomado e absorvido por uma ideia científica que persegue".

Ele entende que as experiências médicas são indispensáveis ao progresso da ciência. Contudo, as praticadas no corpo humano vivo só são legítimas quando possuírem um explícito fim terapêutico, a serviço da humanidade. Uma vez que o cadáver dos condenados pertence à sociedade, nenhum mal lhe poderá ser feito. Embora deva sempre ser respeitado. Por isso, é legítimo se utilizá-lo na prática experimental para o bem da humanidade e o avanço da ciência. E ao referir-se explicitamente à moral cristã, proibindo se fazer o mal a seu próximo, conclui: "Entre as experiências que podemos tentar no homem, só devem ser evitadas as que podem ser nocivas, permitidas

---

[49] PASTEUR, Louis. Carta a Dom Pedro II, 22 de setembro de 1884.

as que são inocentes e recomendadas as que servirem para o bem". Todavia, essa aparente simplicidade do problema logo desaparece quando são postos em questão os critérios permitindo se considerar o indivíduo um *ser humano*.

A este respeito, põe-se o problema do diálogo possível entre experts e cidadãos. Deve o "sábio" respeitar os cidadãos comuns, mas consultar apenas outros sábios quando se trata de tomar uma decisão qualquer dizendo-lhes respeito? Em 1865, Claude-Bernard forneceu uma orientação que muito influenciou os cientistas posteriores: "O cientista só deve se preocupar com a opinião dos cientistas que o compreendem e só retirar regra de conduta de sua própria consciência". Afirmação desse tipo parecia encerrar qualquer debate público sobre assuntos dizendo respeito ao "destino" da vida dos cidadãos. Porque as questões de fundo, levantadas por afirmações semelhantes, não poderiam nem deveriam ser discutidas publicamente. Só os doutores em medicina ou biologia teriam condições de compreender os desafios e, por conseguinte, emitir uma opinião abalizada.

Sendo assim, será que seria democrático confiarmos apenas às forças armadas a responsabilidade de tomar as decisões éticas e políticas dizendo respeito ao domínio militar e a uma eventual declaração de guerra? E o que pensarmos dos comitês que, para julgar e definir uma ética do consumo, dispensassem a participação dos consumidores? No domínio da experimentação biomédica, que interessa a todo mundo, a questão que se põe é a seguinte: por que deveríamos confiar prioritariamente ou somente nas decisões éticas dos especialistas? Por isso, tratando-se da prática social dos "experimentadores", os "sujeitos" (cidadãos) deveriam ter a oportunidade de exprimir sua opinião ou de influir nas tomadas de decisão. Como? Ajudando a definir os compromissos que lhes pareçam aceitáveis. Claro que existe certo desejo de "abertura" nos comitês de ética, mas ainda há resistências.

O exemplo atual mais discutido é o da clonagem humana. A discussão ética se faz em torno da distinção entre a chamada clonagem "terapêutica" e a "reprodutiva". Pode uma mesma técnica ser posta a serviço de duas finalidades *diferentes*? Não devemos admitir a possibilidade de podermos produzir por esse meio, células embrionárias com a finalidade de curar doenças degenerativas do sistema nervoso? Mas recusando categoricamente utilizar a mesma técnica para, em seguida, implantar as células num útero e levar a bom termo uma gravidez? O fato mesmo de se cultivar células embrionárias artificialmente produzidas já não é condenável? Autorizar essa técnica, não seria engajar os pesquisadores num caminho sem volta conduzindo-o inexoravelmente, da terapêutica à reprodução? E a destruição das células embrionárias produzidas pela pesquisa terapêutica não seria uma ofensa ao valor da vida? Este debate está longe de ser encerrado.

Quanto à clonagem reprodutiva, a discussão tem tomado um aspecto decididamente filosófico. Habermas colocou bem a questão: não é *o futuro da natureza humana* que se encontra em jogo pela modificação do processo de filiação e pela abolição do acaso na procriação? Outra questão poderia ser acrescentada: seria correto reduzir a *natureza humana* a seu substrato biológico? Ou a humanidade do homem não consiste justamente em poder e saber superar, nele e fora dele, todo determinismo natural? Eis algumas questões éticas fundamentais.

1. O eugenismo

A ideia de melhorar artificialmente a "qualidade" de uma população é bastante antiga. Mas foi somente a partir de 1880 que, com o psicólogo e fisiologista inglês Francis Galton, primo de Darwin, apareceu a noção de *eugenismo* para significar, literalmente, *bem-nascido*.[50] Eis como ele define o termo *eugenics*:

> a ciência da melhoria da linhagem (the science of improving stock), que, especialmente no caso do homem, se ocupa de todas as influên-

---

[50] Do Grego: *eu* = bem, bom e *gignein* = gerar.

cias suscetíveis de conferir às raças melhor dotadas um maior número de chances de prevalecer sobre as raças menos dotadas.[51]

O termo *eugenismo* designa um indivíduo de bom nascimento, de origem nobre, de boa raça. Se, do ponto de vista coletivo, aparece como um horror, torna-se até chique quando individualizado. Ser eugenista significa lançar mão de todos os meios possíveis permitindo fazer nascer seres humanos de melhor qualidade, cada vez mais conformes a um modelo considerado ideal. Na Grécia, os espartanos já eliminavam as crianças malformadas. O próprio Platão elabora um programa de casamento eugênico. No século XVII, o médico alemão J. Peter Frank (1745-1821) propõe casamentos eugênicos em seu *Sistema completo de polícia médica*.[52]

Observemos que o escritor inglês G. K. Chesterton vincula o eugenismo ao calvinismo, na medida em que sua crença na predestinação cria um clima que lhe é inteiramente favorável. Ora, uma vez que o destino terrestre e eterno dos indivíduos já se encontra determinado desde seu nascimento, tudo o que o precede e pode melhorá-lo **adquire** uma importância singular:

> Ora, nem todos os sociólogos eugenistas são tão materialistas quanto vagamente calvinistas. Estão todos preocupados em educar a criança antes de seu nascimento (...) Estes calvinistas concentrados suprimiram algumas das partes mais liberais e universais do calvinismo: a crença numa ordem preconcebida ou numa felicidade eterna. Como o sr. Shaw e seus amigos consideram uma superstição um homem ser julgado após sua morte, apegam-se a seu dogma central: é julgado antes do nascimento.[53]

---

[51] GALTON, Francis. *Inquiries into human faculty and its development*. New York: AMS Press, 1973.
[52] FRANK, Johann Peter. *System einer vollständigen medizinischen Polizei*. 6 vols. Mannheim; Tübingen. (1796).
[53] CHESTERTON, G. K. *Ce qui cloche dans le monde*. Paris: Gallimard, 1948.

Há uma Ética da Ciência?

Ao apresentar a primeira tradução francesa de *A origem das espécies*, o prefaciador, historiador da biologia, J. M. Drouin, assim se exprime: "Panfleto positivista consagrado ao triunfo do pensamento do progresso sobre o obscurantismo religioso e à evolução da humanidade sob o efeito da concorrência vital". Neste prefácio, já encontramos a ideia da necessária melhoria da raça humana, já presente em Darwin, e que será desenvolvida por seu primo Galton.

Vejamos um trecho significativo:

> lei da seleção natural, aplicada à humanidade, faz ver com surpresa e dor o quanto foram falsas nossas leis políticas e civis, bem como nossa moral religiosa (...). Quero falar dessa caridade imprudente e cega para com os seres malconstituídos em que nossa era cristã sempre procurou o ideal da virtude social. Assim, chegamos a sacrificar o que é forte em benefício do que é fraco, os bons aos maus, os seres bem-dotados de espírito e de corpo aos seres viciados e débeis.[54]

Claro que Darwin não estava de acordo com essas ideias de seu prefaciador. Mas, no fundo, concordava com sua concepção fundamental, como podemos constatar nas últimas páginas de *A origem do homem*: "Os dois sexos deveriam se proibir o casamento quando se encontrassem em um estado demasiado marcado pela inferioridade de corpo ou de espírito".

Qual o objetivo explícito visado pelo explorador e antropólogo Galton? Promover uma melhoria sistemática das "raças mais dotadas". Tratava-se de elaborar uma teoria científica capaz de melhorar as qualidades da raça humana transmissíveis hereditariamente. Não era garantir o desenvolvimento da espécie humana em geral, mas o das "raças melhor dotadas". O que pressupõe uma *hierarquia* das raças e o dever militar de fazer triunfar as julgadas "superiores". As qualidades humanas são hereditárias. Para se elevar o nível de determinada população, seria necessário

---

[54] DROUIN, J.M. Prefácio. In: DARWIN, C. *A origem das espécies*. 1ª edição francesa.

proceder como os criadores: favorecer a reprodução dos "bons" animais e diminuir ou parar a dos "maus".

O princípio adotado é simples: obedecendo à lei da seleção natural, devemos selecionar os melhores indivíduos, os que manifestarem as "qualidades" que desejamos desenvolver e fixar; em seguida, fazê-los se reproduzirem entre si. Correlativamente, eliminar os menos conformes ao modelo ideal; pelo menos, evitar cuidadosamente que os selecionados com eles se reproduzam. Chegaríamos a constituir artificialmente "raças" possuindo características bem definidas. Por que não deveríamos agir da mesma maneira com os homens? Surgiu daí a ideia de se criar uma "*mégalantropologénésie*", disciplina visando a criação de "grandes homens" e de "homens grandes" recorrendo aos procedimentos da zootécnica.

Qual a originalidade de Galton? Fornecer a esse projeto um caráter científico. Para tanto, criou uma associação e uma revista para promover a melhoria das raças superiores e convencer a opinião pública das vantagens do eugenismo. No final do século XIX o programa geral eugenista obtém extraordinário sucesso. Na Europa e na América são fundadas diversas sociedades eugenistas. Medidas espetaculares são tomadas nos Estados Unidos concernentes à esterilidade dos indivíduos considerados "débeis". E a Alemanha, para garantir a salvação da pretensa "raça ariana", leva esse projeto aos piores absurdos destrutivos. Claro que hoje o militantismo eugenista é bem mais discreto. Mas a questão permanece: os formidáveis progressos da genética não tornam possível uma nova forma de eugenismo social?

O objetivo do eugenismo, segundo seu mais importante formulador e profeta, Galton, é a melhoria das "qualidades hereditárias" ou "qualidades raciais" das gerações futuras, seja numa população determinada, seja em toda a espécie humana. Portanto, uma política eugenística tanto pode ser de orientação particularista quanto universalista. Em referência à teoria darwiniana e à genética mendeliana, já na primeira metade do século XX o eugenismo se apresenta como *a aplicação das leis biológicas ao aperfeiçoamento da espécie humana*. Para seus teóricos, a seleção natural, nas sociedades humanas modernas, é impedida ou travada, até mesmo invertida em seus efeitos: as seleções sociais são contrasseleções; favorecem a sobrevivência dos "menos aptos", dos indivíduos dotados de medíocres qualidades hereditárias, que podem se reproduzir e deixar uma descendência defeituosa.

Enquanto ciência aplicada ou técnica, o eugenismo pode ser considerado um substituto funcional e eficaz da seleção natural nas sociedades humanas onde esta não mais funciona, a fim de evitar a "deterioração biológica" das populações consideradas e até melhorar suas "qualidades hereditárias". Claro que Galton admite certa influência das "circunstâncias". Contudo, a seus olhos, nada é mais importante que a raça. Na natureza, a seleção é um fator poderoso de progresso da espécie, pois elimina os seres "desfavoráveis".

Ora, este não é o caso *a priori* nas sociedades humanas. Portanto, devemos intervir, com as bases racionais instaladas pelo eugenismo, para impedir que os seres "inferiores" se reproduzam. Em 1910, já podíamos ler na *Encyclopaedia Britannica* que o progresso da humanidade deveria incluir, no futuro, "o melhoramento biológico da raça através da aplicação das leis da hereditariedade". Fica, assim, consagrado e santificado o programa científico de Galton, doravante apresentado como uma revolução planetária. Muitos cientistas estavam convencidos de que a fé na evolução (pela seleção natural) viria abrir nossos olhos para a possibilidade de melhorias quase ilimitadas na sorte da espécie humana.

Em 1920, o prêmio Nobel de fisiologia e medicina Charles Richet, retomando os argumentos de Cabanis, aborda, nos seguintes termos, a questão da "seleção humana":

> Trata-se de melhorar a espécie humana. Eis-nos de repente diante do contraste estranho: de um lado, a imensidão desse progresso, do outro, nossa prodigiosa frivolidade que nos impede de abordá-lo. Ora! Nós nos empenhamos em produzir raças selecionadas de cavalos, cães e porcos, até mesmo de ameixas e beterrabas, e não fazemos nenhum esforço para criar raças humanas menos defeituosas para dar mais vigor aos músculos e mais beleza aos traços, mais penetração à inteligência, mais acuidade à memória e mais energia ao caráter, para

fazer aumentar a longevidade e a robustez. Quanta incúria assustadora! Quanta negligência criminosa do futuro![55]

Galton não se interessa tanto pela evolução, mas pela hereditariedade. Em seus trabalhos, parte da teoria da "pangênese" (*pan*: tudo e *genesis:* geração) de Darwin e faz da hereditariedade o pivô de sua teoria, com o meio e as condições sociais desempenhando apenas um papel secundário. Os caracteres raciais são permanentes e indeléveis. Seu "racismo benevolente" prega: os brancos são superiores aos negros e podem ajudá-los a se adaptarem à civilização. Adaptação necessária, porque, em caso de fracasso, os negros estariam condenados à extinção ou, pelo menos, à colonização ou à escravidão. Convencido de que a seleção natural constitui o indispensável agente da manutenção do *status quo*, Galton conclui: se quisermos fazer evoluir a espécie humana no bom sentido ou, então, impedi-la de degenerar, precisamos utilizar as técnicas dos criadores de animais a fim de controlarmos a reprodução e praticarmos a seleção artificial nos seres humanos.

Eis a finalidade do eugenismo, desta "teoria científica" convertida em política visando selecionar os indivíduos próprios à perpetuação ou à melhoria da raça pura e a eliminar as outras pela interdição do casamento, da segregação e da esterilização dos grupos humanos julgados impuros. Precisamos desenvolver a utopia de uma sociedade eugenista onde a "melhoria da raça" constituiria a base da moral. Nela seriam selecionados, com base nas qualidades físicas e intelectuais, os jovens dos dois sexos mais dotados para a reprodução de indivíduos mais aptos e saudáveis. Se quisermos que o eugenismo se torne a nova religião de uma sociedade civilizada, precisamos incentivar a reprodução dos "mais aptos".

Importa lembrar que, na segunda metade do século XIX, o conde Gobineau († 1882), por certo tempo embaixador da França junto ao imperador Pedro II, com seu famoso livro *A desigualdade das raças humanas*,

---

[55] RICHET, Charles. *Eugénique et Sélection*. Alcan, 1920, p. 83.

torna-se um dos "pais" do racismo moderno. Com efeito, ele propõe uma teoria pseudocientífica sobre a superioridade da "raça nórdica", loura e dolicocéfala (a largura do crânio de cada indivíduo mede quatro quintos da altura) sobre todas as outras "raças". Chamou essa raça de "ariana", pura. E alertou para o perigo de sua extinção, devido a sua miscigenação com outras "raças" menos puras e não arianas, consequentemente, inferiores.

Essa ideia, juntamente com as noções distorcidas sobre "darwinismo social", certamente influenciou entre nós a ideologia do "branqueamento da raça", justificando a "importação" de imigrantes; e foi abraçada com muita simpatia pelos propagandistas alemães do início do século XX, defendendo a tese: só conseguiremos defender nossa cultura e nossos valores germânicos mantendo-nos "radicalmente puros", portanto, não contaminados pela miscigenação com raças inferiores. Algumas décadas depois, Adolf Hitler expressaria seu próprio antissemitismo em termos biológicos, visando destituir os judeus de quaisquer atributos humanos. Em 1942, faz esta conhecida declaração:

> A descoberta do vírus judeu foi uma das maiores revoluções que o mundo já conheceu. A luta na qual estamos agora engajados é similar àquela travada por Pasteur e Koch, no século passado. Quantas doenças devem sua origem e existência ao vírus judeu! Apenas quando tivermos eliminado os judeus poderemos recuperar nossa saúde.

Importa lembrar que as teorias e os conceitos científicos frequentemente foram amplamente utilizados para justificar este ou aquele tipo de ideologia, este ou aquele programa político-social. Em alguns casos, essa justificação é fornecida diretamente pela tecnologia oriunda da ciência. É o que ocorre, por exemplo, nos dias atuais, com as novas técnicas do gênio genético que desembocam na possibilidade de se manipular o genoma humano. Num mundo inteiramente dominado pela obsessão do progresso tecnocientífico, desde que algo possa ser realizado, admite-se imediatamente que deva ser realizado. O simples fato de poder basta para justificar o fazer.

Isto se torna extremamente problemático quando as instituições humanas e sociais passam a ser apresentadas como caso particular de um processo biológico geral. Assim, segundo as teorias da Sociobiologia, a dominação que os homens exercem sobre as mulheres não passa de uma simples manifestação, em nossa espécie, de um fenômeno biológico geral que se produz em todas as espécies sexuadas evoluídas. Contudo, o exemplo mais claro de uma teoria científica transposta para o domínio social, ou seja, dos que pretendem fundar sua ideologia social no conhecimento científico, é o do darwinismo social.

É verdade que, no final do século XIX, os conceitos de "sobrevivência do mais apto", de "progresso" e "competição" foram utilizados para justificar um capitalismo sem freios. Em 1889, o magnata americano do aço, A. Carnegie, podia declarar tranquilamente, a propósito da seleção natural:

> Está aí, é um fato, não podemos dela escapar; não podemos substituí-la por nada; se a lei pode ser dita para o indivíduo, também é o que há de melhor para a raça, pois garante a sobrevivência, em cada ocasião, do ser melhor adaptado.[56]

Esta é a afirmação clássica do darwinismo social, podendo ser resumido em três conceitos diretamente vinculados à legitimação ideológica da sociedade:

• O fato de a mudança ser inevitável – É universal a substituição perpétua de um grupo por outro no curso da evolução, pois o mundo não é estático, mas dinâmico: novos grupos vencem e conseguem dominar, enquanto outros desaparecem.

• A sobrevivência do mais apto – O princípio da seleção natural reconhece: os indivíduos melhor adaptados e mais fortes sobrevivem e dominam: os mais fracos são eliminados.

• A necessidade dos conflitos e da competição – Não só é universal a competição entre os organismos e entre os grupos, mas é necessária a amoralidade desse combate natural.

---

[56] CARNEGIE, A. In: HOFSTADTER, R. *Social Darwinism in American Thought*. 1959.

Inspirado nesses conceitos, o movimento eugenista teve um desenvolvimento extraordinário nos Estados Unidos. Tomou mesmo enormes proporções. Seus esquemas mentais eram os mesmos da Inglaterra, mas adaptados a inquietações um pouco diferentes. O sucesso do movimento na opinião pública foi tão grande que desembocou na adoção de várias medidas legislativas em alguns Estados: adotaram uma legislação radical em matéria de esterilização dos seres julgados "inferiores" ou "inaptos", ou em matéria de disposições restritivas visando impedir o casamento dos débeis, alcoólatras, alienados, epilépticos etc.

Os principais temas de inquietação eram, de um lado, a multiplicação dos "desviantes" de toda espécie, criminosos, prostitutas, vagabundos, mendicantes, associais, todos rotulados vagamente de "fracos de espírito"; de outro lado, o aumento da degenerescência da "raça nórdica", denominada "teutônica" ou "germânica", provocado pela massa de imigrantes vindos da Europa oriental ou meridional. Aos poloneses e italianos eram associados os irlandeses católicos. Todos eram acusados de se reproduzirem mais depressa que os verdadeiros anglo-saxões, que deveriam ser chamados de WASP (*White Anglo-Saxon Protestants*: Anglo-Saxões Brancos e Protestantes).

O grande teórico do eugenismo americano Charles Davenport, em seu famoso livro *Heredity in Relation to Eugenics* (1911), faz uma detalhada análise da situação. Ele começa observando que os médicos dão mais atenção aos micróbios do que à hereditariedade, esquecendo-se de que todos os homens são "determinados por sua constituição protoplasmásmica e desiguais em capacidades e responsabilidades". Dos dois milhões e meio de crianças que nascem anualmente nos Estados Unidos, dizia, "poucas contribuem para formar uma nação unida, altruista, servindo a Deus, respeitosa da lei, eficaz e produtiva, capaz de conduzir a ideais mais elevados".[57]

O que chama nossa atenção é como esse texto associa o ideal da "produtividade" ao do respeito à lei e à religião, bem como à ideia mes-

---

[57] DAVENPORT, Charles. *Heredity in Relation to Eugenics*. 1911.

siânica da missão salvadora dos Estados Unidos no mundo. Estas ideias estão na origem do atual neoconservadorismo americano. Em outras palavras, com esta doutrina ideológica (ilustrada pelo governo Bush) defendendo uma espécie de síntese entre alguns valores ético-morais extraídos da religião judaico-cristã vai também a crença segundo a qual os Estados Unidos seriam o novo "povo eleito" encarregado da missão histórica de realizar seu "destino manifesto"; de ser a única nação capaz de propagar a "salvação" democrático-liberal em todo o planeta e de defender o Bem contra o Mal.

A ideologia eugenista, fundada nas ideias de progresso indefinido, domínio do futuro e aperfeiçoamento ilimitado da espécie humana, vinha associada a todo um projeto educativo, pois se tratava de elaborar o programa de uma "regeneração" da humanidade. Numa conferência pronunciada em 1904, Galton confessa: "Ignoramos o destino último da humanidade, mas estamos convencidos de que elevar seu nível no sentido já explicado constitui uma tarefa tão nobre quanto seria vergonhoso rebaixar esse nível". Termina sua conferência afirmando categoricamente sua convicção: "Não me parece impossível que o eugenismo venha a se tornar, um dia, um dogma religioso para a humanidade".

Por sua vez, o eugenista convicto Bernard Shaw proclama: "Nada, exceto a religião eugenista, pode salvar nossa civilização do destino de todas as civilizações precedentes".[58] Nesta linha, o biologista Julien Huxley acredita não ser apenas desejável, mas totalmente possível, a ação eugenista, apesar dos obstáculos que encontra no mundo de hoje, dominado pelos valores e pelas normas oriundos das velhas religiões. Para este, a ação eugenista deve ser defendida e justificada por todos os meios, pois se trata de demonstrar que o eugenismo, longe de reduzir-se a técnicas de seleção, constitui uma prefiguração da moral e da religião do futuro. Defende, portanto, a tese segundo a qual o destino do homem consiste em decidir sobre o que deve fazer de si mesmo, recriar-se melhorando-se

---

[58] Cf. SHAW, Bernard. *Sociological Papers*. Macmillan, 1905, p. 50 e 135.

e, assim, criar seu destino. Esta é uma maneira de realizar a velha promessa feita por Deus à serpente: "Sereis como Deus": E proclama:

> Quando nós, humanos, tivermos compreendido bem este fato (o eugenismo como moral e religião), que somos agentes da evolução futura e que não poderá haver nenhuma ação mais elevada ou mais nobre que aumentar as possibilidades inerentes à vida, caminhos e meios serão descobertos para superar todas as resistências que se interpõem no caminho dessa realização. No momento, o eugenismo em grande escala sai do quadro das coisas praticamente possíveis; mas já, na base de nossos conhecimentos atuais, a ideia eugenista pode tornar-se um motivo de agir e uma razão de esperar.[59]

Do ponto de vista ético, os projetos eugenistas de Galton e de seus sucessores foram julgados perigosos e inaceitáveis. A aventura hitlerista permanece bastante simbólica e mostra aonde poderia conduzir a melhoria eugenista da pretensa "raça ariana". Não só o regime nazista praticou o *eugenismo positivo*, destinado a favorecer a reprodução dos indivíduos "superiores", mas desenvolveu o *eugenismo negativo*, consistindo em eliminar as "raças inferiores" (Judeus, Ciganos e outros). Todo mundo sabe o que aconteceu, o resultado monstruoso dessa manifestação histórica do eugenismo: genocídios ou tentativas de genocídios constituindo violações dos mais elementares direitos do homem.

Mas o importante é compreendermos por que essa doutrina exerceu e ainda exerce uma inegável sedução em muitas pessoas; e por que pode facilmente desembocar em medidas autoritárias totalmente discutíveis no plano da moral e da política: segregação de indivíduos ou de grupos julgados "inferiores", discriminação entre "bons" e "maus" imigrantes, esterilização de "tarados", doentes mentais e "associais". É importante que reconheçamos: todas as declarações dos doutrinários eugenistas, bem como suas intenções, são julgadas suspeitas. Suas proposições con-

---

[59] HUXLEY, Julien S. *L'Évolution en action*. Paris: PUF, 1956, p. 140.

tradizem abertamente a Declaração dos Direitos do Homem. Mas não bastam a denúncia e a condenação das formas imorais ou ilegais do eugenismo. Precisamos também compreender por que tantos cidadãos de boa fé aderem a medidas de tipo eugenista que lhes parecem totalmente "razoáveis". E por que uma espécie de lógica insidiosa termina por produzir consequências cada vez mais inaceitáveis, embora difíceis de prever. As melhores intenções por vezes dão lugar a um "efeito bumerangue".

O valor de referência do eugenismo foi a pureza da população humana. Doenças como o alcoolismo, a debilidade mental e a tuberculose constituem uma ameaça à população. Ora, sabemos que prosperam nas camadas mais pobres da população, as que mais se reproduzem. Chega-se mesmo a afirmar que a criminalidade e a idiotice são hereditárias. Por conseguinte, para se proteger a parte sadia e forte da população e se poupar a sociedade do elevado custo dessas doenças, os governos são solicitados a impor severas medidas políticas de higiene. É indispensável que a sociedade restabeleça, contra os fracos que protege, a lei da natureza capaz de eliminá-los.

Nos Estados Unidos, na Escandinávia e na Alemanha várias medidas são tomadas nesse sentido. Uma das primeiras providências concretas: a esterilização obrigatória dos criminosos, dos "fracos de espírito", dos perversos sexuais e dos loucos. Entre 1907 a 1935, são realizadas 21.500 esterilizações nos Estados Unidos e, de 1934 a 1939, 3.000.000 na Alemanha. O passo seguinte é a adoção da eutanásia em crianças idiotas ou com sérias deficiências físicas. A partir de 1920, fala-se (na Alemanha) de *vida que não vale a pena ser vivida*. Em 1939, médicos são designados para diagnosticar os doentes incuráveis ou as crianças com deformações graves e encaminhá-los aos institutos de eutanásia. Em dois anos, mais de 71.000 doentes ou "débeis" são exterminados. Mas as medidas em grande escala são tomadas em relação aos Judeus, aos Ciganos e a outras minorias consideradas raças inferiores. A partir de 1942, 120.000 alienados mentais são deixados voluntariamente morrer de fome. Esta exterminação em massa só se tornou possível graças à cumplicidade do silêncio generalizado. Sem falarmos dos seis milhões de judeus exterminados nos campos de concentração!

Se o totalitarismo e o nazifascismo exerceram uma poderosa sedução nas massas durante os anos 30, constata Hannah Arendt, é porque o racismo já havia tido sucesso junto à opinião pública, não só da França, mas também da Alemanha, no contexto do romantismo. Já em 1853, Joseph Gobineau explicava o declínio das civilizações pela degenerescência da raça. Mas a etapa decisiva é ultrapassada com a expansão imperialista na África do Sul, onde, pela primeira vez, os brancos fazem a experiência da extrema diversidade que recobre a humanidade: "Os Boers jamais puderam esquecer seu primeiro e horrível pavor face a um tipo de homens (os indígenas) que seu orgulho e seu sentido da dignidade humana lhes proibiam de aceitar como seus semelhantes". Essas medidas atrozes, de extermínio em massa nazista e discriminação brutal colonialista, não devem ser interpretadas como a simples aplicação política de uma ideologia tresloucada. São reclamadas como exigências científicas. Quase a metade dos médicos alemães era membro do partido nazista.

Em 1934, H. Hesse, auxiliar direto de Hitler, declara com a maior segurança: "o nacional-socialismo nada mais é que a biologia aplicada". Este íntimo conluio entre ciência e política permitiu que fossem excluídos da humanidade milhões de seres humanos e que seus corpos fossem transformados em simples material de experiências. Mais de 30 programas de pesquisa biomédica foram levados a efeito nos campos de concentração. Só as pesquisas sobre a hipotermia fizeram 90 vítimas.

Hoje sabemos que nada acrescentaram. Malconcebidas, observadas e interpretadas, não tiveram nenhum valor científico. Produziram uma tragédia, da qual podemos tirar uma lição: não há necessariamente convergência entre os interesses da ciência e os direitos do homem. Não basta uma experiência ser científica para se tornar ética. Assim como podemos fazer má ciência respeitando a ética, podemos fazer boa ciência deixando de respeitá-la. Por isso, é desejável que a ética do experimentador não se afaste da ética do terapeuta. O uso abusivo do poder, mesmo pelos que se julgam sábios ou melhores, revela ignorância e servidão, não sabedoria e liberdade.

Em resumo, desde 1934, algumas leis foram promulgadas na Alemanha para assegurar o desaparecimento dos enfermos e loucos e melhor alimentar os indivíduos mais aptos. A primeira lei trazia este nome estranho: "Lei para a prevenção das crianças atingidas de doenças hereditárias". A segunda era dirigida contra os criminosos perigosos. A terceira dizia respeito à unificação do sistema de saúde. A quarta à "saúde conjugal". Nenhum texto comportava uma definição precisa, o que permitia uma extensão indefinida do campo de aplicação da lei. Logo foram criados vários "tribunais de saúde hereditária", compostos de um juiz e de dois médicos e diante dos quais não era permitida nenhuma contraperícia. Progressivamente, as leis foram sendo aplicadas aos "criminosos irrecuperáveis, aos "associais", às "pessoas degeneradas mental e moralmente".

Desde 1933, são previstos os campos de concentração para esse tipo de indivíduos. Em 1934, o aborto foi autorizado até o sexto mês de gravidez. Em 1935, começou uma campanha de esterilizações obrigatórias devendo atingir 350.000 pessoas. Buscaram-se métodos mais rápidos que os tradicionais, e experiências foram realizadas, neste sentido, nos campos de concentração a partir de 1941.

O fato é que, um exame da literatura nazista nos faz perceber que havia uma notável proliferação de noções e temas científicos tomados de empréstimo à biologia, à medicina, à psiquiatria, à antropologia e à demografia. O próprio Hitler, em *Mein Kampt* (1924), já havia utilizado bastante algumas noções "científicas", notadamente a de "raça". Mas tratou também da degenerescência do indivíduo, do crescimento da população, da seleção e da luta pela vida, da importância das faculdades inatas, do instinto de conservação da espécie, da diversidade dos elementos étnicos que comprometiam a homogeneidade da raça alemã etc.

Para justificar seu programa político fundamentalmente eugenista, Hitler chegou mesmo a esboçar justificativas "teóricas". Por exemplo: "A natureza não se apega tanto à conservação do ser quanto ao crescimento de sua descendência, suporte da espécie". Ou ainda: "O instinto de conservação da espécie é a primeira causa da formação das comunidades humanas". De onde, entre outras, a seguinte conclusão: "O sacrifício da existência individual é necessário para se garantir a conservação da raça". Por isso, toda a medicina, toda a ciência da hereditariedade e toda a antropologia alemãs foram literalmente requisitadas para serem postas a serviço da *higiene racial*.

O que hoje devemos nos perguntar é se o eugenismo constitui apenas um episódio da história do Ocidente, por vezes cômico, por vezes trágico e atroz, ou se não continua a nos espantar mediante todo o reducionismo biológico que ainda nos invade e domina. Porque a tentação desse reducionismo permanece bastante viva entre nós. É até mesmo bem representada por alguns aspectos da Sociobiologia que não se contenta em pretender explicar todo comportamento humano por nosso patrimônio genético, mas afirma que devemos mudar nossas regras de conduta social, moral e política para nos conformarmos aos ensinamentos da ciência biológica. Foi exatamente isso que proclamaram Haeckel e seus discípulos.

Por outro lado, o racismo dito "científico" não está morto. Quase todos os geneticistas o recusam, mas alguns psicólogos o defendem em nome das estatísticas sobre o quociente intelectual (QI). A controvérsia não terminou. A ideia do "criminoso nato", cara a Lombroso, foi retomada (1965) por estudos sobre detentos machos que possuíam um cromossoma masculino suplementar e tinham a fórmula XYY no lugar da XY. O tema deu muito o que falar, revelando uma tendência latente de se reduzir a atividade humana à biologia e de dirigi-la em seu nome.

Em 1990, ao ser entrevistado pela revista *New England Journal of Medicine*, o presidente do Comitê Nacional de Ética da França, Jean Bernard, fez a seguinte declaração ambígua: "O que não é científico não é ético".[60] No fundo, queria dizer: uma pesquisa, a partir do momento em que é cientificamente correta, já seria conforme às exigências da ética, como se houvesse uma correlação entre os dois aspectos, como se bastasse ser "bom"cientista, apoiando-se num "bom" protocolo de pesquisa, para estar em conformidade com os princípios éticos. Se este fosse o caso, não teríamos mais necessidade de criar "comitês de ética",

---

[60] Apud *Le Monde*, 30 de maio de 1990.

pois o simples exame científico bastaria para se prevenir a ocorrência dos desvios morais.

Ora, não é verdade que a ciência tenha condições de, definitivamente e de uma vez por todas, ter interiorizado as normas da ética. O mínimo que se pode dizer é que não está garantido que uma má ciência e uma má ética, por exemplo, andem juntas. Numerosas experiências científicas nazistas foram ao mesmo tempo cientificamente medíocres e eticamente inadmissíveis. Mas nada pode nos garantir que uma "boa ciência" seja necessariamente conforme à ética. Alguns cientistas fazem "má ciência" permanecendo conformes aos princípios éticos. Outros, ao contrário, fazem "boa ciência", mas desrespeitando esses princípios. O valor científico de um projeto não basta para garantir sua legitimidade ética.

O que se encontra em questão, não somente hoje, mas no tempo das experimentações nazistas, é o respeito às pessoas e à vida humana. Temos o direito de experimentar sobre "estados vegetativos crônicos" e sobre embriões? Até onde podemos ir na eliminação das "anomalias genéticas" detectadas em fetos, portanto, na eliminação dos próprios fetos? Não devemos nos esquecer que os médicos do campo de Auschwitz comentavam entre si em tom de brincadeira: ao matarem milhares de prisioneiros, estavam realizando a "grande terapêutica" (*Therapia Magna*). A ponto de a abreviação TM passar a designar as câmaras de gás na linguagem familiar.

O ato de matar termina por ser considerado, na linguagem administrativa, um "tratamento especial" (*Sonderbehandlung*): "cuidar" e "matar", em numerosos casos, era a mesma coisa. Assim, para se deter uma epidemia num campo, bastava se eliminar todos os contaminados. Porque deveria prevalecer o princípio maior: quando a espécie ou raça for considerada o todo, o essencial ou a única coisa que conta, o indivíduo pode ser moral e legalmente sacrificado.

Nas últimas décadas, estamos assistindo a uma explosão de promissoras biotecnologias de intervenção nos seres humanos. Chegou o momento de sobre elas refletirmos com seriedade: o que acontecerá com os bons propósitos das autoridades médicas e biológicas em favor de sua aplicação generalizada? O conceito de *otimização* se tornou, na Sociobiologia atual, o princípio fundamental que se converteu em guia da evolução. Os sociobiologistas estudam os comportamentos sociais como se fossem conjuntos genéticos sendo caracterizados por sua capacidade *adaptativa*, vale dizer, pela capacidade que tem todo organismo, desde sua estrutura molecular ou celular até as propriedades das populações, de poder ser depurada pela seleção natural de modo a representar a melhor evolução aos problemas colocados pelo meio. Tudo é adaptativo no "melhor dos mundos possíveis". A Providência divina é substituída pela seleção natural enquanto mecanismo causal.

O biólogo Julien Huxley declarava no pós-guerra: se quisermos construir uma *teoria sintética da evolução*, não poderemos confiar nos fatores sociopolíticos nem aguardar uma melhoria da educação: "devemos contar com a elevação do nível genético das capacidades intelectuais e manuais do homem". Coincidência interessante: este biólogo, primeiro diretor geral da Unesco (1946), era irmão de Aldous Huxley, o autor do *Melhor dos mundos* (1932). De onde a questão: deveríamos reforçar o controle dessas experiências? E como? Quaisquer que sejam os controles éticos e sociais, sempre outros problemas surgirão. Quaisquer que sejam as medidas técnicas e administrativas adotadas, as *opções* fundamentais serão sempre de ordem ético-filosófica. A este respeito, merece ser relembrado o Código de Nuremberg.

2. O Código de Nuremberg

Para perceber melhor a significação dos problemas éticos postos pela utilização do ser humano como objeto de experiências científicas, ilustremos com o caso nazista, importante e paradigmático na história da ética da experimentação. Durante a Segunda Guerra, médicos alemães se entregam a "experiências" extremamente brutais nas prisões ou nos campos de concentração. Entre as atrocidades cometidas, mutilações cirúrgicas efetuadas sem nenhuma intenção terapêutica ou injeção de bacilos em prisioneiros. Por ocasião do processo de Nuremberg (1945-

1946), um grupo de médicos e especialistas elabora um Código, tendo por objetivo principal chamar a atenção dos experimentadores contra o desejo ardoroso de pesquisa que, não sendo controlado, pode levá-los a considerar o sujeito da experiência como simples objeto biológico impessoal.

Após esse processo, no qual são julgados os responsáveis nazistas, a World Medical Association completa o juramento de Hipócrates, precisando: um médico não deve fazer intervir, em suas relações com os doentes, nenhuma consideração de raça, religião, nacionalidade, partido político etc. Esses especialistas elaboram uma lista de dez princípios relativos à experimentação no homem. Conhecida como Código de Nuremberg (1947), que passa a constituir uma importante referência ética.

No dizer do jornalista Mauro Santayana, qual a mais inquietante consequência desse julgamento? "A aceitação do ódio como fé e a doentia sublimação do rancor, seja lhe concedendo falsos valores de transcendência, seja amparando-o com supostos fundamentos científicos". Os pressupostos utilizados pelo nazismo "poderiam ter sido identificados pela razão, se outro fosse seu solo ético". Com o deslumbramento do êxito fácil, "muitos intelectuais passaram não só a aceitar como a justificar o totalitarismo", conformando-se com "a banalização do mal".[61]

O Código propunha uma lista de princípios relativos à experimentação no homem. Através das experimentações nos campos de concentração eram abordadas questões que ainda hoje permanecem atuais. Porque o nazismo teve uma influência decisiva: se não tivesse havido Hitler e o formidável dispositivo destinado a garantir a "higiene racial", as experimentações desumanas e os assassinatos nos campos não teriam acontecido. Todavia, mesmo fora do nazismo e das outras ideologias totalitárias, os problemas da ética biomédica continuam sendo postos de modo agudo.

---

[61] Jornal do Brasil, 14 de junho de 2009.

Até hoje nossas democracias se interrogam: é legítimo realizar experimentações perigosas e eventualmente mortais em seres humanos? É conforme aos Direitos do homem fazer desaparecer um número crescente de fetos que os experts julgam atingidos de má-formação? Em seguida, surgem várias recomendações internacionais: Helsinki (1964), Tóquio (1975), Manilha (1981) etc. Muitos países exigem investigações ou organizam encontros. Com o desenvolvimento da medicina e da biologia, torna-se imperiosa a necessidade desses "códigos" ou "diretivas". Até a indústria farmacêutica se sente obrigada a elaborar seu "Código de deontologia" (1981). O nome de Nuremberg torna-se um símbolo: carregado de ressonâncias históricas, está estreitamente associado ao nascimento do movimento de reflexão sobre os direitos e deveres dos experimentadores.

Em síntese, eis os 10 princípios do Código:

1. É absolutamente essencial o livre consentimento da pessoa interessada, devendo gozar de total capacidade para decidir, sem ser constrangida por nenhuma força externa, sendo suficientemente informada e conhecendo o alcance da experiência praticada e sendo capaz de avaliar os efeitos de sua decisão.

2. A experiência deve ter resultados práticos para o bem da sociedade, impossíveis de serem atingidos de outra forma: não deve ser praticada sem necessidade.

3. Os fundamentos da experiência devem residir nos resultados de experiências anteriores feitas em animais.

4. A experiência deve ser praticada de modo a se evitar todo sofrimento e todo dano físico ou mental desnecessários.

5. A experiência só deve se tentada quando houver uma razão *a priori* de crer que não acarretará a morte ou a invalidez da pessoa.

6. Os riscos jamais deverão exceder a importância humanitária do problema que a experiência deve resolver.

7. Deve ser eliminada do indivíduo toda eventualidade suscetível de provocar feridas, a invalidez ou a morte.

8. A experiência só deve ser praticada por pessoas reconhecidamente competentes.

9. O paciente é livre para interromper a experiência quando julgar ter atingido o limiar de sua resistência física ou mental.

10. O experimentador deve interromper a experiência a qualquer momento quando tem razões para crer que sua continuação acarretaria invalidez ou morte do paciente.

Qual o grande valor de referência desse Código? O sujeito humano moral, definido como pessoa livre e responsável, digna de respeito e fim em si. A pessoa é totalmente o contrário de uma coisa, pois é capaz de desprender-se de si e centrar-se para tornar-se disponível aos outros. De forma alguma pode ser reduzida a um instrumento a serviço da ciência ou dos bens. Esta afirmação lembra o famoso imperativo categórico de Kant (segunda formulação) que, ao considerar a pessoa "este sujeito cujas ações são suscetíveis de imputação", declara: "Aja de tal maneira que trates a humanidade tão bem em sua pessoa quanto na pessoa de qualquer outro, sempre ao mesmo tempo como um fim, jamais simplesmente como um meio". Por conseguinte, mesmo que uma experiência venha a prestar relevantes serviços à humanidade ou à ciência, nenhuma *pessoa* poderá ser sacrificada e tratada como meio ou instrumento dessa experiência.

O primeiro artigo do Código estabelece o princípio essencial do *consentimento voluntário*. Portanto, duas condições são exigidas: a) *a plena capacidade legal para consentir* (uma criança ou um adulto alienado mental não poderiam constituir objeto de experimentação); b) *a liberdade de decisão*, sem qualquer tipo de coação e com todos os tipos de informação necessários sobre a natureza, os fins, os meios e as consequências da intervenção. Os demais artigos insistem: as experiências sobre o homem precisam ser absolutamente necessárias, impossíveis de serem realizadas por outro meio etc.; mostram ainda os riscos a serem evitados, garantindo ao sujeito a liberdade de poder interrompê-las.

Esse Código deve ser considerado como um enorme avanço na história da ética médica, embora não tenha sido aplicado imediatamente e em toda a sua amplitude. Foram necessários outros textos e escândalos para que cada país viesse a instaurar uma legislação permitindo a aplicação de seus princípios. Comitês de ética internacionais e regionais logo se instalam por toda parte. Mas essa medida não significa que esteja garantido o respeito ao corpo das pessoas. Subsistem inúmeras ambiguidades, muitas questões em aberto para que as relações entre a ciência, a política e o corpo humano sejam claramente definidas.

Em todo caso, qual grande lição se deve tirar do caso da Alemanha nazista? É que não basta redigir grandes declarações oficiais para se garantir a proteção dos sujeitos humanos submetidos a experimentações científicas. Uma ironia da história quis que a Alemanha tivesse sido um dos primeiros países a promulgar um código de deontologia da pesquisa sobre os seres humanos (1931). Este código durou até 1945. No entanto, não impediu que experiências fossem realizadas pelos nazistas nos campos de concentração. O que mostra claramente: as declarações de princípios permanecem ineficazes ou letras mortas enquanto os governos não se empenharem efetivamente em aplicá-los e não punirem seus contraventores. Ocasiões de lembrarmos esse fato é o que não faltam.

De tanto estarmos acostumados a falar de leis, normas, regulamentos etc., corremos o risco de nos esquecer que a ética só merece verdadeiramente esse nome quando *se encarna em condutas cotidianas e correspondem a certo estilo de vida*. Se os médicos são bastante respeitados do ponto de vista ético, é porque o grande público acredita que receberam uma sólida *formação* moral, não somente técnica e científica. Transformaram os "princípios éticos" em convicções pessoais. Mas o mesmo não ocorre com a ética da experimentação. Neste domínio, não se trata de uma *educação* inculcando princípios fundamentais nos experimentadores, pois surge um novo sujeito, os *comitês de ética* passando a desempenhar uma função ambígua: constituem instâncias "exteriores" dando-se por tarefa fundamental *estabelecer os limites que não devem ser transgredidos pelos pesquisadores*. Graças a eles, pesquisadores são *desduanados*.

Em contrapartida, são-lhes atribuídas enormes responsabilidades sem uma preocupação maior em *moralizar* a pesquisa biomédica. O que lhes é exigido é que jamais abandonem a *avaliação crítica*, para que ela não se transforme numa prática de opressão, exploração ou normalização. Entre os filósofos sonhando com uma quimera (seriam homens sem paixão) e os políticos pragmáticos (que utilizam essas paixões em seu proveito), há lugar para uma *postura ética* que reconhece a paixão dos homens, mas se apoia nesse conhecimento para permitir-lhes terem acesso ao reconhecimento de suas paixões e, assim, a uma forma de liberdade.

Hoje, há uma forte tendência de se evitar a palavra *eugenismo*. A Sociedade Americana de Eugenia resolveu mudar seu nome (1972) para *Society for the Study of Social Biology*. Podemos ver aí uma renúncia aos velhos ideais eugenistas? É possível. Na verdade, quer apenas dizer: a *biologia social* é hoje o lugar privilegiado do eugenismo.

O que pode significar a expressão *biologia social*? Esta disciplina, dando-se por objetivo *teórico* o estudo dos comportamentos sociais à luz das ciências biológicas, estaria em condições de avaliar os efeitos dos "fatores sociais" sobre o desenvolvimento biológico da humanidade. Por mais dignas de interesse que sejam essas pesquisas, precisamos reconhecer: *do ponto de vista prático*, o sucesso da biologia social nada possui de neutro.

O risco é o de os especialistas se sentirem cada vez mais habilitados a *emitir juízos éticos*, ou seja, *avaliar as atividades sociais dos homens segundo normas apenas biológicas,* como se houvesse uma ética científica ou do conhecimento objetivo. Não temos o direito de buscar na "ciência" o fundamento de uma ética ou de uma política qualquer ornando-se de seu prestígio para garantir sua autoridade. Ora, o recurso às teorias e aos conceitos de determinada ciência é vão e perigoso, porque inspirado pela mesma filosofia positivista. Vimos isso na história recente com a tragédia nazista do "darwinismo social" e a racista da sociobiologia americana de E. Wilson. Isso se torna mais grave quando os responsáveis políticos se deixam seduzir por esse reducionismo, com inúmeras consequências eugenistas.

Ora, o próprio eugenismo já constitui uma forma específica de biologia social. Na verdade, foi em nome da biologia que interveio de modo brutal na vida pública e tentou justificar certos atentados aos direitos da pessoa humana. Hoje há uma tendência geral em se proteger os interesses da pessoa, que devem primar sobre os da ciência e da sociedade. E isto, apesar das poderosas coerções jurídicas e econômicas exercidas pela indústria farmacêutica. Sem nos esquecermos do fato das atuais pesquisas e experimentos sobre o cérebro ganharem um espaço e importância cada vez maiores em nossa cultura. O fato é que esse órgão frequentemente ainda é considerado, para usar uma linguagem antiga, como a "sede da alma". Portanto, toda experimentação relativa a esse órgão corre o risco de ter importantes consequências para o homem. De modo todo especial, no domínio do *controle* dos comportamentos humanos.

De um modo geral, a objeção prática é estritamente terapêutica: cuidar (curar?) das "doenças" mentais ou comportamentais. Como se fosse possível explicar com toda precisão científica a integralidade das funções cerebrais pelos modelos matemáticos que elaboram os especialistas da inteligência artificial! Como espécies de "tecnoprofetas", eles afirmam que as "redes neuronais" podem ser consideradas como o equivalente do *hardware*, o pensamento constituindo apenas o *software*.

Todavia, algumas intervenções vão muito além das finalidades terapêuticas. Em muitos casos, assumem formas totalmente suspeitas. Outrora, na Alemanha, operações neurocirúrgicas foram realizadas em vista de "curar" estupradores. Também foi para "curar" epilépticos e toxicômanos que alguns médicos destruíram diversas conexões ou regiões do cérebro. Como sabemos, a prática desordenada da lobotomia provocou críticas e contestações. Muitos viram nessas intervenções médicas uma espécie de sublimação do sadismo dos neurocirurgiões. O fato é que a ciência da neurologia tem sido exposta a terríveis tentações, notadamente no domínio da luta contra as condutas consideradas antissociais.

Por exemplo, como evitar o risco de cairmos em práticas eugenistas quando se trata da fecundação *in vitro*? Uma vez que podemos dispor de vários embriões, que critério deve ser usado para se escolher este ou aquele? Sabemos muito bem que, se propusermos aos pais que escolham o sexo de seu filho, uns 80% certamente escolheriam um menino como primeiro filho. Podemos avaliar o risco demográfico que decorreria de tal liberdade de escolha se fosse sistematicamente proposta? Evidentemente que nenhum pesquisador ou cientista, tomado isoladamente, pode deter essa tendência.

A este respeito, não nos façamos ilusão. Sempre há pesquisadores menos escrupulosos para transgredir os interditos morais ou legais. Sua decisão coloca a questão fundamental da relação entre a ciência e a técnica: *a pesquisa científica possui sua própria lógica, mas não deve ser confundida simplesmente com a dinâmica pura e simples do progresso.* Precisamos separar o Saber e o Fazer. Não se deve aplicar sistemática e automaticamente uma descoberta! Poderíamos replicar: os cientistas não são responsáveis nem culpados pelas aplicações que eventualmente podem ser feitas de suas descobertas! Como Einstein poderia alegar que não foi responsável pelos efeitos devastadores da bomba atômica!

Mas a separação não é nada simples: *não finjamos crer que a pesquisa seria neutra, só suas aplicações sendo consideradas boas ou más!* O pesquisador sabe que, por seu saber, abre diversas pistas e possibilidades. Comte já dizia: *saber para prever a fim de poder.* O saber põe um possível; logo esse possível se torna um "por que não?". E suscita o desejo de tornar-se uma necessidade. Por exemplo, é possível uma mulher, já na menopausa, tornar-se mãe (digamos, aos 60 anos). Por que não? Em nome da liberdade individual, corremos o risco de ceder a todos os desejos, mesmo aos mais irracionais ou não razoáveis. Diga-se de passagem que o equilíbrio psicológico da futura criança é a menor das preocupações dos protagonistas. Ora, não podemos nos esquecer: cabe a nós conferir dignidade ao corpo humano. Não podemos fazer dele uma "coisa" descartável como um objeto manufaturado. Ademais, devemos trabalhar para sermos reconhecidos como seres humanos, não apenas como corpos manipuláveis ou vendáveis.

Diversos fatores favorecem o desenvolvimento de um *novo eugenismo*. Destaco dois: a) o extraordinário progresso da genética; b) o retorno às fontes do liberalismo. Da combinação de uma concepção individualista e de uma ontologia de inspiração biologista, surge uma representação individualista e reducionista do ser humano, desembocando em duas formas de reducionismo: *uma* acredita que todos os nossos pensamentos e comportamentos são explicáveis, em última instância, por um determinismo genético; *a outra* faz apelo a uma interpretação computacional do pensamento.

Ninguém põe em dúvida a seriedade das pesquisas genéticas e as possibilidades reais de suas promessas. A descoberta da estrutura do DNA constituiu, para essa disciplina, o equivalente da teoria da gravitação universal para a física. Cada vez mais sabemos coisas precisas sobre os mecanismos de transmissão da vida e dos caracteres individuais. Por outro lado, dispomos hoje de técnicas fabulosas capazes de aplicar os conhecimentos científicos dessa área. Em relação às atuais técnicas de produzir embriões *in vitro*, os médicos e biólogos nazistas podem ser considerados aprendizes de feiticeiros. Os progressos da genética permitem-nos relativizar a maioria dos fenômenos de transmissão hereditária. Chegam mesmo a nos permitir desmistificar o conceito de raça.

No entanto, de modo paradoxal, conseguiram criar novas condições favoráveis ao eugenismo. Não são poucos os loucos hoje pretendendo criar uma raça pura e sadia pela esterilização dos indesejáveis ou menos aptos. O mais grave é que o liberalismo que ressurge e se impõe em todas as esferas, vem trazer uma poderosa legitimação a esse tipo de visão. Uma vez que as pessoas que escolhem livremente as mães de aluguel ou que decidem eliminar um feto malformado agem fundadas em bases estritamente privadas e individuais, sem uma clara visão global includente, quem poderia impedir o exercício de sua liberdade? Não são pessoas adultas, conscientes e livres?

E é assim que a ideologia neoliberal poderia insidiosamente desempenhar o mesmo papel que a ideologia nazista. Marchando em direção a uma população perfeita, mediante a acumulação de escolhas individuais apresentadas como neutras e inocentes, conseguiremos evitar o genocídio e as esterilizações escandalosas sem nos afastar do objetivo. De onde a conclusão de J. Dufresne:

> Por todas essas razões, o eugenismo negativo foi abandonado, mas o eugenismo positivo está em plena voga. Não praticamos mais eliminação nem mutilações, mas escolhemos cuidadosamente nossos doadores e alugadores; sobretudo, desprogramamos alegremente o nascimento de indivíduos que, em seguida, seríamos tentados a

eliminar se a natureza tivesse seguido seu curso. Este estranho eugenismo positivo, que não remexe nenhuma das velhas cinzas do nazismo, na maioria das vezes toma a forma do dépistage. Nos Estados Unidos e na Inglaterra, estima-se entre 3 a 5% a proporção dos recém-nascidos atingidos de perturbações de origem genética. Nos Estados Unidos, 12% das internações de adultos nos hospitais seriam imputáveis a doenças de origem genética. Desordens genéticas estariam também na origem de casos de deficiência mental.[62]

Nos dias de hoje, um dos casos mais preocupantes é o das procriações medicamente assistidas, constituindo objeto de várias manipulações midiáticas e econômicas. A este respeito, merece reflexão a tomada de posição do inventor francês da fecundação *in vitro*:

> O desafio imediato e grandioso para todos os métodos de procriação assistida passa pelas técnicas identitárias. Creio ter chegado o momento de fazer uma pausa, que é o momento de autolimitação do pesquisador. O pesquisador não é o executor de todo projeto que nasce na lógica própria da técnica. Colocado no cadinho da aspiral dos possíveis, ele adivinha aonde vai a curva, o que ela vem apaziguar, mas também o que vem decidir, censurar, renegar. Eu, pesquisador em procriação assistida, decidi parar. Não a pesquisa para melhor fazer o que já fazemos, mas a que se abre a uma mudança radical da pessoa humana, lá onde a medicina procriativa encontra a preditiva. Que os fanáticos do artifício se tranquilizem, numerosos são os pesquisadores, e, sobre este ponto, tenho consciência de estar isolado. Que os homens inquietos, os "humanistas" e "nostálgicos", se interroguem. E que o façam depressa.
> Decidindo não operar nas técnicas identitárias, não precisei pedir a opinião dos comitês de ética; mas outros que se apoderam do grande tema bastante novo, também o fazem sem ter nada pedido. Estou ciente do perigo de uma perda de prestígio para meu laboratório. Existimos menos senão avançamos na frente de ou com nossos confrades. A pesquisa científica tem sua própria lógica

---

[62] DUFRESNE, Jacques. Eugenisme. In: *Encyclopédie de l'Agora*. 1990. Cf. DUFRESNE, J. *Après l'Homme... le cyborg?*. Paris: Multimondes, 1991.

que não deve se confundir com a dinâmica cega do progresso. A lógica da pesquisa se aplica mesmo àquilo que ainda está privado do odor do progresso, mas podemos aplicá-lo àquilo que já tem o gosto de um enorme perigo para o homem. Também eu reivindico uma lógica da não descoberta, uma ética da não pesquisa. Que deixemos de fazer de conta que acreditamos que a pesquisa seria neutra, somente suas aplicações sendo qualificadas de boas ou más. Que apenas uma vez seja demonstrado que uma descoberta não foi aplicada quando ela respondia a uma necessidade preexistente ou criada por ela mesma. É justamente sobre as descobertas que devemos operar as escolhas éticas.[63]

Uma última observação concernente a um problema que, a partir do tribunal de Nuremberg, vem suscitando acaloradas discussões: o "crime contra a humanidade". Consiste em "assassinato, exterminação, redução à escravidão, deportações e outros atos desumanos cometidos contra a população civil; perseguição por motivos políticos, raciais ou religiosos quando tais atos ou perseguições forem cometidos em execução de um crime qualquer contra a paz ou de um crime de guerra em ligação com tal crime". O exemplo mais citado é o do regime nazista: praticou um crime resultante de uma ideologia sistemática promovida por um Estado e que visava negar, em certos indivíduos, a humanidade; negando ainda a ideia de uma essência comum aos homens e partilhada igualmente por todos.

Qual seria o motivo principal desse crime? Negar a qualidade de homem a uma categoria de seres humanos, administrar-lhe a morte e apagar sua memória da comunidade humana.. Neste sentido, falamos de um eugenismo nazista: ao tentar eliminar toda uma categoria de pessoas, visava a melhoria das qualidades de uma população (a ariana). Ora, quem defende uma *melhoria* da humanidade (ou de seu grupo social próprio), eliminando os doentes mentais, os miseráveis, os criminosos, alguns tipos de "estrangeiros" e certas "raças inferiores", admite um implacável determinismo genético e aceita as exigências do eugenismo clássico; vale dizer,

---

[63] TESTART, J. *L'oeuf transparent*. Paris: Flammarion, 1986, p. 34.

uma operação organizada por um Estado (totalitário ou não) com a finalidade de produzir uma "raça superior" ou uma "melhoria da população".

Nos dias de hoje, o problema ressurge com a possibilidade efetiva da "clonagem humana". Só que, doravante, com a decisão de clonar dependendo cada vez mais da iniciativa privada de pais desolados, o problema a ser enfrentado não é mais o do eugenismo clássico, mas o de "um eugenismo liberal", cujo modo de funcionamento fica submetido às leis do mercado. A argumentação dos que são radicalmente contra essa prática se baseia em princípios éticos ou, até mesmo, metafísicos. No fundo, condenam a clonagem reprodutiva porque seria um atentado à dignidade da *pessoa humana*. Esta condenação tem o aval da *Declaração universal dos direitos do homem* (ONU, 1948), proclamando *os direitos fundamentais da pessoa, a dignidade e o valor da pessoa humana:* "os homens nascem livres e iguais em dignidade e em direito, sem distinção de raça ou religião". Clonar um ser humano seria reificá-lo. Posição defendida também pela Igreja católica:

> O aborto, a eutanásia, a clonagem humana correm o risco de reduzir a pessoa humana ao estado de simples objeto: a vida e a morte sob encomenda (...) Quando todos os critérios morais são supressos, a pesquisa científica realizada sobre as origens da vida transforma-se em negação do ser e da dignidade da pessoa (João Paulo II, 13 de janeiro de 2003).

Em suma, clonar é reduzir o ser humano ao nível de uma coisa. Seria entregar a vida humana às leis da "mercantilização". Produzir uma cópia do homem não seria "des-singularizá-lo"? Pode a humanidade, após ter corrido o risco da autossupressão corporal (bomba atômica), aceitar a perspectiva de sua autossupressão espiritual na manutenção de seu ser biológico? Ou deve-se recusar essa perspectiva diabólica e afirmar, em alto e bom tom, sua liberdade mais pura? Por que as autoridades das religiões do Livro não só denunciam o eugenismo, mas rejeitam toda prática que ignora a *unicidade* e a "insubstituibilidade" do ser humano? Porque estão convencidas de que *cada pessoa humana foi criada por Deus como um ser singular: duplicá-la não é querer ser Deus, mas desempenhar o papel do Diabo.*

Não são poucos os cientistas que, ainda hoje, inspirando-se em Darwin e em Herbert Spencer, sentem-se autorizados a definir a "natureza humana". Não se trata mais de opor, em matéria de moral, a natureza à graça. Tampouco, em matéria de política, de opor a natureza à sobrenatureza. Mas de enfatizar a pertença do ser humano, enquanto tal, a uma ordem natural, estritamente biológica, que partilha com os demais animais, embora gozando do estatuto de um animal singular. Ao inspirar-se na etologia de Konrad Lorenz e na genética, o entomologista Edward Wilson escreve todo um livro (*On Human Nature*, 1978) propondo uma visão estritamente determinista da conduta humana. Seus opositores denunciam suas análises como bastante reducionistas do ser humano.

O argumento utilizado é de inspiração kantiana. Com efeito, a doutrina de Kant cinde em duas a noção de "natureza" e, aplicando esta cisão ao homem, permite que seja inserido, enquanto ser sensível, no determinismo natural do mundo fenomenal estudado pela ciência. Mas permite também que seja inscrito, pela lei moral da qual toma consciência pelos imperativos incondicionados, num mundo suprassensível, inteligível capaz de preservar sua liberdade. A autonomia de sua vontade, sua capacidade de introduzir no mundo novas séries causais, por respeito à lei moral, constitui sua marca distintiva própria, sua dignidade.

Algumas considerações finais

Tentamos analisar o problema das relações entre ética e ciência privilegiando o ponto de vista de sua origem. Gostaria de concluir dizendo que duas grandes tendências hoje se afrontam entre os cientistas: a) num campo, situam-se os "duros" e "intransigentes", os partidários abertos da clonagem humana e de outras intervenções genéticas como meios técnicos eficazes permitindo se produzir "indivíduos sadios e superiores"; b) no outro, encontram-se os mais conservadores, os que preferem a manutenção do *status quo*, defendendo com veemência a inviolabilidade do patrimônio genético humano.

Seria possível um caminho intermediário? Mas para ir aonde exatamente? Nos Estados Unidos, várias instituições privadas já organizam cuidadosamente coletas e bancos de esperma tendo por objetivo a procriação de filhos que seriam talentos "superiores", especialmente bem-dotados em QI. Claro que nada garante a validade científica de tal projeto. Não constitui mais uma expressão nova do mito do Super-homem? O doutor Frankenstein fabricava um novo ser a partir de cadáveres. O Super-homem de nossa época nasceria de espermatozoides de prêmios Nobel. Por mais vã que pareça essa ideia, o fato é que o único laureado que reconheceu ter fornecido esperma para esse projeto foi W. Schockley, justamente ele que aconselhou o governo dos Estados Unidos a levar a efeito um programa de esterilização dos indivíduos com baixo QI, consequentemente, "inferiores".

Fatos como esse merecem nossa reflexão. Porque há vários indícios de que estamos hoje diante de algumas condições favoráveis a um ressurgimento do eugenismo. As biotecnologias da reprodução humana se desenvolvem com rapidez e já fazem parte de nossa vida cotidiana. A tendência a tecnicizar e cientificizar essa função essencial está conseguindo multiplicar as ocasiões de proceder a testes genéticos e de reforçar a *seleção* dos genes. Ao mesmo tempo, ao pretender erigir a ciência em juiz de todos os valores, a ideologia cientificista só faz inflamar, por reação, os extremismos religiosos e os vários integrismos. Sem negar as vantagens de tais empreendimentos, chamemos a atenção para o surgimento da tentação de uma nova espécie de *eugenismo doce*, de tipo moderado e mais ou menos tecnocientocrático.

Lembremos que, de 1941 a 1975, só na Suécia (país democrático), mais de 13.000 pessoas foram esterilizadas contra suas vontades. E isto, em nome justamente da *higiene social* ou da *higiene racial*. Sem falarmos dos países onde, adotando um eugenismo mais radical, chegaram a elaborar programas de castração dos indivíduos considerados a-sociais.[64]

Claro que os países civilizados de hoje não estão dispostos a ressuscitar esses fantasmas antigos, pelo menos sob suas formas brutais. Mas,

---

[64] Cf. DARMON, Pierre. In: *L'Histoire,* vol. 57, fev. 1988.

sem nos alarmar, devemos estar vigilantes. Porque o ovo da serpente não está morto. Pode sempre renascer. E não são nada engraçadas as atuais medidas eugenistas ou cripto-eugenistas sonhando em produzir um homem novo ou *novo homem*. Ainda hoje, muitos acreditam que "a ciência" (tecnológica) deva substituir a religião quando se trata do sentido da vida humana e da salvação; é o que pretende certo cientificismo evolucionista defendendo uma concepção materialista e reducionista da pessoa humana.

Porque não devemos ter ilusão: o objetivo último proposto pela atual filosofia biológico-social que avança de modo espetacular parece consistir em organizar "*cientificamente*" a humanidade a fim de impor--lhe uma *trajetória histórica* conforme aos interesses dos *genes*. Até onde isso nos leva? Vimos acima que J. Testart reivindica, nesse domínio, o direito à não descoberta, o direito a uma *ética da não pesquisa*. Será que é mesmo de uma *bioética* que estamos tanto precisando?

Se esta for tomada em um sentido restrito, eu diria que não. Para evitar a inconsciência e a hipocrisia, necessitamos ao mesmo tempo de uma *biopolítica* eticamente justa. Já estamos diante de toda uma *biopolítica* que não ousa dizer seu nome e condena à morte milhões de pessoas por razões *econômicas*, mas que, na realidade, são *políticas*. Quem nos garante que a repartição dos recursos no mundo atual não constitui, por excelência, uma *questão política*? Castoriadis nos fornece um outro exemplo ilustrando a soberania da política corretamente concebida no agir humano. Trata-se da *mentira*, não só como meio de governo, mas como cumplicidade tácita dos indivíduos. Devemos derivar a denúncia da mentira de princípios puramente "éticos"? Reflitamos sobre a regra fundamental: "não mentirás jamais". Se virmos essa regra, não como uma regra política, mas como uma regra ética absoluta, poderemos chegar a algo de absurdo:

> Se a KGB (ou a CIA) me interroga sobre a identidade de outros dissidentes, deveria dizer a verdade. A trivialidade do exemplo não pode impedir-nos de tirar uma conclusão importante: a questão "quando é que devemos dizer a verdade e quando é que devemos ocultá-la?" depende de um juízo, não somente ético, mas político. Porque os efeitos de minha resposta não dizem respeito

apenas à minha pessoa, à minha consciência, à minha moralidade ou mesmo à vida de outras pessoas concernidas, mas afetam diretamente a esfera pública enquanto tal e a sorte de uma coletividade anônima – o que é a definição mesma da política (...) Portanto, precisamos ultrapassar as éticas da heteronomia e, para isso, primeiramente ultrapassar as políticas da heteronomia. Precisamos de uma ética da autonomia que só pode ser articulada com uma política da autonomia.[65]

Desde Aristóteles sabemos que nosso agir se situa sempre no domínio do particular ou concreto, não do abstrato ou universal. Portanto, em nossa ação, precisamos sempre de uma *phronesis* (*prudentia*), vale dizer, de um poder de julgar lá onde não há regras mecânicas e objetiváveis permitindo-nos julgar e agir. Praticamente todas as grandes morais religiosas e filosóficas violam essa exigência, na medida em que ignoram que toda regra ética só pode ser aplicada em circunstâncias particulares, dependendo de uma *phronesis* capaz até mesmo de transgredi-la. Elas fornecem catálogos de virtudes e listas de mandamentos que nem sempre podem ser aplicados. Ademais, frequentemente desconhecem ou ocultam a dimensão trágica da existência e da condição humana colocando-nos em situações cuja solução exige um alto preço.

As morais tradicionais, filosóficas e religiosas, constata Castoridis, ao se apresentarem como "morais felizes", pretendem saber em que consiste o Bem e o Mal, diferenciá-los com precisão; "o único problema sendo o do homem interior: sabemos, ou devemos sempre saber, onde está o Bem e onde está o Mal, mas nem sempre podemos querê-lo, ou o queremos por más razões".

O problema é que, na vida humana, o que é Bem ou Mal em determinadas circunstâncias frequentemente é obscuro ou não pode ser atingido a não ser sacrificando outros bens. No caso, por exemplo, em que seria preciso matar alguém para salvar outras vidas, o princípio ético

---

[65] CASTORIADIS, Cornelius. *La montée de l'insignifiance*. Paris: Seuil, 1996, p. 211 e 219.

é absoluto e claro: não matarás. Não diz: não matarás, *a não ser que...* No entanto, nessa matéria, creio que não devemos fazer "contabilidade" com vidas humanas: temos o direito de matar uma pessoa para salvar cinco? Matar 200.000 (Hiroshima) para evitar a morte de milhões?

O fato é que há situações como estas que exigem de nós tomadas de decisão. Até mesmo a mais rigorosa moral kantiana revela, nesses casos, certa fraqueza. Conhecemos o princípio central da ética kantiana: *age de tal modo que a máxima de teu ato possa tornar-se lei universal*. Conhecemos também as críticas que lhe foram dirigidas, notadamente a seu formalismo. De onde a sugestão de Castoriadis: uma vez que esse *princípio* nos deixa "desprotegidos nos casos mais difíceis, portanto, mais importantes", talvez seja preferível falarmos,

> não de universalidade, mas da exigência de uma universalização possível. Quer dizer: devo agir de tal modo que eu possa explicar e justificar o que faço, que possa defender racionalmente meu ato *contra omnes*, face a todos. Mas aqui, não podemos falar de lei universal. Sendo toda ação particular, a universalidade só poderia significar: qualquer outra pessoa, situada nas mesmas circunstâncias, deveria agir da mesma maneira (...) Em sua Crítica da razão prática, Kant não diz uma palavra sobre o homicídio oficializado. Constitui um crime matar uma pessoa, mas a ética da Crítica ignora o assassinato de dezenas e centenas de milhares cometidos durante uma guerra. Que eu saiba, não houve uma única guerra entre nações cristãs em que as armas dos dois beligerantes deixaram de ser abençoadas pelas respectivas Igrejas. A razão de Estado é infinitamente mais forte que a razão prática e que os Dez Mandamentos.[66]

Há três razões fundamentais, fornecidas por Castoriadis, que permitem uma melhor compreensão do chamado retorno da ética. Numa época dominada pela ideologia "individualista", este retorno aparece como uma espécie de tábua de salvação suscetível de fornecer os cri-

---

[66] CASTORIADIS. Ibid., p. 212s.

térios podendo guiar, senão nossas ações coletivas, pelo menos nossos atos e comportamentos singulares. Com efeito, a questão ética ocupa hoje um lugar central na ideologia pós-moderna. Esta opõe à modernidade uma forma de relativismo moral absoluto. Segundo os pensadores pós-modernos, o maior pecado do racionalismo das Luzes foi o de ter pregado a existência de um domínio ético à parte, independente do indivíduo, definindo o conjunto dos princípios aos quais deve submeter-se e conformar-se. A expressão mais explícita dessa visão modernista seria o "transcendentalismo" kantiano com sua dupla pretensão inaceitável: haveria um mundo físico regido por leis universais objetivas e um mundo moral regido por leis também universais; em seguida, este segundo mundo seria autônomo em relação ao primeiro.

Ora, segundo os pós-modernos, a transcendência (confundida com transcendentalismo) não passa de uma ilusão. Eles opõem ao transcendentalismo ético de tipo kantiano e esclarecido uma visão da moral como fator essencialmente individual, devendo ligar apenas com coisas concretas e terrestres. Assim, ao pregar uma forma de relativismo moral absoluto, reduzindo a moral a um fato subjetivo – individual, de um grupo, pouco importa – esse pós-modernismo, além de culminar em posições solipsistas, termina por privá-lo de todo papel social.

Por isso, nesse domínio, não podemos negar nossa simpatia pelos ideais essenciais das Luzes, notadamente por sua convicção de que o homem, enquanto ser caracterizado pela faculdade da Razão, afirma e realiza sua liberdade proclamando o primado do futuro sobre o presente, por conseguinte, elaborando projetos. Estamos de acordo com Alexandre Koyré († 1964) quando afirma que as Luzes formularam, embora com mil defeitos, "um ideal humano e social que permanece a única esperança da humanidade".

Vejamos então as três razões que propõe Castoriadis do retorno à ética:
1. "a derrocada fraudulenta do comunismo, mas também a decepção crescente das populações diante da impotência manifesta do liberalismo conservador, a privatização dos indivíduos numa sociedade cada vez mais burocratizada e entregue aos supermercados e à mídia, a corrupção e/ou

a nulidade dos políticos profissionais e, finalmente, o desaparecimento de um horizonte histórico, horizonte social, coletivo, político há muito tempo lançaram o descrédito no termo mesmo política, que passou a significar demagogia, maracutaia, manobra e busca cínica do poder por todos os meios". Hoje, cada vez mais as pessoas tentam buscar as normas em sua consciência individual (ou em princípios transcendentes), podendo animar e guiar sua resistência ao desmoronamento dos regimes totalitários.

2. A tecnociência, que até pouco tempo atrás era considerada como a grande esperança da humanidade, como a detentora das soluções universais para seus problemas, não desempenha mais o papel de saber incontestável, pois nela não depositamos mais uma crença mágico-religiosa. "Após as bombas de Hiroshima e Nagasaki e a contrição de Oppenheimer, passando pela destruição crescente do meio ambiente e chegando à procriação assistida e às manipulações genéticas, cresce constantemente o número dos que duvidam da benevolência inata das descobertas científicas e de suas aplicações. De onde a aparência de resposta às interrogações que surgem pela criação de 'comitês de ética' e de cátedras de bioética nas universidades".

3. A crise geral das sociedades ocidentais, mergulhadas na chamada "crise dos valores", e, mais profundamente, das "significações imaginárias sociais, das significações que mantêm a sociedade coesa" (onde deve ser incluída a "crise da filosofia") leva a reações tentando reabilitar as velhas questões éticas: ética "neoaristotélica" de Mc Intyre, "ética da comunicação" de Habermas, teoria kantiana da justiça de Rawls etc.

É nessa perspectiva que Henri Atlan lançou um livro cujo título é esta questão impertinente: *A ciência é desumana?*.[67] Ali se propõe a nossa reflexão sobre o seguinte desafio: em vez de continuarmos a nos apegar ferrenhamente a um livre-arbítrio cada vez mais ilusório, por que não corrermos o risco de pensar nossa liberdade de outro modo? Em vez de continuarmos ignorando a ciência ou acusando-a, pois nada teria

---

[67] ATLAN, Henri. *La science est-elle inhumaine?*. Paris: Fayard, 2002.

a nos dizer no campo dos valores, por que não nos empenhamos para construir uma ética a partir dos determinismos que ela nos revela? Não nos demonstraram os filósofos que nossos comportamentos, que acreditávamos livres, de fato são determinados por fatores sociais (Marx), biológicos (Nietzsche) e inconscientes (Freud)?

Aquilo que acreditamos decidir livremente, ou seja, querer por nós mesmos enquanto sujeitos livres, mestres de nossos atos ou comportamentos e de nossos destinos, não se encontra determinado ou condicionado por todo um conjunto de fatores que nos escapam e que mal conhecemos? Será que temos o direito de continuar acusando a ciência de pretender solapar os fundamentos da moral e da sociedade, deixando um espaço aberto para ser ocupado por certas formas de irracionalismo e fundamentalismo, tanto no seio das religiões constituídas quanto das seitas invasoras?

Ora, se sou determinado a agir, não fazendo mais do livre-arbítrio um valor supremo, em razão de quais princípios devo me comportar? Não corro o risco de cair no niilismo, esta espécie de pensamento "bárbaro" sem programa, sem projeto e sem ideologia, procurando impor sua fé pela força? Nietzsche, ao reconhecer que falta o fim, falta a resposta ao "por que", se pergunta: "O que significa niilismo? Que os valores supremos se desvalorizam". Não existiria mais uma verdade, uma constituição absoluta das coisas, uma coisa em si. Os valores teriam perdido sentido.

O niilista é prisioneiro de suas pulsões e de sua incultura, escravo do que toma por sua liberdade, bárbaro por falta de fé ou de fidelidade e espadachim do nada. Ele se esquece de que é transmitindo os valores do passado a nossos filhos que lhes permitimos inventar seu futuro! Pois é sendo culturalmente conservadores que poderemos ser politicamente progressistas! O personagem louco de *A gaia ciência* de Nietzsche se pergunta: "Para onde foi Deus: Vou dizer-lhes para onde foi! Nós o matamos, vocês e eu. Deus morreu! Deus continua morto! E nós o matamos!"

O que significa esta expressão "Deus morreu"? No dizer do historiador da filosofia G. Reale, é a fórmula emblemática do niilismo e significa que o mundo metassensível (o mundo metafísico) dos ideais e dos valores supremos, concebido como ser em si, como causa e como fim – ou seja, como aquilo que dá sentido a todas as coisas materiais, em geral, e à vida dos homens, em particular –, perdeu toda consistência e toda importância.[68]

Ora, nem mesmo os filósofos do determinismo, concebendo nosso livre-arbítrio como uma ilusão vinculada a nosso desconhecimento das causas e de nossas vontades, ousaram renunciar à busca e à construção de uma ética da responsabilidade e da liberdade. Nem mesmo Espinoza, ao demonstrar que nosso livre-arbítrio não passa de uma ilusão vinculada a nossa ignorância das verdadeiras causas, negou a necessidade imperiosa de uma ética. Através de sua *Ética* (1661), convidou-nos a buscar um outro modo de pensar a liberdade, em conformidade (diríamos hoje) com os avanços atuais da biologia e das ciências humanas. Não podemos mais continuar concebendo nossa liberdade como a mera expressão de nossa experiência imediata do livre-arbítrio. Para a maioria dos filósofos pós-kantianos, só seriam livres as escolhas feitas em conformidade com as regras elaboradas pela razão e obedecendo ao imperativo moral. Quanto às outras, seriam determinadas pela força das pulsões ou da busca de interesses. É justamente essa distinção radical e absoluta entre *escolha raciocinada* e *escolhas impulsivas* que, do ponto de vista de suas determinações causais, as ciências cognitivas (neurológicas e psicológicas) estão pondo em questão e considerando como *parcialmente ilusória*.

De onde a proposta de H. Atlan:

> Devemos começar por aceitar o que encontramos todos os dias, em nossa ciência, determinismos: nossa consciência subjetiva de livre-escolha é cada vez mais desmentida por nosso conhecimento objetivo de causas e de leis impessoais que determinam essas escolhas e mostram claramente que não são livres como acreditá-

---

[68] REALE, G. *O saber dos antigos: terapia para os tempos atuais*, trad. br. Loyola, 2002, p. 24.

vamos (...) Longe de ser uma capacidade de escolha arbitrária, a liberdade se mantém pelo fato de ser determinada apenas por sua própria lei. A liberdade humana é o ápice de um caminho: o filósofo aprende progressivamente a se desprender da servidão passiva em que mantém sua submissão irrefletida aos afetos e às causas exteriores e a se autodeterminar cada vez mais à medida que acede ao conhecimento adequado das coisas e de si mesmo (...) Um homem é tanto mais livre quanto mais determinado a agir apenas pela necessidade de sua natureza, e não pela das outras partes da natureza das quais dependem sua existência e seus afetos.[69]

Nesta linha, parece necessário postular, com o filósofo e teólogo Hans Jonas (†1993), uma ética fundada no seguinte princípio-responsabilidade, propõe: "Ajas de tal modo que os efeitos de tua ação sejam compatíveis com a permanência de uma vida autenticamente humana sobre a terra". Como um dos primeiros filósofos a interrogar nossa civilização de um ponto de vista ecológico, Jonas nos mostra que a tecnologia atual confere ao homem poderes tão extraordinários que podem ser considerados sinônimos ao mesmo tempo de progressos e de terríveis ameaças. Portanto, esta situação reclama uma ética à medida e à altura das destruições que se anunciam e nos ameaçam.. Mas como encontrarmos um fundamento universal para o imperioso dever que temos de preservar a natureza? Jonas responde: buscando assumir nossa "responsabilidade para com as gerações futuras". Posto ser demasiado frágil nossa vida humana sobre a terra, devemos agir coletivamente para que não seja comprometida a existência de nossos descendentes.

Daí ser preciso aceitar esta ideia: possuímos deveres, não só para com nossos contemporâneos, mas para com todos os que ainda não nasceram. A proteção da natureza se impõe como uma urgente obrigação moral, pois constitui a condição *sine qua non* de uma vida autêntica e perene. O homem até pode julgar que tem o direito de suicidar-se in-

---

[69] ATLAN. *Op. cit.*, p. 34 e 36.

dividualmente, mas em hipótese alguma pode reivindicar o direito de contribuir para o suicídio coletivo da humanidade.

Este novo imperativo pode até ser abstrato. Concretamente, significa: antes de utilizarmos cegamente uma nova tecnologia, precisamos nos assegurar de que não põe em risco a vida coletiva. Esta ideia, que está na base do chamado "princípio de precaução" e alimenta o sentimento de um débito para com nossos descendentes, não só deve governar nossas escolhas, mas nos lembrar do aforismo atribuído a Saint-Exupéry: "Não herdamos a Terra de nossos pais, nós a emprestamos a nossos filhos". De onde fazer minhas as palavras do filósofo italiano Gianni Vattimo:

> A ética não é outra coisa senão a caridade, mais as regras do trânsito. Eu as respeito porque não pretendo eliminar meu próximo e porque devo amá-lo (...) Se me perguntassem: em que você crê? Responderia: sou um cidadão democrata, preocupado em salvar apenas minha alma e minha liberdade. Minha liberdade de ser informado, de exprimir meu consentimento, de participar da elaboração das leis sobre as quais estamos de acordo e nos respeitando reciprocamente em nome da caridade.[70]

---

[70] GIRARD, René; VATTIMO, Gianni. *Cristianismo e Relativismo. Verdade ou fé frágil?*. Aparecida: Santuário, 2010, p. 36-37.

4
Quando o Poder passa a ter origem humana?

> *A partir do momento em que surge uma sociedade que se organiza fora da dependência religiosa. O poder cessa de ser um poder sagrado que vem de cima. Ele sai da sociedade: é o que denominamos Democracia. O fato central desse percurso é a construção de uma instituição que vai ser a alavanca dessa reapropriação: o Estado, um Estado de tipo totalmente novo. Com seu nascimento, há uma passagem do poder exercido em nome dos deuses ao poder exercido, não só em nome dos homens, mas fora de toda referência aos deuses.*
> M. Gauchet

> *A partir do momento em que o homem se apodera efetivamente dos poderes da matéria e não sonha mais com elementos intangíveis, mas organiza realmente corpos novos e administra forças reais, elabora à vontade um poder dotado de verificação objetiva. Torna-se mágico verídico, demônio positivo* [Em outros termos: a ciência moderna faz de seu saber a fonte do poder].
> G. Bachelard

A Filosofia política nasce de uma reflexão sobre o poder e seus fundamentos. O poder aparece como a força que é exercida no domínio político, seja o poder exercido de fato pela força (poder ditatorial), seja o de uma autoridade que o detém legalmente (governo), seja cada uma das grandes funções do Estado (poderes legislativo, executivo e judiciário). Em outras palavras: o conceito de poder pode ser tomado em seu sentido estrito de governo ou de poderes públicos, ou num sentido mais amplo, enquanto constitui a força de fronteiras indistintas e variáveis capazes de exercer a dominação política numa coletividade. Em seu sentido forte, o substantivo *poder* designa a capacidade, legal ou moral, de agir ou exercer uma autoridade. Hobbes acredita que "o poder de um homem consiste em seus meios presentes de obter algum bem aparente futuro".

Historicamente, no Ocidente, houve um grande conflito entre o chamado *poder espiritual* (exercido por uma personalidade marcante visando impor sua vontade em nome de princípios religiosos ou morais) e o *poder temporal* (o que detém a força material pela qual pode impor sua vontade). A filosofia política se construiu em torno de questões que se apresentam como o verdadeiro dilema da vida pública: quais as fontes do Poder? Como justificar sua existência? É uma substância ou uma relação? Como conciliar ordem social e liberdade individual? Podemos construir uma cidade política ideal? Como conciliar justiça social e eficácia econômica?

Não iremos tratar de todas essas questões, mas tentar compreender as *fontes humanas* do poder que se encontram na origem dos Direitos do Homem. O poder é uma relação dos seres humanos com a "natureza" e seus semelhantes. Diz respeito menos "à ordem do enfrentamento entre dois adversários ou do engajamento de um em relação ao outro do que à ordem do governo" (M. Foucault). Entendido em seu sentido restrito, relaciona-se com os poderes públicos ou conjunto dos órgãos estatais.

Neste sentido estrito, trata-se de uma relação permitindo aos indivíduos fazerem um conjunto de coisas por um fim previamente estabelecido. Num sentido mais amplo, trata-se de uma relação tentando ordenar os pensamentos e os atos de alguns indivíduos aos objetivos fixados por outros. O poder se exerce sobre o outro, sobre as coisas e a natureza, mas também sobre o sujeito. A relação de poder entre os homens sempre se deveu à capacidade que alguns possuíam de desarmar os outros seja impondo-lhe sua superioridade pela força, seja desarmando-os preventivamente. Neste sentido, enquanto humano, o poder é sempre espiritual. Seu cerne é constituído pela intimidação, que supõe palavras e cálculos partilhados. Enquanto político, realiza-se e perpetua-se mediante instituições às quais é reconhecido o "direito" de ordenar os atos e pensamentos de um conjunto de seres humanos destinados a viverem em comunidade.

Platão, tentando refutar os sofistas, dirige-lhes o seguinte argumento: é ilusório buscar o máximo de poder em vista de satisfazer todos os seus desejos ou de atingir a felicidade. Com efeito, quanto mais aumenta nosso poder, mais crescem nossos desejos. Portanto, maior é a quantidade de desejos irrealizados; e maior também nossa insatisfação e nosso sofrimento. A experiência mostra que os pobres desejam apenas pequenas coisas fáceis de serem realizadas, enquanto os ricos desejam sempre possuir mais e mais; e sofrem terrivelmente quando lhes falta o menor bem. De onde podermos concluir: o tirano não é o mais feliz dos homens, mas o mais infeliz; acreditando comandar os outros homens, torna-se o escravo de seus próprios desejos.

Historicamente, as sociedades viveram submetidas a dois tipos de poder: o *espiritual* e o *temporal*. O espiritual é aquele que uma personalidade marcante exerce em nome de princípios religiosos ou morais. O temporal é o poder de alguém que detém a força material pela qual pode impor, de fato, sua vontade. Essas duas expressões evocam, em especial, os conflitos que, na Europa moderna, opuseram a Igreja e os Estados. O reconhecimento do poder espiritual assumiu várias formas.

Na Europa, com a ajuda da Igreja católica, tentou-se durante muito tempo fundá-lo em origens que teriam valor de autoridade (o que exprime o vocábulo grego *arché*: princípio): o direito de comandar era devido a uma *archia* (princípio ou autoridade) divina tendo o direito de escolher, controlar e revogar os que exercem o poder em seu nome. Este modo de exercício do poder exigia espírito de submissão, de indiferença e passividade, negando totalmente a liberdade de pensar e agir, o espírito de responsabilidade dos cidadãos. Veremos que tudo muda com o desencantamento do mundo ou com a secularização entendidos, não só como o abandono do sagrado, mas como a aplicação da tradição sagrada a fenômenos humanos precisos.

Com efeito, tanto nas sociedades arcaicas quanto nas históricas tradicionais, a origem do poder se encontrava em Deus. Historicamente, o fundamento último do poder, nessas sociedades, residia no Sagrado ou na Transcendência. Em suas origens, o poder se funda no Sagrado ou na Transcendência. Ora, todo poder pretende enraizar-se na permanência. Esforçando-se por se tornar contínuo, durável e institucional, tentando escapar da fugacidade e da precariedade, exige uma fundação real. O que verdadeiramente sustenta esse tipo de fenômeno? O que serve autenticamente de seu suporte? É justamente o Sagrado, insuflando no poder a permanência da vida do Espírito, a perenidade de uma Essência eterna e a imutabilidade de um Bem supremo. A Transcendência (recalcada pela modernidade) funda, nas sociedades arcaicas, o poder que por sua vez se torna sacralizado.

Nas sociedades históricas ocidentais, o poder procede de Deus, por conseguinte, enraíza-se no Sagrado: Deus é infinito, é tudo. Não é o Príncipe um Deus na terra? Que papel exatamente desempenha o Sagrado? O Poder exige estabilidade e perenidade. Ora, um fundamento divino lhe fornece precisamente (face ao devir das coisas) essa referência absoluta e estável. Imutável, Deus se reflete no poder e lhe fornece uma base eterna. Por isso, todo poder dele procede: o homem-rei é enviado de Deus, para o bem do Estado, e toda autoridade, transcendente aos homens, torna-se *sagrada* e *absoluta*. Em sua carta aos Romanos, São Paulo enfatiza que o príncipe é um ministro de Deus. Uma vez regredida a dimensão religiosa, inaugura-se, no final do século XVIII, a *laicização* do poder, que toma suas distâncias do Sagrado: nas sociedades cada vez mais democráticas, o poder passa cada vez mais a se fundar na vontade dos cidadãos.

Foi para conciliar o peso do Poder com a liberdade dos cidadãos que Montesquieu enunciou o princípio da separação dos poderes: executivo, legislativo e judiciário. As sociedades ditas "tradicionais" (pré-modernas e pré-democráticas) eram regidas por uma lei encontrando sua fonte e sua legitimidade fora dos seres humanos. Era uma lei que podemos chamar de "religiosa" no sentido mais amplo do termo. A justiça se enraizava num passado imemorial representado por uma divindade. Uma sociedade é heterônoma quando seu *nomos* (lei) é fornecido por alguém exterior (*héteros*). Num regime de heteronomia instituída, a fonte e o fundamento da lei, como toda norma, valor e significação, são postos como transcendentes à sociedade: no absoluto, como nas sociedades monoteístas; e relativamente à atualidade da sociedade viva, como nas sociedades arcaicas: a palavra de Deus e as disposições estabelecidas pelos ancestrais são indiscutíveis.

Ora, tudo isso muda com a "segunda revolução religiosa" da modernidade operada no início do século XVII com a revolução científica. A Reforma luterana havia promovido uma separação de Deus. Mas não foi muito longe. Só foi concluída a partir do momento em que, de um lado, surgiu a ideia de uma instituição artificial do corpo político e de uma instauração contratual da autoridade (Hobbes); e, do outro, apareceu a ideia de uma natureza que se explica matematicamente, doravante dispensando a presença de Deus.

De fato, sabemos que a lei nunca é dada por alguém de fora, pois é sempre uma criação da sociedade, embora, na maioria dos casos, a criação dessa instituição seja imputada a uma instância extrassocial ou, em todo caso, escapando ao poder e ao agir dos seres humanos vivos. Muitas vezes as fontes do poder, não provindo de Deus, provêm dos deuses, dos heróis fundadores, dos ancestrais ou de instâncias impessoais ou extrassociais: a Natureza, a Razão, a História. Em contrapartida, as sociedades modernas se caracterizam pelo projeto de *autonomia*: os seres humanos são a fonte da lei. Esta lei passa a ser elaborada a partir da vontade e da razão – ou dos interesses. É o fim do teológico-político. Por conseguinte, do arbitrário.

Doravante, o homem adquire a capacidade de dar-se a si mesmo, em plena consciência, suas próprias leis. A autonomia diz respeito tanto ao indivíduo quanto à sociedade. O indivíduo passa a ser definido como sujeito autônomo sabendo estabelecer um vínculo com o outro e reconhecer o que pertence à ordem de seu próprio desejo. Contudo, a exigência de autonomia não acarreta a destruição do tecido social pelo *individualismo*, nem a renúncia a todo valor transcendente, pelo *materialismo*. Os liberais, por exemplo, passam a defender a tese: para coexistir, não temos mais necessidade de uma regra exterior, como a religião. Basta-nos perseguir nossos interesses individuais para ingressarmos em vínculos sólidos, de que o comércio é o resultado mais manifesto. A busca do lucro particular concorre para a realização do conjunto: o mercado. Mandeville resume esta ideia num slogan: "Vício privado, virtude pública".

De um modo mais preciso, o poder propriamente humano só se instaura quando o homem, na modernidade, consegue proclamar sua autonomia relativamente, não só às forças mágicas envolvendo a Natureza, mas ao *Além* ou *Transcendente*, afirmando sua Razão como a única fonte de todo e qualquer conhecimento, bastando-se, por conseguinte, para fornecer uma explicação para todos os fenômenos. Em outras palavras, quando passou a tomar consciência de que poderia muito bem continuar a *crer* no Além, na Transcendência e em Deus, sem ter necessidade de a eles recorrer para conhecer as coisas, explicar os fenômenos, dever-lhes obediência irrestrita ou deles depender de modo absoluto.

Até então, a religião fora fundamentalmente um modo de estruturação do espaço humano e social, uma maneira de ser das sociedades. Sua natureza primordial lhe conferia o caráter de ser uma organização dos vínculos entre os homens sob o signo da dependência em relação ao invisível, ao sobrenatural; numa palavra, a Deus. Todas as regras mantendo os homens juntos e regulando suas relações sociais vinham do Além, de Alguém anterior e muito mais poderoso que eles: o Transcendente. O poder ao qual todos obedeciam representava a lei do Além entre os homens.

Ora, no dizer de Marcel Gauchet, qual a novidade da história ocidental moderna? É justamente "o aparecimento de uma sociedade que empreende organizar-se fora dessa dependência religiosa". Embora, a título pessoal, os membros dessa sociedade continuem a ter convicções religiosas, "sua coletividade e suas regras são supostas saírem apenas de sua vontade de homens que debatem entre si. O poder deixa de ser um poder sagrado que cai dos céus. Ele brota da sociedade, é delegado por ela, é seu representante".[71]

O que isso quer dizer? Que houve uma enorme mudança do estatuto dos atos sociais: os homens se tornam indivíduos livres e iguais, ao invés de súditos telecomandados por um poder transcendente, Deus, sendo a fonte de todos os negócios políticos. Desta forma, o "divino" é mantido radicalmente *além* do que podemos compreender e querer segundo nossa Razão. Surge uma sociedade capaz de organizar-se fora da dependência religiosa. O poder deixa de ser um poder sagrado vindo de fora. Brota da sociedade. É o que hoje denominamos "democracia".

O fato central desse itinerário? O surgimento de uma instituição que vai se afirmar como a alavanca dessa reapropriação: o Estado, marcando uma verdadeira guinada na história humana, pois supera a dialética entre política e religião pela produção de uma política delalibertada.

Em suma, o poder só se torna efetivamente *humano* a partir do momento em que é proclamada a *autonomia* do Sujeito e da Sociedade, vale dizer, em que o homem descobre sua capacidade de conferir-se a si mesmo, em plena consciência, suas próprias leis. Mas o indivíduo só se afirma como Sujeito autônomo quando se torna também capaz de estabelecer um vínculo com o Outro, reconhecendo o que pertence à ordem de seu próprio desejo.

No dizer do filósofo grego C. Castoriadis, essa autonomia ou *liberdade* dos indivíduos, afirmada e garantida pela lei, pela constituição ou pela declaração dos direitos do homem ou do cidadão repousa, em última instância, *de direito* e *de fato*, na *lei coletiva*: "A liberdade individual efetiva deve ser decidida por uma lei (mesmo que se chame 'Declaração dos direitos') que nenhum indivíduo pode estabelecer ou sancionar". É no quadro dessa lei que o indivíduo pode definir as normas, os valores e as significações que utiliza para ordenar sua vida e conferir-lhe sentido.

---

[71] GAUCHET, Marcel. *Un monde désenchanté?* Paris: Pocket, 2004.

Esta autonomia ou autoinstituição explícita reemerge no mundo ocidental moderno (emergiu pela primeira vez nas cidades democráticas gregas) marcando a ruptura (acarretada pela criação da democracia) com todos os regimes sócio-históricos anteriores (heterônomos) nos quais, a fonte e o fundamento da lei (como de toda norma, valor e significação) são postos como transcendentes à sociedade.[72]

A atribuição dessa fonte e desse fundamento é inseparável de um fechamento da significação: palavra de Deus, disposições indiscutíveis estabelecidas pelos antigos uma vez por todas.

De um outro ponto de vista, estudar a origem humana do poder é mostrar a significação e o alcance do processo de "secularização", notadamente no domínio político, ocorrido no início da era moderna ocidental. O problema consiste em compreendermos a significação da passagem do poder até então exercido em nome dos deuses ou de Deus, ao poder exercido apenas em nome dos homens, fora de toda referência aos deuses ou a quaisquer forças exteriores sacrais ou divinas. Como não há uma consubstancialidade do sagrado e do social, no início da era moderna assistimos a uma dessacralização do poder, a uma dissolução da sacralidade.

Neste sentido, tem razão Marcel Gauchet quando reconhece que o advento de um poder democrático no Ocidente moderno só pode ser compreendido no contexto de um processo de saída da religião. É somente nesse contexto que seus caracteres específicos se tornam inteligíveis. Fazendo uma distinção entre religião, que é heteronomia, e sagrado, que é uma materialização da heteronomia, encarnando-se no sensível, ele constata que "o poder é, por natureza, um dos lugares eminentes dessa encarnação". De onde falarmos do "poder do rei como de um poder sem corpo": fisicamente, o além nele se atesta, e é isso o sagrado. E prossegue:

> O poder é sagrado porque é mediador. É o ponto do espaço humano onde se opera sua articulação com a ordem divina. É o foco per-

---

[72] CASTORIADIS, Cornelius. *La montée de l'insignifiance*. Op. cit., p. 197.

sonificado no qual se efetua a junção da hierarquia celeste e terrestre. É o lugar onde se concretiza a dependência em relação ao além, dependência que, em seguida, a pessoa do rei se refrata em todos os escalões sob a forma da subordinação hierárquica do inferior ao superior, cada um encontrando no vínculo imediato mais elevado que ele, a marca tangível da dívida que submete o conjunto dos homens a Deus.[73]

Enfim, o poder deixa de ser sagrado e torna-se efetivamente humano a partir do momento em que aparece uma sociedade que se organiza fora da dependência religiosa, de um poder que vem do além ou que cai do céu. Brota da própria sociedade. É o que passará a ser denominado "democracia". O fato central desse percurso? A construção de uma instituição que vai servir de alavanca dessa reapropriação: o Estado. Portanto, a novidade da história ocidental moderna reside justamente no aparecimento de uma sociedade que resolve organizar-se fora de toda dependência religiosa. Suas regras e suas leis são supostas brotarem apenas da vontade dos homens que debatem entre si. O poder deixa de ser um poder sagrado. Ao brotar da própria sociedade, é por ela delegado, pois é seu representante. Com esta profunda mudança do estatuto dos atores sociais, os indivíduos se tornam livres e iguais, ao invés se continuarem submissos a uma hierarquia que os engloba:

> O contrário do mundo da religião é o da igualdade democrática. Deus não morre, apenas cessa de se imiscuir nos negócios políticos dos homens. Afasta-se. Retira-se para um lugar onde cada crente pode atingi-lo, para um além que não se comunica com a ordem e as regras que ligam os homens coletivamente. Não há desaparecimento da religião, mas saída da organização religiosa da sociedade, saída da compreensão religiosa do universo no interior do qual evoluímos. Quer se trate das leis da natureza física ou das leis segundo as quais coexistimos, é só com nossos meios racionais que devemos proceder, de maneira autônoma.[74]

---

[73] GAUCHET. *Op. cit.*, p.109.
[74] GAUCHET. *Op. cit.*, p. 160.

1. Maquiavel foi maquiavélico?

No século XVI, o **poder** na Europa é monárquico e arbitrário: reis e príncipes pretendem detê-lo por "direito divino". É com as mutações do Renascimento que a questão do político e do poder se esclarece de modo inédito. Mas também é o enigma da servidão voluntária que surge no horizonte. Maquiavel, La Boétie e Thomas More lançam um olhar novo sobre os mecanismos do poder. Jean Bodin pensa parcialmente o Estado de Direito. Enquanto todo mundo tenta mostrar que o poder é de origem divina, Maquiavel e La Boétie revelam suas **fontes humanas** e as condições de seu exercício *a todos os escalões sob a forma da subordinação hierárquica do inferior ao superior.*

As duas obras aparentemente opostas de Maquiavel, *O Príncipe* e os *Discursos*, a primeira visando descrever o meio mais eficaz para se obter um reino, mantê-lo, liquidar os inimigos e conservar o Poder, a segunda descrevendo as condições de funcionamento de uma República virtuosa, em que o povo toma nas mãos seu destino, estão assentadas numa mesma filosofia: a mesma visão do jogo das paixões, a mesma teoria das vicissitudes do Estado, a mesma concepção da eficácia e a mesma busca de uma política positiva. Só diferem pela *estratégia* adotada: numa, o sucesso passa por um indivíduo reunindo em si a *virtù* e a fortuna; na outra, o controle popular gera a virtude de todos e cria as condições de um Estado forte. O *objetivo* é o mesmo: fortalecer o Estado, desenvolver seu Poder e organizar as modalidades de seu efetivo exercício.

Do ponto de vista sociopolítico, fica decretado o fim da Idade Média. Com *O Príncipe,* Maquiavel (1469-1527), além de pretender desembaraçar o país da pilhagem e da anarquia, libertar a Itália do domínio francês e espanhol, mostra que a restauração e a manutenção da ordem devem ser vistas como o imperativo político prioritário e a condição primeira da felicidade de todos. Não se trata de sonhar com uma república ideal e quimérica, sem ter posto antes seus fundamentos de modo sólido e realista. Demonstra ainda: em política, o primeiro dever consiste em partir dos fatos, em analisar a práxis real; o poder político é gerado pela violência. Convencido de que não se deve dar liberdade a uma multidão corrompida, prefere estabelecer leis "científicas" segundo as quais as comunidades devem ser governadas. Preocupado com a eficácia, coloca os valores estritamente políticos acima das exigências da consciência individual. Não hesita em legitimar, nas mãos do Príncipe, a astúcia e a crueldade, se assim o exige o bem do Estado.

Parece que esse pensamento reflete o cinismo da fórmula "o fim justifica os meios". Não é um maquiavelismo ou técnica da duplicidade se comprazendo em esmagar os valores morais. O que o inspira é a Paixão pelo Estado. Os problemas anteriores não têm importância: Deus, salvação, justiça, fundamento divino do poder etc. Porque: a) só há uma realidade: a do Estado; b) só há um fato: o do Poder; c) só há um problema: o da conquista e conservação do poder.

Portanto, o que Maquiavel descreve são os melhores mecanismos possíveis para se apoderar do poder e conservá-lo. O que fazer? Qual a estratégia dos governantes? Narrar-nos e nos explicar os jogos secretos do poder político: mentir, demonstrar duplicidade, ser objeto de medo etc. Não há dominação possível sem dissimulação, artifícios e violação da palavra dada. Ao elucidar a prática cotidiana dos governantes, Maquiavel cria a ciência política moderna, objetiva e não moralizante. O Príncipe, o que exerce o poder *real*, torna-se objeto dessa análise política. Sua soberania se exerce no seio do Estado, forma inédita da vida política, irredutível à *Polis* helênica. Neste sentido, enquanto teórico do Estado, considera o problema de sua *fundação* real, que se refere às paixões violentas dos homens. Em vez de discutir sobre os fins últimos da cidade, analisa friamente as forças em jogo, as paixões e os vícios, os motores secretos da ação humana. E revela uma extraordinária acuidade política. A seu ver, o que faz com que os grandes sejam grandes e o povo seja povo não é o fato de deterem, por sua fortuna, seus costumes e sua função, um estatuto distinto associado a interesses específicos divergentes, mas o fato de uns desejarem comandar e oprimir, e os outros não. Sua existência só se determina nessa relação essencial, no choque de dois apetites por princípio insaciáveis.

Independentemente das controvérsias, esse naturalismo tem o mérito de mostrar a autonomia do político, libertando-o de suas tradicionais implicações teológicas. Enquanto teórico do Estado, Maquiavel inspirou os responsáveis pela política moderna. Mostrou que o poder é fruto do gênio político e das armas espirituais. Quem o exerce deve ser capaz de unir manha e força: praticar a manha da raposa e a força do leão, pois é melhor ser temido que amado. Seu imoralismo é pura lógica: a religião e a moral são apenas condicionantes sociais. Precisamos aprender a lidar com os fatos. Num cálculo político, devemos excluir os juízos de valor capazes de falsear o resultado desejado. O príncipe não deve praticar a brutalidade sem princípios, mas levar em conta os desejos dos homens.

O que desejam? Ganhar dinheiro e alcançar honrarias. Para permanecer no poder e afirmar-se como chefe, precisa seduzir e jogar o jogo dos valores dos outros (demagogia!). Ninguém antes tinha ousado definir o homem por sua crapulice, covardia e vaidades. A hipotética virtude do bom príncipe (querida por Erasmo e More) não poderá mais servi de álibi no jogo oculto dos interesses. A verdadeira virtude consiste em utilizá-la fora dos quadros morais, mas fingindo respeitá-los. Nada de cinismo: o jogo do parecer nasce da estupidez humana e se justifica por um fim mais alto: a glória do Estado. A virtude é a arte do político consistindo em governar sabendo tirar partido das oportunidades e tomar decisões na incerteza. A *virtù*, esta superioridade de um temperamento sabendo se fazer reconhecer, faz sua a violência, mas a ela não se reduz. O gênio político? Aquele que sabe estabelecer uma aliança feliz entre a energia, a ambição, o prestígio e o caráter, mas integrando a força e a astúcia.

Quando Maquiavel declara que "os homens devem ser acariciados ou aniquilados", está dizendo que o príncipe, se pretende reinar em paz, deve usar esses dois extremos: a bajulação e a violência. Este conselho só vale em situações particulares, quando o príncipe pretende manter sua dominação depois de uma conquista. Não se trata de uma proposição geral sobre o modo de governar, mas de uma reflexão sobre a fragilidade de um poder que deve, na urgência, afirmar-se. Em parte alguma de *O Príncipe* Maquiavel faz a apologia do Mal, louvando a mentira ou o assassinato. Simplesmente constata que, nessas circunstâncias particulares, quando se sente obrigado pela necessidade, para manter sua autoridade, lança mão de outros meios que não a astúcia ou a crueldade.

Para ele, não resta dúvida que o povo obedece com mais boa vontade a um príncipe virtuoso. Contudo, a bondade não tem sempre grande valor ou utilidade em política, ao passo que a aparência da moralidade, elogiosa para a imagem do príncipe, garante a paz social. As fórmulas de *O Príncipe* parecem chocantes porque tratam do poder de modo lúcido e pragmático. As decisões políticas são analisadas mais à luz da eficácia do que da moralidade. Maquiavel inaugura, assim, a concepção moderna do poder apreendendo os fenômenos políticos sob o ângulo do realismo: "Não fazemos política com moral, mas também não a fazemos sem ela".

Não devemos ver em *O Príncipe* uma escola de imoralismo. Querer obedecer unicamente a princípios de justiça, verdade e moralidade podem levar também a mais violência e ao caos. Que as belas almas se decidam a não se ocupar de falsos problemas. A ciência política exige um rigor diferente: o homem precisa ser analisado segundo sua natureza, não segundo princípios caducos.

Que lição tirar? Todo poder é frágil, arbitrário e contingente (ausência de determinismo). Não possuindo fundamento absoluto, deve manter certa ordem numa cidade, submetida a tensões, conflitos e lutas intestinas. O príncipe, investido de responsabilidades excepcionais, encontra-se situado fora do comum. E deve saber ingressar no caminho do mal quando necessário. Mas não deve "se afastar do bem que pode fazer". Em suma, o extremo rigor do poder político pode ser considerado benéfico na medida em que afasta o espectro da desordem que se encontra na origem de todos os males. Mas qual a originalidade desse naturalismo? Mostrar a autonomia do político e desvinculá-lo de suas implicações teológicas, tornando-o um tema propriamente humano.

2. A *servidão voluntária*

Com La Boétie (1530-1563), a doutrina do poder se precisa. Qual o ponto de partida do *Discurso da servidão voluntária*? Esta obra enuncia a interrogação enigmática por excelência: como se explica que os homens lutam por sua servidão como se tratasse de sua salvação? "Gostaria apenas que me fizessem compreender: por que os homens por vezes suportam tudo de um tirano que só tem poder porque lhe damos?" Por que esta servidão ao mesmo tempo livre e voluntária? Por conseguinte, o que é a dominação política? Revelar as fontes humanas do poder.

Diferentemente de Maquiavel, La Boétie situa-se do ponto de vista do povo, não do chefe. Reivindica seu direito de revoltar-se contra a tirania. É um dos primeiros a defender a liberdade de consciência. O chamado direito natural representa apenas opressão, alienação e cumplicidade secreta com o sistema. O problema que se deve pôr e resolver é o seguinte: por que o homem aceita obedecer a um mestre tirano se é detentor de uma liberdade inalienável? Por que gosta de ser espoliado pelo tirano? Não é essa disposição que serve de fundamento ao poder político?

A hipótese de La Boétie deixa entrever que o poder, aqui representado sob a forma extrema da tirania, é o obscuro objeto de desejo dos próprios dominados. A mola desse fenômeno deve ser buscada no domínio das crenças e representações de que o poder é o depositário. Os homens ficam encantados ou fascinados pelo tirano. E a servidão voluntária é inseparável desse enfeitiçamento.

Como a dominação política e a escravidão não são naturais, compete ao povo (por seu número e força) derrubar todo poder tirânico ou despótico. Se por vezes se submete às autoridades, é por várias razões: a) por costume, hábitos e passividade fazendo-o acreditar que sua condição é *natural*, que as coisas são assim mesmo, nada podendo fazer para mudá-las; b) por admiração pelo chefe e seus sinais de poder, por resignação e passividade: cada um vê no tirano a imagem do que gostaria de ser; de onde a parte de responsabilidade do povo em sua servidão voluntária; c) porque o mestre sabe dividir para reinar. O tirano sabe usar as divisões internas no povo. A alguns indivíduos, concede privilégios e parcelas de poder, multiplicando sinais hierárquicos e favores. De onde a palavra de ordem: acordar e se insurgir contra os fardos da tirania.

Maquiavel e La Boétie mostraram o quanto o poder dos reis, príncipes e senhores é o produto de um artifício: para manter sua autoridade, sabem se tornar "leões" e "raposas", empregando meios como a violência e a astúcia. A manutenção do poder é um desafio primordial que legitima o recurso ao mal e implica uma emancipação da política relativamente à moral. Se as instituições políticas são arbitrárias, cabe a nós compreender como os homens as construíram e procurar as condições de uma ordem social legítima. Os filósofos do século XVIII encontraram uma resposta para essas questões em dois conceitos-chave: estado de natureza e contrato social.

Ao lado dos utopistas, há todo um grupo de pensadores que, defrontando-se com as realidades cotidianas deste mundo mergulhado em conflitos e tragédias, procuram soluções políticas para os problemas do tempo. Problemas que as guerras religiosas, a opressão dos índios e das minorias religiosas tornam imperiosos. Daí surge a contestação de muitos que pregam o direito à revolta, analisam a natureza da tirania e defendem a liberdade de consciência. La Boétie é um deles. O chamado *direito natural* nada mais significa que opressão, alienação, cumplicidade secreta com o sistema de poder implantado. De onde examinar os mecanismos implícitos desse sistema opressivo. Como se explica que homens nascidos livres possam voluntariamente aceitar serem dominados pela sociedade?

> Oh, bom Deus, como pode ser isso? Que vício, ou que desgraçado vício! Ver um número infinito de pessoas não obedecer, mas servir; não serem governadas, mas tiranizadas; não tendo bens, nem parentes, nem mulheres nem filhos, nem sua própria vida que lhes pertença! Sofrem os roubos, as impudicícias, as crueldades, não de um exército, não de um acampamento bárbaro, contra o qual seria necessário defenderem seu sangue e sua vida, mas de um só homem e, na maioria das vezes, do mais covarde e efeminado da nação?[75]

---

[75] DE LA BOÉTIE, Etienne. *Discurso da servidão voluntária*. 4ª ed. São Paulo: Brasiliense, 1999.

A opressão não nasce de sistema enquanto tal, mas do fato de os homens se entregarem voluntariamente ao tirano, de sua moleza e de sua estupidez. E La Boétie classifica a monarquia como um regime tirânico: "Há três espécies de tiranos: uns têm o reino por eleição do povo, os outros pela força das armas, os outros por sucessão de sua raça". De onde passar a defender com coragem a *liberdade inalienável do homem*, não à maneira dos calvinistas, que a pensavam a partir dos direitos da fé: como a perseguição religiosa tendia a se tornar o critério da tirania, tratava-se de saber se a Bíblia autorizaria, nesses casos, a revolta contra o soberano. Toda a evolução do pensamento calvinista, após o massacre da noite de São Bartolomeu, tende a justificar esse direito.

3. "O homem é um lobo para o homem"

Hobbes tenta compreender os fundamentos do poder político a partir do estudo do estado de natureza. Em *Da natureza humana* (1650), descreve-o como o estado no qual estariam os homens se não houvesse nenhuma lei ou moral. Agiriam apenas em função de seus instintos ou desejos. Na fonte de nosso comportamento, há um esforço para atingir o que nos agrada e fugir do que nos desagrada: movimento vital com um cortejo de apetites e aversões. Triunfo dos desejos e das paixões, porque são essas instâncias afetivas que determinam a natureza do bem e do mal, mas sob o controle da razão. O estado de natureza, resultando do jogo das forças individuais, é um estado de instabilidade e miséria. Submetido às paixões individuais, o homem não é naturalmente social, mas "selvagem". Por procurar sempre satisfazer seus instintos, encontra-se numa situação de rivalidade permanente. É **"a guerra de todos contra todos"** ou **"O homem é o lobo para o homem"**. Felizmente, reconhece, é dotado de **razão**, desta faculdade que controla seu poderoso instinto de conservação.

Em *O Leviatã*, Hobbes forja a ideia de que os homens se entregam a conflitos incessantes e vivem na permanente insegurança. Para sair dessa situação, dessa "guerra de todos contra todos", constroem um pacto pelo qual abandonam suas prerrogativas naturais em proveito de um poder superior. Compete ao Estado garantir a paz civil e a segurança de todos, podendo se arvorar todos os direitos para desempenhar essa função de pôr um fim à guerra de todos contra todos.

Por isso, para evitar a guerra permanente, os homens decidem elaborar um contrato e renunciar a seu direito natural, confiando seu exercício a uma instância política: assembleia ou república. Eis a origem do poder. *O Leviatã* nada mais é que o Estado soberano para o qual o homem aceita perder parte de sua liberdade em troca da proteção e da garantia dos direitos de cada um: abandona **seus** direitos naturais em proveito da paz. Como não podemos contar com a boa vontade de cada um, Hobbes acredita que o respeito ao pacto e à coesão social só poderão encontrar garantia na pessoa de um soberano que, herdando direitos e, por conseguinte, poderes de todos, está em condições de constituir-se o árbitro supremo, legiferar e punir nos limites da força. E para escapar da tirania das paixões individuais, fonte de lutas incessantes e crueis, os homens se entregam à tirania de um poder político despótico, cujo nome simbólico (Leviatã) evoca o do monstro bíblico (livro de Jó).

Leviatã designa a República ou Estado que, por sua soberania, garante a segurança de todos. Pelo pacto de associação, os homens se liberam da barbárie natural e a sociedade se constitui como corpo político escapando da violência. Assim se anuncia o Estado de direito, irredutível ao que existe: a luta natural do *homo homini lupus*. O poder político (o Estado) põe fim ao *bellum omnium contra omnes* (guerra de todos contra todos). É o poder que transmuta um animal em homem. Mas atenção! É por preocupação de segurança, não por crueldade, que os homens se enfrentam como lobos. A violência humana não é a sumária expressão de um instinto de agressividade, mas o último recurso de indivíduos que só podem contar consigo mesmos.

Não esperando nenhuma melhoria moral do gênero humano, Hobbes postula e defende a instituição de um Estado cujo poder absoluto agiria como força de dissuasão: "Enquanto os homens viverem sem um poder comum que os mantenha respeitosos, encontram-se na condição de guerra, e esta guerra é guerra de todos contra todos (de cada um contra cada um)".

Para Hobbes, a inclinação ou tendência mais geral e fundamental de toda a humanidade é seu desejo perpétuo de "adquirir poder após poder, desejo que só termina com a morte". Eis a justificação antropológica do movimento indefinido para a frente, do progresso, que, por isso mesmo, já anunciaria a felicidade. O que torna evidente essa justificação do progresso é a articulação da marcha para a frente, do poder motriz do desejo, um desejo insaciável cuja essência é uma busca indefinida do poder (*potentia*) ou de poder (*power*), de sempre mais poder, e do acesso à felicidade sob o pressuposto de que só existe um caminho para se chegar à "felicidade". Esta é concebida como o movimento que consiste em ir de um sucesso a outro, não havendo sucesso total e definitivo. A sequência dos sucessos finitos se assemelha a um "fracasso infinito", no qual só a morte individual põe um fim.

De onde a conclusão: progresso e felicidade são termos inseparáveis na natureza humana. O progresso aparece como norma natural, norma de uma moral derivando da constituição natural do homem, ser que se caracteriza pela insaciabilidade de seu desejo. O homem se volta para o futuro porque é atormentado por seu desejo de conquistas, de ir sempre mais longe na realização de seus desejos. Em virtude de postulados materialistas, Hobbes define o comportamento humano em termos mecanicistas: todas as suas ações procedem de instintos irresistíveis, incompatíveis com a ideia de liberdade. O estado de natureza, resultante do jogo das forças individuais, é um estado de insaciabilidade e miséria. No início, submetido às paixões individuais, o homem não é naturalmente social, mas "selvagem", submetido a seu instinto de conservação elementar, a serviço de seu interesse imediato e conduzindo-o à rivalidade, à luta contra os outros.

Assim, na origem, o direito se confunde com a faculdade que cada um tem de lutar por sua sobrevivência. Mas quando este instinto se torna esclarecido pela Razão, ensina ao homem a utilidade dos atos benevolentes e a inconveniência dos atos hostis. Mostra a necessidade, para cada um, de sacrificar sua liberdade natural a fim de que seja evitada "a guerra de todos contra todos".

4. Dominar a natureza

No século XVII, a obra de Descartes aparece ilustrando a revolução moderna das ideias e das práticas. Em oposição à filosofia especulativa ainda reinante, elabora e promove o projeto de uma concepção do conhecimento destinada à ação, devendo desembocar no *domínio da natureza*. Com a eclosão da ciência, reforça-se a ideia de que a natureza se assemelha a uma imensa máquina. Movimento dos astros, crescimento dos vegetais, circulação do sangue nas artérias, todos fenômenos outrora ocultos, começam a revelar seus mistérios.

Descartes está convencido de que não há, no mundo, excetuando-se o espírito, senão mecanismos mais ou menos complexos. Ora, a partir do momento em que conhecemos as engrenagens de uma máquina, podemos agir sobre ela à maneira de um engenheiro. Esta concepção é promotora de um ponto de vista prático, mas só vê na natureza uma matéria em movimento, devendo ser explorada e dominada para ser posta a serviço do homem.

Nenhum princípio de precaução limita essa transformação, deixando o campo livre ao domínio crescente do poder do homem sobre o mundo. Todavia, as culturas tradicionais ainda parecem considerar o ser humano um colaborador da natureza, mais do que como seu "Mestre". Teremos que aguardar o desenvolvimento da tecnologia para pôr em questão o grande projeto cartesiano do qual somos os herdeiros. Para o melhor e o pior

Por sua vez, convencido de que quanto mais diminui a desigualdade entre os homens, mais aumentam sua liberdade, seu poder e sua estabilidade, Baruch Espinoza (1632-1677), tomado pelo espírito de rigor e independência em todos os domínios (filosófico, religioso, político), mostra como cada homem pode renunciar a seu poder "natural" em proveito de um poder público. Esta renúncia tem uma razão de ser: a dominação da natureza.

O nome completo de seu livro-chave é: *Tratado político no qual se demonstra de que modo devemos instituir uma sociedade onde um governo monárquico é vigente, bem como aquela onde os Grandes governam, para que não degenere em tirania, e que a Paz e a Liberdade dos cidadãos permaneçam invioláveis.* Publicado na Holanda em 1670, apresenta-se como a desmontagem (peça por peça) da base teológica de toda teoria do Direito natural, mostrando que sua gênese está centrada numa ficção explicável pela "condição humana ordinária". Não podemos confundir "estado de natureza" com "estado de religião". Na natureza, não podemos falar de "lei", pois esse termo só existe no "direito positivo", pressupondo um estado de sociedade. É por um antropomorfismo que nós representamos Deus como legislador, príncipe ou juiz, realidades sociais humanas.

Depois de distinguir radicalmente "estado de natureza" e "estado de religião", Espinoza declara que toda sociedade, sob pena de desfazer-se, deve compreender uma realidade capaz de organizar, segundo outro regime, o poder de ficção (explorado pela religião) próprio aos seres humanos. Mas a autoridade política não deve permitir, sob pena de perder sua razão de ser, que cada um se ponha a viver conforme sua própria fantasia. Porque deve organizar a sociedade de tal modo que os homens juntos ampliem seu poder de raciocinar e julgar, posto que a paz não se reduz à ausência de guerra, mas supõe um sentimento positivo agindo em seu favor.

Da mesma forma, o objetivo buscado pelo Estado consiste na segurança da vida de seus membros. Mas não deve se limitar a anular ou reduzir o medo que os homens possam sentir diante dos poderes ameaçadores da natureza ou de seus semelhantes. Precisa promover um sentimento positivo de *concórdia* a fim de suscitar o *fervor* de todos. É por isso que a *indiferença* sistemática ou a *apatia* dos cidadãos são tão ameaçadoras para o Estado quanto as guerras ou as infrações às leis. Por quê? Porque "o homem pensa". Uma verdadeira comunidade política só pode sobreviver afirmando-se como uma comunidade na ordem do pensamento. Caso contrário, o homem passaria a ser tratado como rebanho, como autômato, o que constituiria outra forma de violência.

No plano individual, Espinoza admite: cada homem possui "tanto direito quanto tem de força", contanto que aja conforme às leis da natureza e obedeça a sua própria tendência de preservar seu ser: "Todo homem goza de plena independência em matéria de pensamento e crença; jamais deverá alienar esse direito individual; e jamais seu espírito deverá cair sob a absoluta dependência de qualquer coisa que seja". Não podemos comandar os espíritos. Todavia, o direito natural só se realiza autenticamente quando o indivíduo se integra numa sociedade constituindo sua garantia: o direito do governo lhe confere a possibilidade de apoiar-se na força coletiva.

O Estado, segundo Espinoza, não destrói as paixões individuais, mas as modifica e as orienta; quando se manifestam numa sociedade organizada pelas leis, podem se tornar positivas. Portanto, é a articulação dos desejos e das leis que confere ao corpo político uma estabilidade máxima; e aos membros, uma verdadeira soberania. Em sua evolução histórica, os Estados ganham em racionalidade enquanto que seus súditos se transformam em cidadãos. O melhor Estado não é o que podemos imaginar utopicamente, mas aquele que trabalha para conferir o poder ao maior número no contexto da lei, para garantir a conversão das paixões em paz (não é ausência de conflito, mas concórdia produtiva). A tirania e a monarquia absoluta são incompatíveis com tais objetivos. Em contrapartida, podem ser realizados por uma monarquia moderada, uma aristocracia dotada de um numeroso patriarcado e por uma democracia inspirada pelo direito; todos esses regimes têm uma grande qualidade positiva em comum: exercem a autoridade (poder) por assembleias representativas e respeitam a liberdade de pensamento.

5. "O espírito das leis" e a necessidade da política

Nessa obra (1748), Montesquieu, o fundador da "estática social", pretendendo estabelecer uma ciência das leis, expõe uma abordagem inovadora dos fatos sociais e políticos de sua época: as *leis*, doravante submetidas a uma rigorosa análise racional e científica, revelam-se oriundas, não da fatalidade ou da arbitrariedade do Príncipe, mas das relações necessárias que derivam da natureza das coisas. Face a um despotismo ameaçador, definindo-se como a soberania absoluta exercida por um único homem que, sem leis e sem regras, "domina" tudo por sua vontade e seus caprichos, as leis constituem uma necessidade racional. Contra os abusos do poder de todos os tipos, contra a ameaça despótica, o que fazer?

Montesquieu, em algumas fórmulas lapidares, assinala a necessidade de salvaguardar a liberdade e lança o princípio fundamental: contra o poder, o poder. "Para que não se possa abusar do poder, é preciso que, pela disposição das coisas, o poder detenha o poder." Cada forma de governo – que só se torna válida repousando num fundamento bem preciso: a) a democracia, na virtude; b) a monarquia, na honra; c) o despotismo, no medo – modela a psicologia e os costumes dos cidadãos. As leis do governo são função umas das outras. E a forma do governo também é tributária do contexto sócio-histórico-cultural. O melhor governo será aquele que conseguir conciliar a autoridade política e a liberdade dos cidadãos. Para se obter esse ideal, o melhor meio é a separação dos poderes (legislativo, executivo e judiciário).

E ao demonstrar que o legislador deve levar em conta realidades objetivas para escolher as melhores leis possíveis e mais bem-adaptadas ao bem geral, Montesquieu se insurge contra toda forma de escravidão, notadamente dos negros, e se revela um partidário incondicional da tolerância, notadamente religiosa.

Para que os cidadãos escapem do egoísmo, das paixões e do clientelismo, não basta mais a *Virtude*: torna-se imprescindível a *Política*. Montesquieu atribui a cada regime político um *princípio* fazendo-o agir e perseverar-se: a *democracia* (em menor escala, a aristocracia) funciona na base da virtude; a *monarquia,* na base da honra; o *despotismo*, na base do medo. Contudo, nenhum desses princípios ou desses regimes é suficiente para garantir a *liberdade política*: "o direito de fazer tudo o que as leis permitem". Esta liberdade só pode ser encontrada nos governos moderados, dotados de alguns meios institucionais:

É uma experiência eterna que todo homem com poder é levado a dele abusar. Age assim até encontrar limites. Quem diria! Até mesmo a virtude tem necessidade de limites. Para que possamos abusar do poder, precisamos que o poder pare o poder.[76]

Ao defender a separação dos poderes independentes (legislativo, executivo e judiciário), Montesquieu diz que eles se controlam mutuamente, devendo funcionar de forma "concertada", pois têm a mesma origem: o povo soberano. Seria tirânico o poder exercido por uma única dessas instâncias: "Tudo seria perdido se o mesmo homem ou o mesmo corpo exercesse esses três poderes: o de fazer as leis, o de executar as resoluções públicas e o de julgar os crimes ou as dissensões dos indivíduos". O poder não deteria mais o poder. E abusos seriam inevitáveis. Seria o fim da liberdade.

Convencido de que não podia aceitar o absolutismo real de seu tempo e de que a posse mesma do poder constitui um perigo, Montesquieu procura estabelecer seus limites, porque "constitui uma experiência eterna que todo homem com poder é levado a dele abusar". Por isso, se quisermos combater o absolutismo de um governo, precisamos impedir que tenha seu monopólio. De onde a importância de dividi-lo, distribuí--lo em três poderes fundamentais. Uma vez cada um dotado de seu poder próprio, estarão em condições de se equilibrar mutuamente neutralizando toda tentativa de abuso. Esta separação torna possível uma vigilância recíproca e garante o justo exercício de poder moderado. Por exemplo, a justiça deve ser independente: o juiz aplica a lei decidida pelo legislativo (o que o impede de regular os litígios segundo seu arbítrio) e delega sua execução. Da mesma forma, os membros do legislativo não podem estar acima das leis: podem ser sancionados pela justiça. Porque cada instância age sob a viligância de uma outra, o risco de abuso de poder se vendo reduzido pela constituição mesma do Estado.

---

[76] MONTESQUIEU. *L'Esprit des lois*, XI, 4.

6. "A origem da desigualdade entre os homens"

Em seu *Discurso sobre a origem da desigualdade entre os homens* (1756), Rousseau, em busca de um Estado que seria legítimo, privilegia a ideia de soberania popular, a de um Estado em que o povo é soberano, Estado regido por leis, porque liberdade e leis são inseparáveis. Ser livre politicamente é obedecer à lei: "Não há liberdade sem leis, em que alguém está acima das leis". Enquanto no despotismo a vontade particular ocupa o lugar da lei, o Estado de Direito encontra sua legitimidade na vontade geral (tendo por objeto o bem comum) e na lei. Mostra ainda que a verdadeira razão das desigualdades é de ordem política: nasceram de uma sequência de acasos e acidentes históricos, sendo mantidas por convenção. Não resultam de nenhuma ordem natural. São o produto de uma ordem arbitrária. No estado de natureza, o homem não é bom nem mau, mestre nem escravo. É a sociedade que faz os dominantes e os dominados. Mas o que ela faz, pode desfazer.

Por isso, no ensaio "Do contrato social: princípio do direito político" (1762), propõe estabelecer a legitimidade do poder político cujo funcionamento não repousa na autoridade paterna, na vontade divina ou na força, mas num pacto de associação (e não de submissão, como pensava Hobbes) em que cada um se compromete com todos, renunciando a sua liberdade individual natural em proveito da comunidade, que lhe garante, em retorno, o direito de cidadão; vale dizer, a igualdade jurídica e moral e a liberdade civil. A este respeito, é enfático: somente o povo pode constituir o fundamento da autoridade política. O poder não possui um fundamento natural nem divino: só a sociedade funda o poder e o político. Neste sentido, a ordem social e o poder político são contingentes. Perde sentido o poder da monarquia absoluta. E deve ser questionado todo poder que não emanar do povo (construção social).

Uma originalidade de Rousseau? Reconhecer que o homem, sendo produzido para o infinito (Pascal), é chamado à *perfectibilidade*, que é a qualidade específica que distingue o homem do animal, a faculdade de aperfeiçoar-se que desenvolve sucessivamente todas as outras. É a perfectibilidade que faz o homem sair de seu *estado primitivo* ou de sua condição originária, que o retira do estado de natureza e o impulsiona a transformar-se. O que é irreversível é a transformação.

Contudo, ao mesmo tempo em que defende a perfectibilidade do homem, Rousseau sustenta a tese de sua corruptibilidade: faculdade que, "fazendo eclodir com os séculos suas luzes e seus erros, seus vícios e suas virtudes, transforma-o, com o tempo, em tirano de si mesmo e da Natureza". De onde a ambiguidade de sua noção de "Progresso", que nada tem de *necessário* à passagem da perfectibilidade ao aperfeiçoamento. O homem é livre de querê-lo ou recusá-lo, acelerá-lo ou retardá-lo, sem que o retorno à natureza seja o bom caminho. É perfectível tanto no bem como no mal.

O que nos resta? O progresso é apenas um rascunho do futuro. De onde a metáfora do "remédio no mal" para formular a intuição fundamental de sua filosofia política, assim resumida por J. Starobinski:

> Depois de ter acusado os poderes desagregadores desenvolvidos no homem no curso da história, Rousseau desencoraja expressamente toda tentativa de retroagir. Devemos levar mais longe ainda o desenvolvimento que nos tornou infelizes: aperfeiçoar a reflexão, desenvolver o amor próprio, dirigir a imaginação, tornar a alienação recíproca e completa. É a única chance de reencontrar, sob uma nova forma (política e moral), a plenitude primeira (natural, animal) que a intromissão do mal havia decomposto.[77]

7. "Liberdade, igualdade e fraternidade"

A partir do momento em que os homens livres começam a se referir a uma ordem social não mais fundada numa transcendência, mas no humano enquanto humano, surge a mais desafiadora questão da filosofia política: qual o sentido que podemos e devemos dar à vida em socie-

---

[77] STAROBINSKI, J. *Le remède dans le mal.* Paris: Gallimard, 1989, p 177.

dade? Que finalidade devem os cidadãos atribuir à delegação de seus poderes? Se este objetivo ou finalidade não constitui o objeto de uma deliberação de todos, perde-se o nervo da delegação. Ora, foi justamente esta questão que se encontrava presente nos debates que precederam os acontecimentos da Revolução de 1789. Surge a tese abstrata devendo funcionar como ideia reguladora: o objetivo da vida em sociedade consiste em permitir a todos os cidadãos desabrochar sua liberdade, que detêm enquanto seres humanos. Todos devem gozar da igualdade e da liberdade. Esta igualdade, tão necessária quanto a da violência no "estado de natureza", só pode realizar-se no elemento do direito. Essa questão se põe, em sua abstração, como universalmente válida. O "cidadão", rejeitando o "súdito" num passado longínquo, adquire a figura universal.

Essa universalidade ressoa com um apelo e constitui uma ameaça a todas as monarquias. Não deveria ser imposta pela força. O grande achado do ideal revolucionário foi o de transpor as ideias de liberdade, igualdade e fraternidade dos livros para o mundo real. No fundo, três foram as grandes ideias que se encontravam na base do projeto emancipatório das Luzes: a *autonomia* (o cidadão deve privilegiar o que escolhe e decide por si mesmo), a *finalidade humana das ações* (separação do temporal e do espiritual: a fonte do poder é o povo) e a *universalidade* (todos os seres humanos são iguais em direito; portanto, a igualdade decorre da universalidade).

Vem daí o uso do vocabulário da *fraternidade* que exprimia a posição dos revolucionários em relação aos outros povos. Mas logo esse programa é desviado de seu sentido. Se a liberdade é concebida como liberdade que deve regular não as relações de cidadãos, mas de indivíduos, tendendo cada um a buscar satisfazer seus interesses individuais e sua felicidade pessoal; a noção deriva para o liberalismo que instala o interesse de cada um como princípio da mecânica social, com o direito tendo por missão apenas conter seus abusos. Se a igualdade é suposta constituir um dado de natureza, relegando a segundo plano (ou negando) a liberdade, a deriva efetua-se para um igualitarismo em que o direito só pode desempenhar um papel instrumental, a título de auxiliar de uma política de coerção exercida pelo Estado (cf. Stalin). Se a universalidade da tese é compreendida como um valor exprimindo a essência da natureza humana, faremos confiança na força para permitir aos outros povos reconhecer aquilo a que aspiram sem saber (Napoleão).

Essas três perversões do ideal da Revolução francesa (liberalismo, igualitarismo e expansionismo) se referem, cada uma, a uma ideia de natureza humana. E levam seus responsáveis a conceber a *nação* como a pátria dos direitos do homem e do cidadão.

Mas o que aconteceu com o generoso programa formulado pelo século das Luzes? Não resta dúvida de que o espírito das Luzes prevaleceu sobre os adversários que o combatiam. A democracia, onde a soberania popular se exerce no respeito às liberdades individuais, passou a impor-se como o modelo preferido dos homens livres. Os direitos universais do homem são considerados como um ideal comum: a igualdade diante da lei é a regra em todo Estado legítimo. Se o *ideal* das Luzes foi aceito, suas *promessas* nem sempre foram cumpridas. O século XX, com suas guerras mortíferas e seus regimes totalitários, veio trazer um descrédito às ideias expressas pelas palavras humanismo, emancipação, progresso, razão, livre vontade etc.

8. O *sapere aude* e o nascimento da opinião pública

No século XVIII, surge uma das primeiras manifestações da *opinião pública* e do *espírito crítico* com a criação da chamada República das Letras. Formada por filósofos, eclesiásticos, aristocratas e pessoas mais ou menos instruídas, curiosas e amadoras, essa associação tinha por objetivo propor um sistema de valores elaborado na prática das letras e das ciências. Esse "império do talento e do pensamento" deveria exercer seu poder apenas sobre os espíritos e adota como único critério o mérito intelectual. Constitui uma espécie de confraria de elite, indiferente às hierarquias sociais e distinções religiosas. Reivindica apenas uma autoridade espiritual, tendo por primeiro princípio a independência relativamente aos poderes temporais e religiosos existentes.

Sua palavra de ordem? A crítica intransigente a toda arbitrariedade dos poderes e o combate corajoso aos preconceitos religiosos. Não se limita a pregar a tolerância em todos os níveis. Pretende ultrapassar toda forma de submissão ou fanatismo. Funcionando graças à circulação de jornais literários e científicos, cultiva e defende ideais universalistas. Só a Razão, em sua universalidade, tem condições de reunir seus membros para além das diferenças nacionais, religiosas ou linguísticas. A permanência dessa república exige o respeito ao contrato social implícito: cultivar e desenvolver a Razão universal e o ideal da objetividade.

O que se pretende? Levar adiante o projeto de transformar as ciências em espírito crítico. O século XVIII marca, assim, o triunfo da inteligência crítica e do espírito racionalista: estamos no século das Luzes (*Aufklärung*): "Tenha a coragem de servir-te de teu entendimento". Kant pensa o direito cosmopolita e funda, assim, o poder internacional, vinculado à comunidade mundial: a dos habitantes do planeta.

Ao responder à questão: "O que são as Luzes?", ele declara: "A Aufklärung é a saída do homem do estado de tutela pelo qual é responsável". Cabe a cada um a responsabilidade de cultivar sua razão, empreender um trabalho de elucidação e crítica permitindo-lhe emancipar-se. Cada um deve libertar-se da tutela e pensar por si. *Sapere aude*, ouse saber, saiba utilizar sua inteligência, não aceite mais nenhuma solução de preguiça que consiste em submeter-te às autoridades. Saber é um dever, um risco que cada indivíduo deve enfrentar para aceder ao estatuto de sujeito livre e racional.

Espinoza já recomendava: não devemos fazer nenhuma concessão ao Saber, pois seria "fazer concessão à liberdade, à beatitude e à alegria" (ao desejo, dizia Lacan). Kant defende o ideal de emancipação pela Razão, a preocupação de garantir a liberdade de pensar em relação a toda autoridade espiritual ou temporal. Neste sentido, a ciência aparece como a quintessência do espírito crítico. De onde a ideia de se fazer um uso público da razão. Para se libertar da tutela e exercer o espírito crítico, o homem precisa de um fórum de discussão (espaço de debate). Descartes havia afirmado que a Razão é a coisa no mundo melhor difundida. Proclama a autonomia da liberdade humana ao declarar: a coisa mais importante do ser humano é seu livre arbítrio, este poder que tem de determinar-se a si mesmo por sua própria vontade e por razões ou motivos que escolhe independentemente das coerções exteriores e da servidão pessoal. As Luzes exigem a presença de um público e de certas formas de sociabilidade.

Por isso, precisamos entender o *sapere aude* nos registros do conhecimento e da política: a) na vertente cognitiva, a *Aufklärung* é o uso público da razão pelos indivíduos, apresentando-se como seu acesso à maturidade. Um adulto não anda de muleta. Deve caminhar sozinho e assumir o risco de pensar por si; b) na vertente política, a *Aufklärung* significa retirar o povo da minoridade, do estado em que outros pensam por ele: eis a condição para se fundar uma sociedade esclarecida. Não é um ponto circunstancial, mas uma norma universal indispensável para garantir a liberdade de pensar: o verdadeiro fim do conhecimento racional é a promoção dos direitos da humanidade.

Ao se perguntar sobre o que é o Estado, Kant[78] responde: a reunião de determinado número de homens sob leis jurídicas. Um Estado ideal supõe três aspectos distintos de autoridade: fazer leis, governar em conformidade com essas leis e julgar os conflitos. De onde a distinção dos três poderes. E ao pensar o direito cosmopolita, Kant funda, em parte, o poder internacional, vinculado à comunidade mundial. Ora, uma vez afirmada e amplamente aceita a tese da "autonomia epistemológica do domínio humano, dissociado da ordem das verdades divinas", e após o recuo de Deus (marginalizado, não negado) e a "eutanásia da teologia"; os filósofos, de Locke a Kant, elaboram o projeto de delimitar o domínio humano do conhecimento, procedendo a uma crítica dos poderes do espírito humano, que começa por uma investigação sobre as condições de validade de nossos juízos.

---

[78] KANT, Emmanuel. *Fundamentação da metafísica dos costumes e outros escritos*. São Paulo: Martin Claret, 2002.

Importa salientar ainda que, no século XVIII, ganha destaque todo um público esclarecido e amador das ciências, composto por mulheres, notadamente marquesas. Se não ingressam na Academia, participam ativamente do ideal da república das ciências. As ciências são cultivadas e cultuadas não só nas Academias, mas nas feiras e nos salões da alta sociedade, lugares onde são realizadas experiências, embora com objetivo mais de espetáculo que de demonstração. Enquanto as figuras dos sábios são predominantemente masculinas, as da *opinião* frequentemente são femininas. A opinião pública que emerge a partir da prática das ciências surge na figura aristocrática das marquesas. Embora não fossem *sábias*, estavam na vanguarda da chamada *ciência mundana*. Afirmam-se como o elo privilegiado da literatura científica.

As mulheres se tornam o auditório favorito dos acadêmicos preocupados com notoriedade e proselitismo. A marquesa permite que se desenvolvam argumentações sob a forma de diálogos e entrevistas. Ademais, seus salões se transformam em poderosos instrumentos de divulgação das teorias novas. Por exemplo: a marquesa dos *Entretiens* (conversações) de Fontenelle é apresentada como "uma pessoa que não possuía uma tintura de ciência". No término de seis sessões visando demonstrar que a física de Descartes é superior à de Aristóteles, ela declara: "O sistema do universo agora se encontra em meu espírito. Sou uma sábia".

O caso de Émilie du Châtelet é ilustrativo. Trata-se de uma marquesa que não se contentou em ser interlocutora de Voltaire em sua campanha de propagação da teoria newtoniana na França. Ela traduz os *Principia Mathematica* de Newton e redige um texto sobre a natureza do fogo. As marquesas constituem um exemplo do uso público da razão preconizado por Kant. Na medida em que o saber torna-se um empreendimento coletivo, no qual a publicidade constitui uma norma e a liberdade de pensamento e de discussão uma condição necessária, a ciência se integra na esfera pública. As marquesas participam da aventura científica tornando-se amadoras esclarecidas, participando não só da produção, mas da difusão do saber na cultura.

Portanto, à margem da antiga *doxa*, impõe-se uma nova realidade: a do público, condição do exercício da razão. Trata-se, em Kant, de um público letrado, que exclui boa parte da humanidade. Esta restrição instala uma ambiguidade que nos impede idealizar o século das Luzes e invocá-lo como modelo ou remédio para todos os dogmatismos. O conceito de Luzes é interessante, não porque instaura a autoridade onipotente da razão crítica, mas porque estabelece um sistema de valores feito de tensões e rivalidades reconfigurando os discursos como práticas das ciências. Por isso, o público não designa uma categoria da população ou uma entidade sociológica. Toda consciência individual faz uso público de sua razão. Esta é a condição da mais autêntica liberdade, da liberdade de pensar, nada tendo a ver com a outorgada por uma autoridade.

Ao inscrever a razão em seu contexto histórico, perceberemos que a noção de "público" põe em cena uma nova categoria, essencialmente política: a de esfera pública. O *publicum*, até então sob o controle da administração, separa-se do poder e constitui-se como opinião pública, ou seja, como um fórum de pessoas privadas obrigando o poder a justificar-se e a legitimar-se. Nos cafés, nos salões ou nas lojas maçônicas, nos jornais e nos periódicos surgem novas formas de sociabilidade. E começa a ser exercida uma nova forma de discurso: o *discurso crítico*. Este famoso espírito crítico, burilado em inúmeras formas de discussões, se exerce em relação ao governo, à religião, à cultura e à política. Assim se forma a opinião esclarecida distinta, não só da razão de Estado, mas das opiniões privadas dos indivíduos. Constitui um espaço público político instalando-se entre a esfera do privado, cuja base é a família, e a do poder público (do Estado, da polícia e da administração).

Ao analisar a situação da *democracia* na América, Alexis Tocqueville (1805-1859), diante da tarefa de transformar em objetos de saber determinadas "crenças dogmáticas" (dogmas da modernidade) constitutivas da "opinião comum" dos modernos (a crença na igualdade dos indivíduos ou no progresso necessário da humanidade), fala das "paixões gerais e dominantes" para caracterizar os elementos afetivo-imaginários que "servem de alimento à ideologia". Essas crenças devem ser abandonadas como mitemas, se é verdade que existe algo como a mitologia ocidental moderna.

A seguir, constata que, nos Estados Unidos, a *razão individual* prevalece sobre o princípio de autoridade, que a *igualdade das condições* prevalece sobre o princípio aristocrático e que o *individualismo* prima sobre a virtude e a honra. O que ameaça o regime democrático? Não é o possível retorno às monarquias absolutas, mas a "tirania da maioria", que passaria a exercer "um poder imenso e tutelar" ao mesmo tempo "absoluto, detalhado, regular, previdente e doce" (Estado Providência), sendo reforçado pela *opinião pública*: "pressão imensa do espírito de todos sobre a inteligência de cada um" (como confirma hoje o peso das pesquisas de opinião, da mídia e dos índices de audiência).

Nesta democracia "regulada, doce e pacífica", a liberdade fica bastante comprometida. O sufrágio universal, por mais indispensável que possa parecer, não basta para garantir a liberdade dos cidadãos. Rousseau já havia posto essa questão: "O homem nasceu livre, mas em toda parte está aprisionado. Fulano acredita ser o mestre dos outros, o que não o impede de ser mais escravo que eles. Como se deu essa mudança? Ignoro. O que pode torná-la legítima? Creio poder resolver essa questão".

Portanto, Tocqueville identifica o processo de transfiguração do utilitarismo (bem-estar) com interesse bem compreendido: "O gosto do bem-estar forma o traço visível e indelével das eras democráticas". Estava criada a ideologia da burguesia: a busca religiosa da reconciliação do homem com Deus é substituída pela busca da felicidade aqui na terra, o único traço de transcendência sendo o do futuro imaginado como promessa de felicidade. E como a busca do bem-estar implica o desejo do melhor-estar, o mundo passa a ser concebido a partir apenas dos valores do individualismo burguês: família, pátria, trabalho, saúde e dinheiro.

De um modo geral, a opinião pública tem variado bastante em relação à ciência. Há momentos em que se vê tentada a divinizá-la, acreditando que as ciências e as tecnologias conseguirão resolver todos os problemas da humanidade. Acontece, porém, que há decepções mostrando que não só todos os problemas não foram resolvidos pela pesquisa científica, como também que está gerou novos problemas que não consegue solucionar. Essas decepções conduziram boa parte da opinião pública a diabolizar a ciência, como se fosse uma obra luciferiana a ser combatida porque põe em perigo a humanidade.

Ora, devemos evitar esses dois extremos: não devemos divinizar nem diabolizar a ciência. Claro que não deve ser vista como algo neutro, pois sempre tem afirmado-se, desde a aurora dos tempos modernos, como um poder (forças armadas, por exemplo). Como todos os poderes, o da ciência pode ser perigoso quando não for controlado pelos outros poderes. Por outro lado, pode ser benéfico, pois dele não conseguimos mais prescindir. Por isso, é de extrema importância que a opinião pública, ela própria influenciada pelos três poderes da palavra (ciência, mídia e poder político), exerça um controle sobre o poder científico. Se esses poderes confundirem-se num só, será a catástrofe: o poder totalitário. Ao contrário, se eles mantêm-se divididos, controlam-se uns aos outros, moderam-se:

> Eis um modo de gerir o relativismo e o triunfo de Protágoras sobre Sócrates. É menos cômodo intelectualmente, mas talvez mais fácil de viver. (...) O exercício da pesquisa científica apresenta a vantagem particular à qual não devemos jamais renunciar: a aprendizagem do método crítico. Leva-nos a tomar distância relativamente a qualquer dogma, inclusive aos científicos. O que conduz a uma atitude relativista relativamente à crença, não só religiosa, mas à crença na verdade das teorias científicas. Corremos o risco de nos tornar dogmáticos quando consideramos que existiria um tribunal supremo da Razão, quem pode dizer quem está errado, quem tem razão. A Razão não é um tribunal, mas um instrumento de que podemos e devemos nos servir para tentarmos distinguir o que é verdadeiro do que é falso, mas cada vez em domínios bem limitados de aplicação em função de regras do jogo a serem respeitadas.[79]

---

[79] ATLAN. Henri. *Aux frontières du savoir.* Paris: Presses Ponts et Chaussés,1996.

Diferentemente de Kant, J. Habermas considera a esfera pública apenas sob o ângulo político. Para ele, os sábios participam ativamente da emergência desse novo ator político que é a opinião pública. Alguns, como Condorcet, apresentaram as ciências físicas como um laboratório de espírito crítico no qual são superados os erros e os preconceitos. Assim, ao tentar reabilitar a figura da opinião pública tal como surgiu nas Luzes, Habermas[80] se deu por tarefa fazer uma denúncia: a opinião pública não desempenha hoje nenhum papel na política científica e nas escolhas tecnológicas. O poder de decisão foi-lhe gradualmente confiscado.

Dois tipos de funcionamento prevaleceram nas sociedades modernas. Ambos contribuíram para que a solução das questões técnicas escapasse ao debate democrático. No modelo *decisionista*, as decisões políticas encontram-se nas mãos da burocracia; no *tecnocrático*, são confiadas aos experts (*expertocratas*). A opinião pública só aparece para aclamar ou desempenhar o papel de figurante. Por isso, a fim de buscarmos as condições de um debate democrático, propõe um modelo *pragmático* em que os experts seriam encarregados de aconselhar as instâncias de poder e decisão, cabendo à opinião pública promover a discussão livre nos foros e na mídia. Teríamos uma ciência cidadã, aquela em que os cidadãos participariam dos processos de decisão. É o que já ocorre quando participam das questões envolvendo as ciências biomédicas e do meio-ambiente. Neste domínio, multiplicam-se os comitês de bioética e os movimentos associativos debatendo as questões de meio-ambiente.

Hoje, nossa condição de cidadãos livres e responsáveis nos permite dizer: nosso projeto democrático seria melhor definido pela fórmula *Saber e Opinar* (julgar, emitir um juízo). *Opinare aude*, deveria ser nosso slogan: pensar fora dos muros dos paradigmas estabelecidos, ousar formar nosso juízo sobre os problemas tratados pelos cientistas e técnicos. Porque devemos pensar por nós mesmos, e não deixar que os técnicos pensem por nós. Trata-se de concebermos a opinião, não como uma

---

[80] HABERMAS, Jürgen. *Técnica e ciência como ideologia*. Lisboa: Edições 70, 1968.

fatalidade, ligada à impossibilidade de possuir a ciência, mas como uma escolha voluntária.

Neste sentido, como término de um processo de reflexão sobre a ciência, a tecnologia e seu lugar na sociedade, a opinião pode ser o ato inaugural de uma ciência realmente democrática. Ter a coragem de emitir nossas opiniões significa ter a coragem de pensarmos por nós mesmos e formarmos nosso próprio juízo sem termos pleno conhecimento de causa. Precisamos reabilitar o regime da opinião como virtude própria do cidadão. Cada um deve tomar uma decisão na incerteza. E valorizar a opinião como ato de coragem, ousar pensar sem dispor de evidências, correr o risco de emitir juízos sabendo que não sabe.

Não se trata de pretendermos que todos os saberes se equivalam, nem que os experts não sejam mais competentes que os usuários; mas de reconhecermos que a qualidade de usuário confere outra forma de saber, uma prudência (*phrônesis*) suscetível de fornecer respostas a questões que a ciência não se coloca nem pode resolver. Em suma, conferir ao cidadão o direito e o poder que tem de decidir sobre todas as questões que lhe dizem respeito.

Talvez devêssemos nos lembrar do argumento de Platão contra os sofistas: procurar o máximo de poder em vista de satisfazer todos os seus desejos, como trampolim para atingir a felicidade, é pura ilusão. Com efeito, quanto mais nosso poder aumenta, mais crescem nossos desejos. Portanto, maior é a quantidade de desejos insatisfeitos, aumentando nossa frustração e nosso sofrimento. A experiência nos mostra que os pobres desejam poucas coisas, que são fáceis de buscar e de satisfazer-lhes; enquanto os ricos desejam sempre ter mais, sofrem terrivelmente com a mínima frustração, com uma pequena falta. De onde conclui que o tirano não é o mais feliz dos homens, mas o mais infeliz: acreditando comandar os outros homens, torna-se escravo de seus desejos.

5
O que foi feito do velho Behaviorismo?

O behaviorismo pretende que o domínio da psicologia seja ***o comportamento do ser humano.*** *E considera que a consciência não é um conceito definível nem utilizável.*
J. Watson

O behaviorismo, voltado para a experimentação, considera que a existência da consciência nos conduz aos velhos tempos da superstição e da magia.
P. Naville

[No esquema da psicologia behaviorista proposto por Skinner] trata-se de conduzir a humanidade ***para além da liberdade e da dignidade****. De modo claro, a humanidade renunciaria a todas as ilusões que implicam as noções de "pessoa" e de "liberdade". Nesta perspectiva de um "materialismo" integral, ela organizaria metodicamente a satisfação de suas necessidades vitais elementares. Assim se operaria, graças à "psicologia do comportamento", uma verdadeira revolução cultural.*
P. Thuillier

Na mitologia grega, Psyqué (alma) é uma jovem princesa de extraordinária beleza por quem Eros (amor, desejo dos sentidos e deus do amor) se apaixona perdidamente. Afrodite (mãe de Eros) demonstra um louco ciúme de Psyqué. Por isso, tenta a todo custo dela afastar seu filho, que nutria por essa mortal uma paixão abrasadora ou monstruosa. Como não consegue, exige que ela se submeta, antes de dar seu consentimento para com ele se casar, a passar por longas e duras provas. Psyqué aceita o desafio, pois também está loucamente apaixonada. Com extrema determinação, enfrenta todos os obstáculos e realiza todas as difíceis tarefas que lhe são impostas. Vencedora, é conduzida por Eros para junto dos deuses, que, sensibilizados com tanta coragem, destreza, astúcia e inteligência, decidem torná-la imortal, condição para que pudesse unir-se em casamento, para a eternidade, ao divino Eros.

Conta o mito, relatando verdades simbólicas fundamentais sobre a humanidade, que Eros e Psiqué celebraram suas núpcias com toda pompa devida a personalidades tão ilustres e divinas. E todo o Olimpo presente se rejubilou com sua eterna felicidade. E foi assim que, na filosofia grega, Psiqué se tornou o símbolo da *alma* (sopro, vida), princípio de vida e espiritualidade animando os seres vivos, princípio suscetível de animar a matéria e conferi-lhe vida, fazendo do corpo vivo algo distinto da matéria inerte ou de uma máquina. Bem mais tarde, Freud vai conceber Eros como o conjunto das pulsões referentes à vida (pulsões sexuais e de autoconservação).

Esse mito mostra que a alma só pode aceder à felicidade se conseguir libertar-se do Eros patológico a fim de atingir sua forma sadia por um trabalho de conhecimento. É por isso que, na linguagem moderna, Psiqué designa o *conhecimento do psiquismo* (ciência do espírito), mas fazendo do amor a força criadora de toda coisa, pois está na origem do mundo. William James[81] († 1910), o fundador do pragmatismo americano, reconhece que é extremamente difícil, para não dizer impossível, pensar os mistérios da alma. Assenta-se em três princípios: a) o indivíduo é egoísta: só age em função de seus interesses pessoais; b) busca uma satisfação máxima por um custo mínimo; c) seus comportamentos são racionais, pois funda suas ações no cálculo científico de seus prazeres e

---

[81] Cf. PUTNAM, Ruth A. *William James* [Cambridge Companion]. São Paulo: Ideias e Letras, 2010.

de suas penas, preocupado em definir a verdade por relação às exigências da ação e conferindo-lhe por critério a utilidade e o sucesso (pois entende que a ciência verdadeira é a que tem êxito e consegue produzir aplicações técnicas).

Na lenda, Psiqué possui uma dupla natureza: ao mesmo tempo *material* (mortal feita de carne e osso) e *espiritual* (etérea: acedeu à posição de deusa imortal). Por isso, é o símbolo da *inteligência*, pois soube utilizar sua aptidão estratégica para pensar e resolver problemas em situação de complexidade, enfrentando todos os desafios e livrando-se de todas as armadilhas. Também podemos ver nela o símbolo do *amor* (em Platão, aspiração das coisas boas e da felicidade) e do *desejo* (em Aristóteles, apetite do agradável), pois esteve em busca do absoluto. É tudo isso ao mesmo tempo, "a totalidade dos processos psíquicos, conscientes e inconscientes" (Jung).

É por isso que a natureza da Psiqué é tão difícil de ser compreendida. A Psicologia (de *psychè:* alma e de *logos:* ciência) surge justamente para estudá-la e compreendê-la. Inicialmente, é definida pela filosofia clássica como a ciência da alma e do espírito, como a disciplina dedicada ao estudo dos fatos psíquicos conscientes e de suas leis, notadamente mediante a introspecção (*Psychologia rationalis*).

A partir da segunda metade do século XIX, passa a ser definida como a ciência ou o estudo positivo do psiquismo, explorando, por meio de métodos objetivos (notadamente medidas, testes), os dois grandes domínios de conhecimento: a) as funções propriamente "cognitivas" (percepção, aprendizagem, inteligência, memória, linguagem); b) a vida afetiva (emoções, motivações, pulsões...) e os meandros da loucura. E vem se esforçando para atingir o estatuto de cientificidade, afirmar-se como disciplina positiva e experimental suscetível de fornecer conhecimentos objetivos sobre os fenômenos humanos e elaborar leis estabelecendo relações invariáveis entre eles. Sua unidade permanece problemática, tanto do ponto de vista dos métodos quanto dos objetos. O que constitui material de observação para a psicologia experimental, por exemplo, a clínica se dá por objetivo estudar os fenômenos psicopatológicos.

O fato é que as principais correntes da Psicologia remetem a inconfessáveis origens filosóficas, o que faz dela portadora não só de um inegável sincretismo, mas de certa confusão que efetua entre diferentes sistemas normativos (do médico, do juiz, do confessor...). Em contrapartida, quando elimina toda referência filosófica, passa a adotar uma concepção instrumentalista do ser humano. Ao tentar penetrar nos mistérios da Psiqué, para desvendar seus "segredos", lança mão de poderosos instrumentos. Dota-se de um enorme arsenal de *pesquisas, teorias* e *métodos* que já havia demonstrado sua eficácia nas ciências da natureza, notadamente na física e na fisiologia.

Essa diversidade dos modelos e das demandas pode aparecer como um sinal de fraqueza. Mas nada disso impediu que a Psicologia se desse, como objetos privilegiados de exploração e conhecimento: de um lado, o domínio do *pensamento* (cognição) ou da mente; do outro, o campo dos *afetos*: motivação, personalidade, emoções, identidade das relações sociais, pulsões etc. Sem falarmos do fato de ter se tornado também um conjunto de profissões, quase todas desprovidas de uma referência filosófica explícita, embora subentendendo uma concepção instrumentalista nada neutra do ser humano.

A Psicologia não pertence exclusivamente aos psicólogos: é algo muito sério para ser confiado apenas a esses profissionais. Está presente na vida cotidiana de todo mundo por observações mais ou menos finas que cada um faz sobre o comportamento dos outros. Em contato com nosso meio (família, colegas, amigos), aprendemos a discernir determinadas aptidões intelectuais bem como certos tipos de conduta face à vida. Descobrir que nosso vizinho é um ansioso, um angustiado, um estressado, um deprimido, um neurótico ou um paranoico; buscar compreender o significado de seus sonhos; saber ouvir alguém e aconselhar um amigo etc. já constitui certa "psicologia espontânea" não exigindo de nós nada mais que um bom "faro", um apurado senso-comum ou simplesmente uma boa dose de bom-senso, permitindo-nos saber ouvir, acolher, compreender e ser solidários.

O médico, filósofo e psicólogo William James, considerado o pai da psicologia americana, ainda a considerava a "ciência do espírito" (*Princípios de psicologia*). Outros preferem considerá-la a ciência dos fenômenos mentais e das condutas humanas. Pouco importa. Quer a entendamos como a disciplina que estuda o homem na dupla perspectiva, ou de seus comportamentos e condutas, ou de seus estados de consciência, não é sua definição, mas seu *domínio* que melhor a define. Sua unidade permanece problemática tanto do ponto de vista dos métodos quanto dos objetos. O fato é que procura formular as leis desses fenômenos e explicar sua gênese a fim de, eventualmente, ter condições de sobre eles agir e de modificá-los. Enquanto saber com pretensões científicas é uma tentativa para tornar mais rigorosa e sistemática a compreensão das *condutas* e dos *fenômenos mentais*.

Seu campo atual pode ser reagrupado em torno de três *temas* que podemos considerar *fundantes*:

- *Estudo do pensamento e das funções mentais* (como o homem pensa?). Trata-se do estudo da cognição, das funções psíquicas permitindo-nos conhecer nosso meio: a percepção, a memória, a aprendizagem, a linguagem e a inteligência. A psicologia cognitiva constitui uma abordagem particular do psiquismo considerando o pensamento um dispositivo de tratamento da informação. O estudo experimental da cognição tem por papel definir as coerções às quais nossa racionalidade efetiva é submetida. A psicologia cognitiva compara as regras da teoria da escolha racional aos processos de decisão dos atores em situações experimentais. A partir dos anos 80, a expressão "psicologia cognitiva" passa a designar o estudo de todos os processos mentais. Integrada no vasto campo das "ciências cognitivas", compreende a inteligência artificial, as neurociências, a linguística e a filosofia da mente.
- *Estudo das motivações e da personalidade* (da afetividade): motivação, personalidade, emoções e relações humanas. Paradoxalmente, este setor é o que espontaneamente mais entusiasma os estu-

dantes e o grande público. Lembremos que, nesse campo, a Psiquiatria sempre esteve dividida entre os tratamentos fisiológicos (medicamentos), os psicológicos (psicanálise, terapias cognitivas etc.) e as terapias sociais (reinserção na sociedade). A escolha de um tratamento depende dos distúrbios. Geralmente se faz apelo à classificação internacional *Diagnostic and Statistical Manual of Mental Disorders* (DSM).

- *Estudo e tratamento dos distúrbios mentais.* A Psicologia constitui também um domínio de ajuda e aconselhamento. Desde suas origens, vem tentando afirmar-se como "medicina da alma". Não se volta apenas para os distúrbios mentais, mas para o modo de tratá-los. As psicoterapias são o conjunto das técnicas de tratamento dos distúrbios mentais fundadas em métodos psicológicos e utilizando várias técnicas: a psicanálise, as terapias comportamentais, cognitivas, de grupo, sistêmicas, corporais, emocionais etc. Dentre as abordagens mais importantes da Psicologia: biológica, comportamentalista, cognitiva e psicanalítica, detenhamo-nos na comportamentalista ou behaviorista, pois foi ela que inaugurou a "doutrina" segundo a qual a *consciência* nada mais é que uma entidade ou epifenômeno do sistema nervoso.

Poderíamos dizer que a história da Psicologia começa com Descartes († 1650). A partir da dúvida metódica, por uma reviravolta que institui o *Cogito* como verdade primeira, ele conclui: "Eu sou, eu existo é necessariamente verdadeiro todas as vezes que a pronuncio ou que a concebo em meu espírito". Ele foi o primeiro a proclamar que a alma subsiste como substância pensante (*res cogitans*), implicando sua separação radical do corpo (dualismo); foi o primeiro a proclamar que "este eu, isto é, a alma pela qual eu sou o que sou, é inteiramente distinta do corpo e, mesmo, mais fácil de ser conhecida que ele".

Com efeito, o termo *Psyqué* (sopro, vida), empregado pela filosofia grega, não designa propriamente a "alma" ou "espírito" como substância pensante radicalmente separada do corpo, mas o que hoje denominamos o conjunto dos processos psíquicos. Para Aristóteles e os medievais, a *Psyiqué* designa simplesmente a *entelequia* (energia atuante e eficaz) ou o princípio que anima todos os seres vivos: princípio de vida ou elã vital, sede do pensamento, mas também dos sentimentos e das paixões.

A originalidade de Descartes? Definir a alma como espírito, pensamento, substância pensante especificamente humana permitindo-lhe ser o que é e convertendo-se, pela primeira vez, em objeto de conhecimento. Estava aberto o caminho para a Psicologia como ciência da alma ou do espírito. Tornara-se reconhecida a existência de um psiquismo. Mas só acessível por *intuição*, ou seja, pelo conhecimento direto dos pensamentos, das ideias, dos desejos, das paixões e prescindindo dos sentidos, pois eles nos enganam. Esta apreensão do psiquismo é definida, não só como *direta (imediata)*, prescindindo dos procedimentos de observação e experimentação, mas *total*: conhece seu objeto inteiramente, pois a alma é uma substância indivisível.

Mas a Psicologia só se constituiu de modo autônomo, como saber racional e científico, estudando os fatos psíquicos e suas leis, no final do século XIX. Surge tentando emancipar-se da especulação filosófica, ou seja, dessa atividade intelectual cujo fim é o conhecimento desinteressado, sem finalidade prática. Até então confundida com a simples descrição dos fatos conscientes por meio da introspecção, afirma-se como ciência objetiva, independente da filosofia. Para se afirmar no domínio da cientificidade, inspira-se na Medicina e nas Ciências Naturais (notadamente na Física) e lança mão dos diferentes métodos quantitativos e dos testes existentes. Ao surgir, não somente transforma seus métodos, mas muda seu próprio objeto de investigação e passa a construir diversas teorias (behaviorismo, gestaltismo etc.).

Com J. B. Watson e seus discípulos, transforma-se, de conhecimento direto da vida interior, no estudo sistemático e rigoroso do comportamento humano por meio do *método experimental*. Abandona definitivamente a *introspecção* (observação da consciência por si mesma com o objetivo de estudar os estados psíquicos) e estabelece uma diferenciação entre o observador (sujeito) e o observado (objeto). Razão pela qual, por muito tempo, a Psicologia foi entendida como o estudo do homem na dupla perspectiva: a) de seus comportamentos e condutas; b) de seus estados de consciência, procurando formular as leis desses fenômenos, explicar sua gênese e, eventualmente, modificá-los.

No prolongamento dos trabalhos psicofísicos de Weber e Fechner, Watson funda a psicofísica a fim de estudar experimentalmente os vínculos entre os estímulos e as reações do organismo: estudo das relações mensuráveis entre as propriedades físicas de um estímulo (luz, som) excitando o organismo e a sensação que dele resulta.

Pouco tempo depois, Wilhelm Wundt († 1920), considerado o fundador da psicologia experimental, pois cria em Leipzig (1879) o primeiro laboratório de experimentação, transforma a Psicologia numa ciência dos fatos psíquicos e de suas leis enquanto busca experimental de um conhecimento objetivo da vida mental, utilizando testes, enquetes e métodos laboratoriais. Também pode ser considerado um precursor da psicologia social, na medida em que busca decompor os fenômenos conscientes para isolar seus elementos simples como as sensações, os sentimentos e as imagens. Boa parte de seus trabalhos foi consagrada a fundar uma "psicologia dos povos".

Mais algumas décadas depois, com seus *Princípios de Psicologia* (1890), William James lança as bases da exploração psicológica da *subjetividade* dos indivíduos. Em seu livro *O Pragmatismo*, esse professor de Harvard apresenta uma visão bastante darwinista do conhecimento: nossas ideias são instrumentos mentais criados pelo cérebro no intuito de resolver problemas. Enquanto são adaptadas a determinado uso, nós as conservamos, pois acreditamos serem ve rdadeiras: "As ideias não são verdadeiras ou falsas. São úteis ou não úteis". Se, num novo meio, revelam-se inadaptadas, declaramo-las falsas.

Sem falarmos da importância que teve o eugenista F. Galton († 1911) na psicologia dita científica: ao estudar a medida da inteligência, tornou-se um pioneiro na análise das diferenças individuais e no aprimoramento dos questionários psicológicos (ao criar o termo *eugenics*, defendia a criação de uma "ciência da melhoria das linhagens", destinada a *melhorar* a humanidade eliminando os doentes mentais, os miseráveis, os criminosos e os estrangeiros em nome de um determinismo genético).

Mas é a Alfred Binet († 1911) que devemos a realização dos primeiros testes de inteligência suscetíveis de avaliar certo tipo de eficiência intelectual. Ele inventa uma série de exercícios tendo por objetivo medir os processos mentais superiores, tais como "a memória, a imaginação, a atenção e os sentimentos morais", mas visando detectar "a bela inteligência nativa" dos alunos testados.

Entretanto, é somente com J. B. Watson († 1958) que surge a chamada Psicologia dos Comportamentos Humanos (behaviorismo) como o produto de condicionamentos que podem ser estudados de modo puramente objetivo a partir das reações exteriores do sujeito. Ele foi o primeiro a pesquisar o homem e o animal de modo científico, mas limitando-se ao estudo de seu *comportamento* como resposta a um estímulo externo, excluindo toda referência à consciência.

Seu trabalho pioneiro *Psychology from the stand point of view of a Behaviorist* (1912) pode ser considerado o manifesto de fundação da psicologia behaviorista. Com este artigo, que se tornou logo bastante difundido, determina uma orientação nova para a Psicologia. Fortemente influenciado pelos trabalhos do fisiologista e médico russo Ivan Pavlov († 1936) sobre o condicionamento animal (estabelecendo a existência e as leis do reflexo condicionado ou adquirido nos animais), generaliza sua tese à psicologia humana. E para tornar a Psicologia uma ciência, dá-lhe como modelo as ciências da natureza, especialmente a física. Apega-se à tese fisicalista segundo a qual são a observação e a experimentação que verificam ou infirmam os enunciados. De onde dar-se por objeto apenas os fenômenos observáveis, isto é, objetivos. Abandona aos filósofos e aos crentes o conhecimento íntimo ou interior. Dedica-se exclusivamente ao comportamento observável por qualquer observador de boa fé.

Titchener e William James ainda acreditavam que *a consciência era o domínio da psicologia*. Rebelando-se contra essa posição e contra toda perspectiva introspeccionista, Watson declara com todas as letras:

O behaviorismo defende que o domínio da psicologia humana é o comportamento do ser humano. O behaviorismo estima que a consciência nada mais é que um conceito não definido nem utilizável. É por isso que o behaviorismo, que repousa na experimentação, considera que a crença na existência da consciência nos conduz aos velhos tempos da superstição e da magia.[82]

Portanto, ao considerar a) que o domínio real da Psicologia consiste em movimentos observáveis; b) que só podemos formular leis e praticar medidas sobre coisas observáveis direta ou indiretamente; c) que podemos observar o *comportamento*, ou seja, "aquilo que o organismo faz e diz", o watsonismo surge e apresenta-se com a pretensão de constituir uma revolução:

- Muda completamente o objeto da Psicologia: de conhecimento do psiquismo, converte-se em conhecimento do comportamento (*behavior*) trabalhado sob as modalidades do condicionamento e dos protocolos de aprendizagem sem levar em conta o desenvolvimento mental. Em outras palavras, trata-se de uma teoria das condutas humanas em que o condicionamento desempenha o papel central. E o condicionamento nada mais é que a aquisição de condutas (linguagem, pensamento etc.) por associação entre um estímulo (S) e uma resposta (R). Classicamente confundida com a descrição dos fatos conscientes por meio da introspecção, afirma-se como uma ciência independente da filosofia. O psiquismo é considerado uma "caixa-preta", uma entidade não observável e incognoscível, não suscetível de uma abordagem científica. Em suas análises do comportamento, adota os postulados do positivismo fisicalista segundo o qual a linguagem da física deve ser a língua universal e unitária das ciências e que esta linguagem se reduz a protocolos de experiência e a enunciados lógicos que

---

[82] WATSON, J. B. *Psychology from the stand point of view of a Behaviorist*, 1912.

só possuem sentido relativamente aos objetos possíveis, sendo o único critério de verdade o da verificação experimental.

- O *parti pris* behaviorista põe entre parênteses não só a consciência, mas todo o psiquismo, pois opta decididamente por uma abordagem empirista ou positivista tendendo a confundir ou identificar o objeto de uma ciência e os observáveis sobre os quais se constrói. Porque esta abordagem da realidade deve se caracterizar apenas pela observação pura e simples dos fatos. Como dizia Claude-Bernard (1865), "o empirismo científico consiste na constatação precisa dos fatos que o acaso e as circunstâncias fortuitas nos apresentam, devendo essa constatação ser isenta de toda hipótese". Defende a tese segundo a qual a experiência deve ser considerada a única fonte do conhecimento, a razão tendo por função lógica apenas a de coordenar, num sistema coerente, os enunciados protocolares de observação e experimentação. Em outras palavras, todas as nossas ideias sobre o mundo procedem da experiência, como se o mundo fosse tal como o vemos.

- Adota, sem contestar, o reducionismo: teoria pretendendo referir todos os mecanismos do pensamento a um único nível de explicação (lógico ou neurológico), ou seja, explicar um fenômeno complexo reduzindo-o a seus elementos mais simples; por exemplo, os fatos psíquicos a comportamentos, os mentais a processos físicos-químicos, a inteligência a um sistema de associações ou reflexos, a consciência a processos neurofisiológicos. Entende por comportamento um conjunto de atos (do homem ou do animal) acessível à observação exterior: "tudo o que o organismo faz e diz", *um conjunto de manifestações do organismo* indo das atividades primitivas do animal às humanas mais elaboradas, estudando-as sempre do mesmo modo. Em outras palavras, o comportamento é o conjunto das respostas ajustadas aos estímulos que as desencadeiam, caracterizando-se por possuir significação adaptativa. O dos seres humanos pode ser descrito em termos de "estímulos" e "respostas".

- Inscreve-se numa filosofia determinista e causalista buscando, nos fenômenos, associar uma causa a um efeito. De onde a descrição de todo fato psíquico como reação (resposta) a uma situação (estímulo). A tese principal behaviorista pretende, pelo conhecimento dos efeitos e das causas, dar o meio de prever os efeitos conhecendo as causas e agir sobre os comportamentos manipulando as situações. Em nome de um uso das ciências da natureza, devem ser elaboradas técnicas úteis à humanidade. De onde a legitimação das "tecnologias psicológicas" posteriores, por seu caráter utilitário. Por isso, gostaria de lembrar aos leitores: não considerem nosso questionamento uma crítica iconoclasta à Psicologia em geral, mas tão somente a essa disciplina que vem sendo pensada e praticada, notadamente a partir do "maior psicólogo americano" (revista *Time*), B. F. Skinner, como a "ciência do comportamento". Esta crítica particularmente se especifica na medida em que se supõe tal ciência em condições de não só "produzir em massa seres humanos de um tipo superior e dispor de uma tecnologia suficiente para obter todo comportamento desejado", mas: a) fornecer os *princípios científicos* para explicar o declínio do Ocidente (vítima do progresso); b) afirmar de modo categórico e científico o próximo desaparecimento da *liberdade*; c) provar "cientificamente" que os comportamentos e condutas dos indivíduos dependem estreitamente das contingências do reforço; e, por conseguinte, entre eles precisa ser reinstaurada a concorrência aberta a fim de que desapareçam as leis e os costumes impedindo os indivíduos mais aptos de ter êxito e, por isso, obter a felicidade; d) comprovar que são "cientificamente" ultrapassadas as noções de *responsabilidade* e *dignidade* atribuídas ao homem autônomo.
- Diria que o behaviorismo surgiu da necessidade de se aplicar as hipóteses das ciências físicas ao estudo do animal e do homem. Estas hipóteses ingressaram sem esforço na mentalidade (*into the common mind*), na qual não aparecem mais como ideias postas

à prova, mas como "o modo de ser das coisas". A sociologia e a economia foram as primeiras disciplinas a proclamar sua independência. Em seguida, foi a vez da etnologia, da frenologia, da antropologia, da psicologia etc. Recentemente, elas se aproximaram sob o nome de "ciências do comportamento". O termo foi tomado de empréstimo a Watson, que designa, pelo nome "behaviorismo", sua psicologia puramente material (fisiológica), desprovida de todo mental ou psíquico. Não exerce mais hoje uma influência hegemônica entre as várias práticas psicológicas, nem mesmo é tão decisivo entre os especialistas do comportamento, embora a associação de ideias continue tendo certa pertinência, pois esses psicólogos pretendem fundar uma ciência natural sobre a medida dos fatos humanos.

- A abordagem comportamental, em última instância, consiste em estudar as condutas (ações pelas quais o indivíduo se adapta às situações e ao meio), a partir tão somente dos comportamentos, por meio de um observador exterior e sem levar em conta os "estados mentais" do sujeito. Assim podemos observar as condutas de um rato num labirinto, testar seu comportamento face a diversos estímulos (choques elétricos, representação de alimento etc.) para observar suas reações. Nessa abordagem, podemos distinguir o que depende do método e o que releva de uma teoria do psiquismo. Do ponto de vista do método, interessa-se pelas condutas observadas objetivamente, utilizando dispositivos experimentais para analisar as relações entre variáveis. Enquanto teoria do psiquismo, está associada à corrente de pensamento denominada behaviorismo, desempenhando uma influência determinante nos psicólogos entre os anos 30 e 60. Watson foi seu chefe de fila. Seus continuadores mais renomados? Pavlov , Thorndike, Hull e Skinner.

O behaviorismo identifica-se com o movimento de psicologia preconizando a utilização de procedimentos experimentais para estudar os mecanismos psíquicos através do comportamento considerado como uma resposta ao meio ambiente (estímulos). É assim, portanto, uma concepção da Psicologia que mergulha suas raízes nos estudos sobre o *associacionismo* dos filósofos britânicos (tentando mostrar que as formas psíquicas superiores resultam das sensações ou imagens), mas que também deriva da escola americana de psicologia *funcionalista* e da teoria *darwinista* da evolução, todas privilegiando o modo como os indivíduos se adaptam às situações e a seu meio.

Ao abandonar a concepção segundo a qual a Psicologia era o estudo dos estados interiores ou dos sentimentos por meio de métodos subjetivos de introspecção, Watson insistia no fato: não sendo observáveis, esses estados não devem ser estudados. Influenciada pelas pesquisas pioneiras de Pavlov sobre o condicionamento dos animais, que estabeleceu a existência e as leis do reflexo condicionado ou adquirido, essa concepção formulou a poderosa teoria do estímulo-resposta: todas as formas complexas de comportamento (emoções, hábitos etc.) são compostas de elementos musculares e glandulares simples podendo ser observados e medidos.

Mas atenção! Em oposição a Watson, Skinner defende um behaviorismo radical: a Psicologia é o estudo do comportamento observável dos indivíduos em sua interação com o meio-ambiente. Julga não ser necessário afastar da pesquisa os estados de consciência como os sentimentos. Ao sustentar que é possível apreender esses processos interiores pelos métodos científicos habituais, confere grande importância às experiências individuais sobre o animal e o homem. Suas pesquisas sobre o animal, todas ancoradas no tipo de aprendizagem dito "comportamento operante", aparecendo como a consequência dos estímulos, mostraram a possibilidade de se estudar cientificamente comportamentos tão complexos quanto a linguagem e a resolução de problemas. De onde ter elaborado o comportamento psicológico denominado "reforço".

A primeira crítica séria ao behaviorismo clássico foi feita por Wolfgang Köhler († 1967), um dos criadores da teoria da *Gestalt* (forma ou configuração: na percepção, o todo prima sobre as partes), considerando a *percepção* uma combinação de sensações elementares: censura seu purismo epistemológico excessivo que, ignorando a juventude da ciência psicológica, limita seu campo de investigação, seus métodos e resultados. A psicologia da *Gestalt* defende a tese segundo a qual *perceber* não consiste em combinar sensações elementares, mas em confrontar, à realidade, formas ou configurações conhecidas. Porque, na percepção, o todo prima sobre as partes. Decide previamente, a partir do modelo adulto da física, não só a respeito da metodologia, mas também das condições de observação e experimentação às quais deve submeter-se a Psicologia, ao invés de aventurar-se a inventar seus conceitos, seu método e seu domínio de estudo.

Assim o behaviorismo impõe como uma filosofia da ciência negativista. Seu cientificismo, por acreditar que só as ciências físico-químicas podem fornecer o modelo de verdade e de conhecimento válido, adota dois princípios: a) o behaviorista não deve receber nenhuma experiência direta; b) tampouco conceber a existência de outras funções além das de reflexos e de reflexos condicionados. O que o marca com um caráter excessivamente reducionista: reduz seu objeto ao comportamento e o comportamento ao ato reflexo. De onde a desesperadora pobreza de seus resultados. De que adianta utilizar uma aparelhagem hipersofisticada para estabelecer que a luz do sol ou da lâmpada faz a pálpebra piscar?

Claro que o behaviorismo não diz que a Psicologia se constrói apenas pelo acúmulo de observações desse tipo (postulado empirista). Mas somos obrigados a constatar: um amontoado de fatos heteróclitos nada nos revela sem hipóteses de alcance mais geral, vale dizer, sem *teoria*. Ora, os behavioristas, mais newtonianos que o próprio Newton, pretendem se dobrar a suas próprias exigências e *induzir* uma teoria dos fatos.

Popper já nos mostrou que a indução, esta inferência fundada na multiplicidade das observações, não passa de um mito: "não é um dado psicológico nem um fato da vida corrente, nem um fenômeno dependendo da démarche científica". Se esse indutivismo fosse possível, o behaviorismo seria obrigado a inventariar todos os casos, estudar todas as respostas possíveis a todos os estímulos possíveis. Eis o problema posto por toda "ciência" indutiva: só podemos retirar da indução uma conclusão válida se for exaustiva a revisão dos casos estudados.

Não é por acaso que encontramos, nos manuais de psicologia, numerosos capítulos consagrados não a um *problema* psicológico, mas ao *método* ou às *técnicas* para resolvê-lo. Claro que a epistemologia é importante e útil, mas pode ser nociva quando se converte em "epistemologomaquia" (logomaquia: guerra de palavras) e impede a psicologia de tornar-se uma ciência autônoma.

Em sua *Psychologie des comportements* (Idées, 1963), Pierre Naville, o célebre representante francês desse tipo de psicologia, reconhece que

> o behaviorismo nada mais é que um setor das ciências naturais que toma como domínio próprio o campo total das adaptações humanas. Só pretende recorrer aos métodos das ciências da natureza, portanto, à observação exterior. Como podemos notar, não é apenas uma psicologia de reação, mas uma ciência do comportamento.[83]

Mais adiante, prossegue:

> O behaviorismo pretende que essas diferentes formas de adaptação – isto é, respostas a estímulos dados – são todas solidárias; implicam o homem **total**, e não algumas de suas partes. Este é o primeiro ponto. Eis o segundo, tão importante quanto o anterior: o behaviorista não pretende ser um puro espectador da atividade humana. Quer controlá-la e orientá-la, como tentam fazer todas as outras ciências naturais. As reações humanas devem poder ser manipuladas como as outras reações naturais. Ao agrupar fatos, ao experimentar, o behaviorista quer aprender a controlar e a prever; e fará isso segundo uma fórmula que será o leitmotiv de todos os trabalhos de Watson e que constitui o postulado comum a toda ciência, expressão mesma do causalismo: prever, dado o estímulo, a reação que se seguirá; ou então, dada a reação, reconhecer qual a situação ou o estímulo que a suscitou. (Ibidem)

---

[83] NAVILLE, Pierre. *Psychologie des comportements*. Paris: Idées, 1963.

Não resta dúvida de que é com o psicólogo americano Burrus F. Skinner (1904-1990) que a psicologia behaviorista se torna uma escola bastante poderosa e mais influente, não só nos Estados Unidos, mas praticamente em todo o mundo ocidental. Durante muito tempo essa corrente exerceu uma influência tão grande e esmagadora, que a Psicologia praticamente passou a ser entendida como sinônimo de "ciência do comportamento" ou behaviorismo. Seu campo de ação privilegiado foi o da *aprendizagem* e suas leis.

Ao adotar como princípio que "a aprendizagem é para o ser humano o que o instinto é para o animal", ele enfatiza que o ser humano precisa aprender tudo (andar, falar...) e assimilar as regras da vida em sociedade. Aprender, aprender, aprender: eis a condição fundamental, não só do ser humano, mas do mundo animal. Aliás, os cães, os ratos e os pombos foram os heróis de suas primeiras experiências sobre a aprendizagem. Após o cão de Pavlov e o gato de Thorndike (a aprendizagem por ensaios e erros numa "caixa-problema"), um novo passo é dado, com o pombo de Skinner, no estudo da aprendizagem. Este pombo é colocado numa caixa (dita "caixa de Skinner") provida com um distribuidor de grãos e um pequeno disco. Logo que o disco acendia, tocado pelo bico do animal, alguns grãos caiam. Assim, pouco a pouco o animal aprendia a obter alimento efetuando bons gestos (bicar o disco) no bom momento (quando aceso). O condicionamento é dito "operante" porque repousa numa demarche ativa do sujeito. É composto de todas as técnicas de persuasão ou de "adestramento" utilizando os reflexos condicionados.

Nisto, qual o objetivo fundamental de nosso psicólogo-experimentador? Reduzir todo comportamento humano ao protocolo da *recompensa* e da *punição*, àquilo que se denomina como "contingências do reforço".

Assim, essa teoria behaviorista é ao mesmo tempo terrivelmente ambientalista e intransigentemente reducionista. Seu dogma central consiste em afirmar: todos os aspectos do comportamento animal ou humano podem e são modelados por meio de combinações particulares de *estímulos* de recompensa e punição. Ao mesmo tempo, pretende ser capaz de reduzir todos os aspectos da atividade humana a um sistema de *comportamentos emitidos*. O que efetivamente conta é apenas o que pode ser medido ou quantificado. Os fatos que se produzem no interior do cérebro, como não podem ser observados, não têm nenhum interesse cognitivo. O animal modelo do comportamento é um rato (ou pombo) trancafiado numa caixa provida de uma alavanca podendo ser apoiada para provocar um reforço.

O conceito-chave em tudo isso? O de *recompensa*. Todos os aspectos da atividade humana são definidos como comportamentos emitidos pelo indivíduo em resposta mecanicista a modelos passados de reforço. O que mais preocupa esse modelo teórico? Nos Estados Unidos, inspirou uma série de aplicações práticas logo implementadas em larga escala: programas de regulação dos comportamentos "patológicos" nas instituições psiquiátricas, aprendizagem escolar por meio de ensino programado, pesquisa e ensino universitários.

Ora, essas práticas, por mais eficazes que tenham se revelado, encontram nesse modelo não sua fonte propriamente inspiradora, mas sua justificação-transposição analógica a partir do quadro valorizado do laboratório. Não há prova, tampouco teoria, mas uma *ideologia* justificadora a serviço dos poderes políticos estabelecidos e da legitimação do *status quo*, pois trata-se, no fundo, de uma mentira involuntária.

Como propagador do culto cientificista enraizado nas universidades americanas, o psicólogo Skinner declara tomar o partido dos que pretendem conduzir a humanidade "para além da liberdade e da dignidade" (título de um de seus livros). A humanidade precisa renunciar a todas as ilusões que implicam as noções de pessoa, dignidade e liberdade. Na perspectiva desse realismo ou materialismo integral, deveria organizar metódica e cientificamente a satisfação de suas necessidades vitais elementares. A psicologia do comportamento ficaria encarregada dessa tarefa de promover uma verdadeira revolução cultural mediante os meios fornecidos pelo neoevolucionismo das atuais ciências biológicas. Os velhos valores seriam abandonados ou destruídos. A felicidade humana passaria a ser gerida ou administrada segundo as estritas normas da cientificidade encarnadas numa psicologia fundada nas ciências fisiológicas e biológicas.

Só que Skinner se esquece da advertência do velho Goethe: "Não conseguimos imaginar tudo o que há de morte e mortífero nas ciências". Ninguém nega que a ciência possa ser percebida como uma atividade intelectual excitante, de uma grande coerência, eficácia e capaz de promover mudanças e encarnar um enorme poder etc. Mas não consigo admitir que, considerada como um empreendimento ao mesmo tempo intelectual e social, possa afirmar-se como a-histórica e neutra. Ou que tenha o direito absoluto e exclusivo de dizer aos homens o que são, o que devem ser, fazer, pensar e sentir.

De onde a pertinência das questões postas pelo biólogo molecular François Jacob: conseguem os biólogos elaborar uma teoria da evolução inteiramente isenta de ideologia? Ou propor uma teoria das origens funcionando ao mesmo tempo como teoria científica e mito? *É possível uma sociedade definir diretamente um jogo de valores sem referi-los a um poder externo (Deus ou a História), valores que o homem cria para impô-los a sua própria existência?* Duvido!

O binômio ciência-obscurantismo

Há um lado falacioso na famosa alternativa: ou o cientificismo, ou o obscurantismo. Apesar de cômoda, essa lógica binária é altamente enganosa, podendo ser bastante manipulada nas pesquisas ditas "objetivas" de sondagem de opinião: *se Fulano não é a favor da ciência*, deve ser classificado como partidário da imbecilidade, da ignorância, da reação, do irracionalismo, etc. Como se devesse seguir a lógica típica do impostor: "ou eu estou certo, ou você está errado"; "se der cara, eu ganho, se der coroa, você perde".

Qual o pressuposto dessa dialética sumária? O *homo scientificus* é racional e inteligente, por conseguinte, só ele é verdadeiramente homem (não nos esqueçamos que a dialética é a arte da discussão e do diálogo, mas também da contestação). No entanto, esse cientificismo não passa de um preconceito ou de uma *crença* que, como qualquer outra, merece ser respeitada como crença metafísica ou religiosa. Por acreditar que pode objetivar toda causa, entende que só deve ser conhecido o que for objetivado, ou seja, integrado no mundo dos objetos. No fundo, os idólatras do cientificismo continuam acreditando que "fora da ciência não há salvação". Uma afirmação religiosa inaceitável.

O entusiasmo pelo cientificismo levou a pretender que "grandes sábios do século XIX" resolviam ou dissolviam todas as questões metafísicas responsáveis por entulhar a existência humana e atravancar o livre curso do pensamento. Este cientificismo está buscado em Freud, em Skinner, nos sociobiologistas e em muitos economistas, enquanto, segundo modalidades diversas, tenta-se reduzir o *homo vulgaris* ao estado de marionete. É o que constata o historiador e filósofo das ciências Pierre Thuillier († 2004):

> Enquanto *homo freudicus*, você é uma marionete funcionando graças às engrenagens e às válvulas do Id, do Ego e do Superego; enquanto *homo skinnerianus*, você é uma marionete funcionando por estímulos e respostas. Mas a filosofia fundamental é a mesma. Trata-se de, primeiro, mostrar-lhe que você não é o que acredita ser; segundo, convencê-lo de que somente os experts sabem qual é (e deve ser) seu funcionamento "normal"; terceiro, colocá-lo em situação de sofrer uma infinidade de manipulações eficazes. Da mesma forma os sociólogos lhe explicam quais são as estruturas sociais objetivas que modelam seus comportamentos culturais sem que você saiba; e os economistas, por sua vez, definem você como *homo aeconomicus* obedecendo a leis que lhe escapam. Atualmente, o totalitarismo ainda não é possível. Porque, nas ciências humanas, reina ainda um certo pluralismo. Mas seu ideal é justamente o de conseguir constituir-se num único corpo de conhecimentos. Segundo a fórmula dos racionalistas militantes, devemos atingir a era da ciência, vale dizer, um estado de civilização em que uma ortodoxia global (a Ciência) sintetizará os diversos saberes. Haverá então uma única grande psicologia, uma única grande sociologia, uma única

grande ciência da economia etc. Se tudo correr bem, todas essas disciplinas serão integradas numa única superciência humana.[84]

Como podemos notar, estamos diante de uma Psicologia que se deixou conduzir pela ideologia cientificista em geral e, particularmente, pela ideologia biologista e biologizante. Com efeito, o biologismo consiste na tentativa de se fundar a estrutura da sociedade e dos indivíduos no caráter biológico do animal humano. Sua tese fundamental consiste em dizer: toda a riqueza das relações humanas devem ser governadas pelas mesmas leis que regem as sociedades dos macacos. E o modo como os indivíduos respondem a seu meio ambiente é determinado pelas propriedades inatas das moléculas de DNA de seu cérebro e de suas células germinais.

Numa palavra, a condição humana se reduz à biologia, que, por sua vez, não passa de um exemplo das leis da química e, por conseguinte, da física. Como modelo teórico, o biologismo constitui-se uma forma do reducionismo científico fundado em duas premissas: a) as ciências se encontram numa ordem hierárquica, variando de disciplinas de nível elevado até disciplinas de nível fundamental, entre as quais iremos encontrar a biologia, a química e, na base, a física das partículas; b) nas ciências de nível superior, os fatos podem ser reduzidos aos fatos e às leis das ciências de nível inferior. E como o fisicalismo biológico exerceu uma grande influência nas teorias behavioristas, claro que se apresentam como uma extensão da visão mecanicista do homem: os seres humanos são inatamente determinados por seus genes e, ambientalmente, pela seleção natural ou pelo condicionamento operante. Mecanicista em seus pressupostos, a teoria behaviorista admite como axioma que o ser humano pode ser mudado, claro que para melhor. Mas não se muda a si mesmo. Só por condicionamentos externos. De onde a imperiosa necessidade do "reforço".

---

[84] THUILLIER, Pierre. *Le Petit savant illustré*. Paris: Seuil, 1980.

É questionável que Skinner, considerado o maior epígono dessa ciência do comportamento, a psicologia behaviorista, utilize a ideologia subjacente a sua doutrina utilitarista e manipulatória – resumida na frase: "as leis são úteis aos que devem submeter-se a elas e aos que as fazem respeitar" – para analisar e propor soluções "científicas" para os mal-estares da civilização ocidental fundando-se numa ideologia da ciência; direta ou indiretamente nega tudo o que, no ser humano, decorre do psiquismo, do espiritual, do imaginário e da fantasia. Como se a ciência pudesse reclamar a direção ao mesmo tempo material, intelectual e moral das sociedades! Como se a Psicologia não lidasse com um objeto que *fala*!

Neste particular Skinner retoma e leva adiante a bandeira do filósofo e historiador alemão Oswald Spengler, que já constatava e lamentava (1918), numa visão bastante ampla, não "científica" e profundamente conservadora, *O Declínio do Ocidente,* assumido como título de seu livro. Retoma igualmente as teses cientificistas de Ernest Renan († 1892) que declara, em *O futuro da ciência*: a ciência, "independentemente de toda forma social", deveria guiar a humanidade e conduzi-la a mais alta perfeição. E sonha com uma tecnologia integral: "O ideal de um governo seria um governo científico, em que homens competentes e especiais tratariam as questões governamentais como questões científicas e procurariam para elas uma solução racional".

Skinner prolonga também o projeto do químico Marcelin Berthelot († 1907) de fazer da ciência a grande "benfeitora da humanidade", pois lhe caberia assumir "a direção intelectual e moral das sociedades", uma vez que somente ela "consegue prestar serviços definitivos: nenhum homem (e nenhuma instituição) terá autoridade durável se não se conformar a seus ensinamentos". Graças à educação científica, até a política se tornaria "experimental". E tudo isso, como se devêssemos depositar uma confiança cega nas aplicações tecnológicas da ciência para resolver os problemas de nossa sobrevivência ou de nosso bem-estar, pois estaria em condições de responder às grandes angústias da humanidade e de dissipar todos os seus mistérios.

De onde não se estranhar que, em seu polêmico texto sobre "O que vai mal na vida cotidiana do mundo ocidental",[85] Skinner se apresente, em nome de sua "ciência", como se fosse um perito em política, moral, cultura e civilização. O problema é o mesmo: para onde marcha nosso Ocidente? Por que dá sinais de esgotamento? Como se explica seu declínio? Só que a mensagem de nosso psicólogo pretende estar escudada não em bases ideológicas ou filosóficas, mas estritamente *científicas*.

Convencido de que a política deve, enfim, tornar-se uma "ciência positiva", e de que as sociedades deverão ser organizadas em vista da "produção de coisas úteis", propõe, retomando o projeto de Saint-Simon, considerarmos o futuro da política como "a passagem do fórum dos homens à administração das coisas". Para ele, o Ocidente é vítima de um mal específico: o "mal do progresso". Fundado em sua teoria do reforço, expõe sua tese: nosso mundo ocidental, apesar de todos os seus inegáveis privilégios, *perdeu o apetite diante da vida, não consegue mais ser feliz*. Apesar de todas as suas extraordinárias conquistas, os ocidentais levam uma vida bastante infeliz.

Skinner pensa e se comporta como um profeta: suas profecias teriam um efeito sobre o mundo e o curso dos acontecimentos, não só por razões puramente humanas e sociais, mas porque os que as ouvem acreditam constituírem a palavra mesma de Javé, tendo o poder de fazer acontecer o que anuncia.

Trata-se de um mundo onde, apesar de gozar de tanta liberdade e dispor de tantos bens de consumo, de tantos lazeres e distrações, de tantas facilidades e de incontáveis prazeres, ninguém mais consegue viver feliz. No dizer de Popper, trata-se de "uma civilização que, a despeito de tudo o que se possa justificadamente nela criticar, é a mais livre, a mais justa, a mais humana, a melhor de que temos conhecimento na história da humanidade".

---

[85] SKINNER, B. F. "What is wrong with daily life in the Western World?". *American Psychologist*. Vol. 41, n. 5, ano 1986, p. 568-574.

No entanto, constata Skinner: ninguém consegue mais viver feliz. Por que isto ocorre? Sua resposta é contundente: porque nossa sociedade democrática protege demais seus cidadãos. Eles demonstram ser portadores (apesar de produzirem muito e disporem de inúmeros lazeres e comodidades) de um razoável grau de infelicidade: levam uma vida mais ou menos cortada de uma saudável mola vital. Por que isso está acontecendo? A resposta de nosso psicólogo é categórica: porque todo comportamento só é humanamente satisfatório e aceitável quando reforçado por condições favoráveis. Quer dizer: quando o indivíduo é instruído, motivado e dinamizado pelas consequências de sua ação.

Mas o que se constata nos dias de hoje? É alarmante que o comportamento da maioria dos indivíduos escapa às condições dos "reforços positivos". Como podem ser felizes sem esses benfazejos reforços? Nossa atual civilização ocidental e democrática (entenda-se: norte-americana + Europa) mantém condições de vida tornando praticamente impossível um saudável desenvolvimento psicológico dos indivíduos submetidos a esses reforços: seus efeitos revelam-se insuficientes. As pessoas não têm mais que enfrentar as consequências de seus atos.

Ademais, nossa civilização passou a adotar um conjunto de *práticas culturais* não só impedindo esse desabrochar e a realização da "felicidade", mas contribuindo diretamente para a degradação e a erosão das condições propícias ao reforço adequado de nossos comportamentos. Eis algumas principais constatações questionáveis a que chega Skinner contribuindo para o declínio do Ocidente:

1. Os trabalhadores se tornaram "alienados". Não só se encontram privados das vantagens concretas proporcionadas por seu trabalho, mas tornam-se estrangeiros às consequências de sua atividade. Não se beneficiam mais (como os artesãos) dos efeitos do "reforço". Encontram-se diante dos produtos de sua atividade e de um poder estranho que os dominam tornando-se "escravos" de suas produções: mercadoria, capital, dinheiro. Tampouco conseguem discernir e avaliar o resultado de seu trabalho ou identificar para quem e para que trabalham. Na maioria

das profissões, encontra-se ausente o benéfico "reforço" desalienante. As sociedades estão organizadas de tal forma que os indivíduos cada vez mais se encontram envoltos em alienações e frustrações que os tornam deprimidos e infelizes. Até o dinheiro perde parte de seu reforço positivo: sem produzir os efeitos psicológicos imediatos que caracterizam as situações gratificantes, só permite um reforço condicionado: dá acesso ao consumo de bens e serviços.

2. Nossas sociedades modernas e democráticas adquiriram o mau hábito de "ajudar os que poderiam se ajudar a si mesmos". Exageraram na criação e manutenção de programas sociais destinados a proporcionar a todos os indivíduos o livre acesso aos bens de consumo e segurança fundamentais. Não se trata apenas dos bens essenciais aos economicamente desfavorecidos, mas de todo um *estilo de vida* facilitário *(american way of life)* impedindo-os de viver as experiências indispensáveis ao bom, saudável e desejável "reforço".

O exemplo mais banal? O estilo de vida dominado pelo "aperta-botões" e pela criação generalizada de políticas públicas assistencialistas. Ajudados e protegidos por sistemas de seguridade estatais, os indivíduos ficam dispensados de pensar nas consequências de seus atos. Ademais, ficam impedidos de orientar seus comportamentos em função de seus meios, fracassos e necessidades reais. Resultado: ficam contaminados por uma "anorexia nervosa" (falta de apetite e interesse pela vida: *libido vivendi*) tornando-os exageradamente sensíveis e vulneráveis às menores causas de desconforto ou desprazer.

A consequência dessa patologia? Passam a viver certa "libertas nervosa": situação em que não podem mais ser admitidas as dificuldades e coerções podendo contrariar seus interesses existenciais. Em contrapartida, os sistemas governamentais de assistência passam a adotar, em relação a eles, uma atitude patológica de mera "charitas nervosa" consistindo em protegê-los todas as vezes que se encontram em dificuldades. Resultado dessa superproteção: uma anestesia de seu querer-viver ou vontade de viver.

3. Nossas sociedades modernas e democráticas criaram e adotaram o mau hábito de submeter demais os indivíduos a todos os tipos de ajudas e conselhos técnicos e científicos tutelando-os e impedindo-os de tomar suas próprias *decisões* de modo autônomo. Com isso, contribuem para que não se eduquem a si mesmos, não se exercitem na "luta" e na "competição" pela vida e passem a depender da opinião dos *experts* ou dos que sabem por eles. O exemplo da publicidade e das modas culturais é patente. O da ciência, porém, é mais contundente: cada vez mais ela guia a ação e os comportamentos de todos nós, não só por seus extraordinários resultados práticos, mas por suas eficazes predições teóricas. Por maiores que sejam os benefícios desses "conselhos" técnicos e científicos para dirigir a vida de cada um de nós, devemos alertar para um fato incontestável e lamentável: funcionam para anular na base os efeitos do reforço. A este respeito, os indivíduos deveriam proceder como os economistas, só reconhecendo as virtudes do mercado: a concorrência desempenha o papel de estimulante da inovação e do crescimento econômico, a lei da oferta e da demanda desempenhando esse papel.

4. Em nossas sociedades, as *leis civis e religiosas* desempenham um papel de lamentáveis práticas culturais; porque impõem regras e normas às quais os indivíduos precisam respeitar a fim de evitar certas sanções. Ora, ao orientar seus comportamentos sociais, essas regras e normas são portadoras apenas de um "reforço" psicológico indireto: as consequências dos mais variados comportamentos deixam de ser imediatas para se tornarem diferidas. E como as práticas culturais mudam mais rapidamente que as leis, perdem muito de sua eficácia: sua força na "lógica" da aprendizagem dos indivíduos. Sem uma ordem cósmica identificável em torno deles, os indivíduos tendem a adotar certa "mística" que os fundiria num "todo" mais ou menos "energético", fazendo emergir seu velho instinto de evasão metafísica, levando-os a fazer uso de drogas, transes e êxtases para terem acesso à realidade e se darem a ilusão de ser felizes.

5. Outra prática desfavorável a uma educação eficaz situa-se do lado dos prazeres. Por mais que nossa civilização ocidental se mostre inventiva no domínio dos prazeres, distrações, entretenimentos, jogos e todos os

tipos de divertimento, não consegue mais produzir e difundir "reforços" relevantes capazes de fornecer algo de decisivo para a sobrevivência dos indivíduos, da cultura ou da espécie. De onde o desolador diagnóstico: "ao triunfar na luta pela liberdade e na busca da felicidade, o Ocidente perdeu seu gosto pela ação". E é exatamente por isso que ingressou em decadência. De uma coisa não podemos duvidar: nem seus prazeres e frivolidades, nem sua busca do conforto e consumo frívolo de sensações conseguem garantir-lhe uma real felicidade de viver.

De onde a urgência de se assumir a responsabilidade de duas decisões: a) parar de fornecer assistência social aos que nada fazem para se ajudarem; b) promover a restauração de certas formas de competição. Tudo indica que Skinner já sonhava, (anos 80) com a exaltação do dinamismo e com a *flexibilização* da ordem social americana levando a ligar a eficácia e a produtividade a uma flexibilidade da seguridade social e a *fazer da insegurança social um princípio positivo de organização coletiva*. Parece também que já previa os postulados fundamentais que seriam apresentados como verdades científicas inquestionáveis: a) a economia é um domínio separado governado por leis naturais e universais, que não podem ser contrariadas por ninguém; b) o mercado constitui o único meio de organizar a produção e as relações humanas de modo eficaz; c) a globalização exige a redução dos gastos dos Estados, especialmente nos domínios dos direitos sociais, do emprego e da seguridade social.

Diante dessa situação, o que mais devemos fazer? Que medidas urgentes o Ocidente deve tomar a fim de estancar seu atual processo de degradação e decadência? Para responder a essa questão, Skinner lança mão, não só de seus inegáveis conhecimentos científicos de psicologia comportamental, mas dos conceitos básicos da teoria darwiniana da evolução, transposta para o plano da cultura e convertida num modernoso neodarwinismo biológico. Lança mão também de algumas teses do fundador do eugenismo Francis Galton († 1911), notadamente de sua tese sobre a seleção dos animais, dos que manifestavam as melhores *qualidades* que se deseja desenvolver e fixar para fazê-los se reproduzirem entre si a fim de obter as melhores *raças*. Correlativamente, deveriam ser eliminados os menos conformes ao modelo considerado ideal ou, pelo menos, deveria ser cuidadosamente evitado que os selecionados com eles pudessem se reproduzir. Por este meio, se chegaria artificialmente a variedades (*raças*) possuindo certos caracteres bem-definidos.

Portanto, por que deveríamos agir de modo diferente com os homens? Skinner aprendeu a lição. Tentou agir da mesma maneira com os humanos. Sua tese fundamental consiste em dizer: precisamos urgentemente recriar as condições de uma vida mais rude e competitiva; porém, mais dinâmica, produtiva e gratificante. Por isso, se quisermos que os indivíduos se autodeterminem verdadeiramente como seres humanos responsáveis, ativos, produtivos e felizes, precisamos absolutamente, e com a máxima urgência:

1. restaurar a *luta* contra as dificuldades e revalorizar uma nova "*struggle for life*". Trata-se de promovermos uma psicologia fundada num eugenismo suscetível de constituir um substituto funcional e eficaz da seleção natural, nas sociedades humanas em que essa seleção não funciona mais, a fim de evitarmos a deterioração biológica das populações consideradas e, até mesmo, melhorar suas qualidades hereditárias. O ideal a ser atingido? Reinstaurar uma sociedade capaz de armar-se da insegurança exaltando o individualismo e a *self help*, pois só essa sociedade consegue ser a encarnação de uma *visão neodarwinista*, totalmente oposta a uma visão solidarista que a história dos movimentos sociais inscreveu nas estruturas sociais e cognitivas das sociedades democráticas ocidentais;

2. promover o *retorno* a uma vida menos protegida e ajudada, menos socorrida e cientificamente "aconselhada"; o que deve ser incentivado e promovido é o culto do indivíduo e do individualismo, fundamento de todo pensamento econômico neoliberal; o que efetivamente deve contar são as ações conscientemente calculadas de agentes isolados, visando fins individuais e egoístas conscientemente postos, pois a sociedade deve ser concebida como a combinação de miríades de ações individuais. Lembremos que o culto do indivíduo e do individualismo constitui um dos

pilares sobre os quais se construíram as *social sciences* americanas. Quanto às ações coletivas, ficam reduzidas a simples aglomerados de ações individuais isoladas. A política fica reduzida a um somatório de atos individuais que, uma vez realizados (como o voto), no isolamento da vida privada, são equivalentes ao ato solitário de compra num supermercado;

3. fazer funcionar efetivamente, na vida normal dos indivíduos, a *seleção natural*, para que possam ser eliminados os menos fortes ou menos aptos na luta pela vida. Se o que está em jogo é a sobrevivência mesma da espécie, devemos resgatar e promover o papel positivo da seleção. Assim, a eliminação das variações nocivas e a conservação das favoráveis permitiriam à espécie humana aperfeiçoar-se. Em *A Origem das espécies*, Darwin é crasso: "É à conservação das variações favoráveis e à destruição das que são nocivas que aplico o nome de seleção natural ou de sobrevivência do mais apto". E a mentalidade calculadora e competitiva não só deve impregnar a vida e os domínios da prática, mas inscrever-se nas instituições e trocas cotidianas.

Temos aí alguns traços da "científica" solução proposta pela "ciência do comportamento". Por esta psicologia, ao assumir as teses darwinistas fundamentais e algumas eugenistas, declara-se enfaticamente: em nossa atual civilização ocidental e democrática, se muitos "enfermos", "doentes", "débeis", "incapazes", "inaptos" e pouco "dotados" insistem em viver e sobreviver, é graças unicamente aos extraordinários avanços da medicina científica e ao acesso fácil que todos têm aos sistemas e programas de assistência e previdência sociais de Estados "protetores" e "providencialistas".

No entanto, pela lógica mesma da seleção natural dos "mais aptos", esses indivíduos "menos dotados" e "inferiores" não resistiriam ao duro processo competitivo dessa seleção e estariam condenados à exclusão e ao desaparecimento. Mas, como essa lógica seletiva encontra-se bloqueada, o resultado não podia ser outro: assistimos à instalação de um perigoso processo de degenerescência em nosso meio sociocultural. Porque os indivíduos perderam muito de sua capacidade de lutar e competir contra o meio hostil. E como só raramente têm a oportunidade de provar sua aptidão para a sobrevivência, tornam-se mais fracos. Os hábitos de conforto que adquirem levam-nos a cair na facilidade.

Diante dessa ausência de *competição* (como dizia Darwin), mergulham num "estado de sonolência", torpor ou letargia. Por isso, só uma competição aberta para todos é capaz de superar esses costumes impedindo os mais aptos de sobreviver de modo mais feliz. E é porque nossas atuais condições de vida não mais "reforçam" como deveriam que os indivíduos estão perdendo o gosto pela ação e se tornando mais apáticos ou abúlicos. De onde a necessidade imperiosa e urgente de se criar *condições de vida mais reforçadoras* para que possamos contar com indivíduos mais vigorosos, inventivos, ativos, corajosos e felizes.

No fundo, a proposta de Skinner consiste em dizer que podemos e devemos alimentar a esperança de cuidar dos indivíduos "normais", não mais pelos méritos da religião, da filosofia ou de uma política social esclarecida, mas recorrendo a um arsenal de tecnologias psicológicas, psicossociológicas e biológicas levando esses indivíduos a se autoafirmarem na rudeza da competição e na luta para vencer. Como se devessem estar convencidos da "guerra de todos contra todos", de que "o homem é um lobo para o homem" (Hobbes) e de que só sobrevive o vencedor. Porque, numa sociedade em que não há lugar para os "perdedores", precisamos de uma poderosa "tecnologia do comportamento" para "realizar as grandes mudanças no comportamento humano". E isto com o claro objetivo de "produzir em massa seres humanos de um tipo superior e dispor de uma tecnologia satisfatória para obter todo comportamento desejado".

Em outras palavras: de direito, não mais existe tendencialmente uma sociabilidade primária legítima, pois precisa ser desconstruída e reconstruída se quisermos intervir efetivamente no rumo dos comportamentos humanos. Qual a força dessa ideologia que se toma por "científica"? Repousa num neodarwinismo social pregando que só "os melhores e mais brilhantes" triunfam. Os outros? O resto! Por detrás dessa visão de mundo, há uma filosofia da competência acreditando que só os mais aptos e melhores ("superiores") rendem no trabalho e devem governar. Os demais? Devem ser excluídos como incompetentes. Há os vencedores (*winners*) e os perdedores (*losers*). Nada se pode fazer contra essa "lei da seleção natural" e da competição vindo justificar "cientificamente" uma oposição que se assemelha bastante à hegeliana do senhor e dos escravos.

O que oculta essa visão de mundo? Em nome de um programa dito científico de conhecimento, justifica-se e legitima-se um projeto político de ação, efetua-se um imenso *trabalho político* (apesar de negado) visando criar as condições de realização e funcionamento da teoria econômica neoliberal, considerando-as como a descrição científica do real. Toda essa argumentação tem por objetivo banir o social e o coletivo, destruir metodicamente o público, quer dizer, pôr em questão todas as estruturas coletivas suscetíveis de constituir obstáculo à *lógica do mercado*. Apresenta a aprendizagem e o reforço como fenômenos estritamente *individuais*. As experiências coletivas e as instituições ficam relegadas a segundo plano. Como se os valores socioculturais não devessem desempenhar nenhum papel relevante.

Ao invés de evidenciar as causas profundas de nossos males, Skinner se limita a declarar: encontramo-nos dominados pelos efeitos secundários nefastos de nossas atuais democracias ocidentais. E é justamente por isso que o mundo que produzimos corre o risco de fracassar de modo irreversível: *a world man-made, but not well made*; um mundo feito pelo homem, mas não bem feito. De onde seu grito de alerta: precisamos reagir, antes que seja tarde!

Mas qual a "receita" para que nosso mundo estanque seu processo de decadência e venha a ter êxito? Não hesita em responder: precisamos recriar as condições favoráveis para obtermos os máximos resultados do livre jogo dos estímulos (*in puts*) e das respostas (*out puts*). O retorno do mundo ideal não é obra dos governos, das religiões ou dos sistemas econômicos. Como as atividades humanas devem ser consideradas uma luta contra a natureza, importa-nos restaurar os *métodos de controle* dos comportamentos. Mas nosso autor se recusa a dizer quais são esses métodos. Tampouco nos revela quem são os controladores. Limita-se a constatar: o progresso da tecnologia comportamental implica um aumento do poder de controle (manipulação? poder policial?) de certas pessoas sobre outras. E a reconhecer: a extensão desse controle deve ser boa independentemente de quem o exerce e dos objetivos perseguidos. A conclusão lógica? A escravidão e o nazismo podem ser desejáveis! Nada é mais degradante que reduzir o sujeito humano a um sistema físico-químico! E nada lhe é mais humilhante que ver seu sofrimento íntimo ser rebaixado à falsa diferença de uma origem étnica "inferior"!

Essa teoria definindo o homem ideal por referência a um mecanismo psicológico particular não só deixa de lado diversos aspectos das sociedades humanas, mas também postula uma questionável terapia do retorno a um mundo sem práticas culturais, sem civilização e sem democracia, preocupado apenas em tratar os diversos "distúrbios mentais" dos indivíduos (englobando neuroses, ansiedades, psicoses, perversões...) mediante procedimentos meramente farmacológicos e comportamentais.

Por isso, consideramos totalmente inaceitáveis e perversos os "princípios científicos do reforço" tais como são propostos pela "ciência do comportamento" para orientar e conferir sentido à vida dos indivíduos. Porque conduzem a um pragmatismo bastante míope, considerando verdadeiro só o que obtém sucesso e que só tem valor o que é eficaz. Ademais, no contexto da atual globalização econômica, transformam os homens em objetos. De onde sua tentativa de eliminar os conceitos de "culpa", "liberdade", "dignidade", "sentido íntimo", "consciência", "desejo", "inconsciente"etc. para só se interessar pelo *indivíduo* suscetível de ser rentabilizado por seu êxito, relegando o sujeito sofredor (perdedor, inferior) à simples condição de vítima.

O linguista N. Chomsky[86] centra suas pesquisas nas performances individuais da palavra, por oposição às estruturas da língua, e rompe com a herança de F. Saussure; não apenas chega a uma *descrição gerativa* de todo enunciado, mas se torna bastante hostil à teoria behaviorista

---

[86] CHOMSKY, Noam. *O Poder americano e os novos mandarins*. São Paulo: Record, 2006.

dominante nos Estados Unidos, segundo a qual a linguagem deriva da aprendizagem, por associações e combinações de palavras. Para ele, a produção da linguagem supõe uma "competência" (capacidade mental inata) presidindo à elaboração de inúmeros discursos: a "performance". De onde sua preocupação em buscar, por detrás da estrutura gramatical de superfície de uma frase, uma estrutura profunda.

Além disso, mostra-nos como algumas formas de behaviorismo revelaram-se limitadas e perniciosas quando utilizadas no plano político-militar. Durante a Guerra do Vietnam, muitos peritos em psicologia foram contratados para "aconselhar" o governo americano a lançar mão da velha receita: bombardear maciça e violentamente os rebeldes e fornecer arroz e medicamentos aos outros. Porque partiam da seguinte certeza "científica": era mais eficaz agir sobre o comportamento da população que sobre seu estado de espírito. O que não bastou para resolver a questão: com toda a sua superioridade militar devastadora e genocida, os americanos terminaram por perder a guerra. Ganharam uma batalha, mataram muita gente, mas perderam a guerra: não conquistaram as mentes nem os corações. Não mataram a *alma*! Tampouco a conquistaram! Por isso, perderam.

Claro que os peritos da ciência do comportamento sabiam que o homem é um animal que pode ser condicionado, controlado e manipulado. Mas como só admitem dois modelos explicativos, o da *organicidade* (portador de uma universalidade simplista) e o da *diferença* (portador de um culturalismo empírico), promoveram uma clivagem reducionista entre o mundo da razão e o mundo das mentalidades, entre as afecções do espírito e as do corpo, entre o universal e o particular. Ademais, ignoraram algo muito mais importante: o homem também é um *animal que pensa*, deseja, quer, inventa e possui convicções ético-políticas irredutíveis a todo tipo de controle condicionante ou de "adestramento". É um sujeito livre! No fundo, como dizia Sartre, é um animal que não simplesmente tem liberdade, mas que simplesmente é liberdade.

Por isso, embora Skinner não creia na utilização cega das punições e recompensas, nem por isso revelou-se capaz de reconhecer qualquer valor à *liberdade* e à *dignidade* humanas. Por detrás de seu discurso liberal e pragmático oculta-se um profundo desprezo pela cultura, pela civilização, pelos valores e ideais propriamente humanos. Seu projeto fundamental? Buscar o "homem normal, sadio", não devendo mais recorrer aos méritos da religião, da filosofia ou de uma política esclarecida, mas tão somente a um arsenal de técnicas psicológicas, psicofisiológicas e biológicas suscetíveis de submetê-lo e manipulá-lo apenas materialmente. Porque temos necessidade "de uma tecnologia do comportamento suscetível de realizar grandes mudanças no comportamento humano".

Ele e seus discípulos se vangloriam de "produzir em massa seres humanos de um tipo superior e dispor de uma tecnologia satisfatória para obter todo comportamento desejado". Em outros termos, afirmam que, de direito, não deve mais existir sociabilidade primária legítima, pois deve ser desconstruída para ser reconstruída peça por peça. O que pressupõe, além de uma intervenção maior, sua intensificação.

Esta postura se torna patente quando Skinner declara estar convencido da seguinte verdade: a solução mais adequada (pois fundada em bases científicas) para nossos males atuais consiste na utilização (pelos que têm o poder de usá-la) de sua poderosa e eficaz *tecnologia do comportamento*. Trata-se de um reducionismo psicológico ancorado em duas respeitáveis ciências: a física e a biologia. A primeira serve de caução para a aplicação de um raciocínio mecanicista estrito de causa e efeito sobre o objeto estudado: o comportamento dos indivíduos. Quanto à segunda, serve de caução científica para substituir as relações sociais por relações intra ou inter-espécies.

E ao descartar o confronto social entre indivíduos livres e iguais, para realçar apenas o confronto dos controladores e dos controlados, os especialistas das "ciências do comportamento" praticamente rejeitam a ideologia liberal e passam a defender a conservadora ideologia do *status quo*. Como se a ordem social pudesse fundar-se na ordem natural biológica. Por isso, as aplicações práticas desse "modelo teórico", por mais eficazes que possam parecer, nada mais são do que uma ideologia justificadora (conservadora) a serviço da *ordem* e dos poderes estabelecidos.

É verdade que o Ocidente frequentemente tem se comportado de modo egoísta: desperdiça muito e agarra-se ao gosto pela dominação. Mas estaria a solução em "des-civilizar-nos" e retornarmos às duras condições de um passado longínquo? De retornarmos à tese segundo a qual "o homem é um lobo para o homem"? Claro que não. Porque, para Hobbes, a violência não é a expressão de um instinto de agressividade, mas o último recurso do indivíduo que pode contar consigo mesmo, exigindo um Estado devendo agir como força de dissuasão.

No momento mesmo em que Skinner apresentava suas soluções "científicas" para nossos males, outro prestigioso psicólogo, R. J. Hernstein, passa a defender a seguinte tese (em *IQ in the Meritocracy*): a sociedade ocidental tende para um inexorável modelo *meritocrático*. Ao expor seu programa "selecionista", declara: o lugar de cada indivíduo na sociedade deve ser determinado por sua inteligência inata tal como é revelada pelos testes do Q.I. (estabelece a relação entre a idade mental e a real de um indivíduo), como se a inteligência pudesse ser medida e compreendida apenas por procedimentos quantitativos. Diria que ela é como o "Deus" de Pascal: ao mesmo tempo "inencontrável" e inevitável. Os indivíduos que possuírem os mais elevados "potenciais intelectuais" deverão ocupar os lugares mais destacados na hierarquia social (sistema de castas), posto que, em nosso processo de ascensão social, não poderíamos negar o papel desempenhado pelo caráter hereditário de nossas faculdades intelectuais.

Na verdade, o que nos mostra essa tese da inteligência hereditária é o velho sofisma da filosofia liberal conservadora:

- os indivíduos ricos devem sua fortuna a seu talento inato;
- os filhos dos indivíduos ricos não herdam apenas a fortuna, mas a inteligência;
- as crianças dotadas e aptas terão necessariamente maior êxito que os pobres, débeis ou imbecis;
- conclusão: os ricos continuam ricos, os pobres continuam pobres e tudo irá bem no melhor dos mundos. Não é por acaso que há

mais de quarenta anos os Estados Unidos começaram a fetichizar a *diferença* fazendo apelo a uma política de *discriminação positiva* com a finalidade de incentivar um tratamento preferencial a grupos humanos vivendo na injustiça social: negros, latinos, homossexuais etc. O objetivo dessa estratégia? Pôr em prática o princípio: para reparar ou amenizar as desigualdades, precisamos valorizar uma diferença em relação a outra. Claro que as desigualdades continuam a existir. Nenhuma discriminação é *positiva:* pressupõe sempre a existência de uma *outra vítima* servindo de bode expiatório para sua própria diferença.

Tese semelhante à de Skinner é defendida pelo prêmio Nobel de medicina e fisiologia (1973) Konrad Lorenz, considerado o mais eminente especialista do comportamento animal. Também está preocupado em fornecer uma solução "científica" para os perigos que ameaçam o primado e a continuidade da civilização ocidental. Ambos acreditam possuir uma resposta para nossos males enquanto homens de ciência e especialistas do comportamento. Embora se considerem partidários do darwinismo, um (Skinner) só retira do esquema evolucionista o papel do *meio*, enquanto o outro ressalta o do comportamento inato na adaptação da espécie.

Lorenz está convencido de que só estudando o papel do comportamento de *agressão* no mundo animal conseguiremos encontrar os meios para salvar a humanidade dos perigos que a ameaçam: bomba atômica, radioatividade, explosão demográfica, crise dos valores entre os jovens, risco de dissolução patológica da cultura ocidental e das estruturas sociais da humanidade etc. Declara categoricamente: a solução para todos os nossos males deve ser buscada na *biologia do mundo animal*. Porque "a biologia constitui o único fundamento sobre o qual podemos estabelecer opiniões sadias sobre a humanidade e suas relações com o universo".[87]

---

[87] LORENZ, Konrad. *A Agressão*. Lisboa: Relógio d'Água, 1992.

Lembremos que, na década de 70, Lorenz escreve todo um livro para dissertar sobre os *oito pecados mortais de nossa civilização*. Uma das verdades que constata, ao destilar um *sagrado* que seria tão poderoso quanto o *sagrado* da tradição judaico-cristã, consiste em dizer: em nossos dias, há uma *inaceitável degradação genética*. Em termos mais precisos, nossa sociedade moderna não consegue mais manter com o rigor necessário certos *valores de seleção*.

A consequência? O relaxamento inevitável de algumas normas de comportamento. E nossa sociedade sofre muito com isso: "Boa parte dos jovens rebeldes se transforma em parasitas sociais". E nosso cientista -se lança a pontificar que estamos diante de um fenômeno "provavelmente de origem genética". O que é surpreendente é o fato de a *degradação* ser apresentada como um *pecado*, como se a humanidade devesse sentir-se culpada por não respeitar uma "lei natural": a seleção natural. De onde nossa inquietação: desde quando cabe aos cientistas naturalistas a competência para legislar em matéria de Bem e de Mal?

Que tenham descoberto a lei da seleção natural, não podemos negar. Mas transformá-la numa lei moral absoluta que os homens precisam respeitar já é defender certa sacralização. Sendo assim, as hipóteses por eles levantadas transformam-se em dogmas. E desobedecer-lhes vira um *pecado*. De onde nossa perplexidade: o cristianismo prometia o Paraíso; o marxismo, uma sociedade fraterna e sem classes; ainda não está provado "cientificamente" que a Ciência não nos trará a felicidade absoluta! Muitos já postulam, como o fisiologista e médico Jacques Monod, Nobel em 1965, uma *ética do conhecimento objetivo*, a única compatível com o mundo moderno e capaz de guiar sua evolução: se o homem tem necessidade de ultrapassamento, a ética do conhecimento definiria essa necessidade de transcendência: o conhecimento verdadeiro.

Ao defenderem a utilização sistemática dos métodos *quantitativos* para explicar os fenômenos propriamente humanos, Skinner e Lorenz acreditam que, cultural e politicamente, pode ser considerada *neutra* toda problemática apresentando-se como "científica". Ora, quando pensamos na noção de "quociente intelectual" (QI), no estudo comparativo das "raças" ou nas conclusões etológicas ou sociobiológicas e na utilização constante das estatísticas, não temos o direito de acreditar que a sociedade possa e deva referir-se necessariamente ao neutro quantitativismo estatístico para poder determinar suas opções práticas.

Ao construir sua teoria do comportamento animal e humano, Lorenz acredita ter descoberto a causa biológica do mal: o homem seria, por instinto, e de modo inato, um animal psíquico violento e agressivo. Basta que seja condicionado, adestrado ou formatado para transformar-se em carrasco sedento de sangue, capaz de eliminar seus semelhantes sem sentir o menor remorso. Como se tais argumentos pudessem depender de uma concepção da psique humana fundada na crença numa validade sem falha da teoria do condicionamento. Como se o mal pudesse ter uma raiz biológica.

A fórmula "o homem é um lobo para o homem", na visão de Lorenz, não poderia ser substituída por outra, como: "o homem é um rato para o homem", pois assim o lobo estaria sendo visto como os outros animais, incapaz de ser um matador intraespécie, característica exatamente aplicada aos humanos.

Entretanto, a analogia com o rato poderia ser a mais correta, pois é a lei dos homens que define o crime e a consciência do crime, não as leis da natureza, tampouco as da biologia.

Como já dizia Descartes, devemos preferir a autoridade do argumento ao argumento de autoridade. E não devemos confundir, como salientava Marx, as coisas da lógica com a lógica das coisas ou tomar revoluções na ordem das palavras por revoluções na ordem das coisas.

Convencido da seguinte verdade "científica": o comportamento agressivo do homem é inato e encontra-se inscrito em seu programa genético, Lorenz (como Skinner) elabora todo um projeto para remediar os perigos que ameaçam nosso mundo ocidental. Por isso, é em nome da ciência biológica que pretende fortalecer seu sistema, assegurar sua hegemonia e justificar seus valores. Trata-se de um projeto mais propriamente *político* que científico. Ao defenderem a tese da ineidade da inteligência, por exemplo, ambos estão se colocando a reboque da opinião comum e da ideologia. É um *nonsense* conceber uma inteligência vazia como uma *forma sem conteúdo*.

No interior do sistema social, ambos os autores (cada um de seu ponto de vista e apesar de suas diferenças) se situam do mesmo lado: lá onde se encontra o *poder*, onde se defende a *hierarquia* e se justifica a *ordem* estabelecida, a *propriedade privada* e o *individualismo*. Pouco importa se um se situe do lado do condicionamento, o outro do lado dos instintos. Um erige em solução uma poderosa tecnologia (à imagem dos arranha-céus e satélites) permitindo controlar (de sua altura) ou "*policiar*" o comportamento dos homens. O outro defende as seguintes teses em que o biologismo tende a desembocar numa verdadeira, tirânica e policialesca *biocracia*:

- a *agressão* é um comportamento instintivo e inato dos indivíduos inscrito em seu programa genético, dirigido contra seu semelhante a fim de garantir a seleção pela reprodução dos mais fortes;
- a solução para todos os problemas deve ser buscada na biologia do mundo animal, pois "é a seleção natural que determina a evolução das culturas e das espécies";
- deveríamos, para a preservação da "melhor" raça (arianismo?), estar atentos à eliminação dos seres menos aptos ou de "raça inferior"; a biologia pode defender os ideais humanos;
- constituem um fato "científico" as ideias racistas do nazismo: pureza da raça, necessidades de seleção, eliminação dos moralmente inferiores e extermínio dos débeis e incapazes.

Assim, para Skinner, fazer Psicologia nada mais é que tentar explicar, em bases estritamente *biológicas*, os comportamentos *sociais* dos indivíduos. Porque são os critérios da *objetividade científica* que nos dirão se os mesmos esquemas comportamentais se aplicam ou não aos ratos, aos pombos e aos seres humanos. A psicologia behaviorista não se define apenas como uma teoria, mas como o fundamento privilegiado de uma universal competência moral e política. Até então, os homens confiavam nos mitos, nas religiões, nas filosofias e nas ideologias políticas. Agora, essas concepções devem ser consideradas como superadas. Não são mais o mito, a religião ou a filosofia que contêm uma espécie de explicação universal conferindo à vida humana um *sentido* e valores morais: é a teoria da evolução que deve desempenhar esse papel. Porque os psicólogos comportamentalistas estão hoje em condições de se tornar os *experts* de um novo "planejamento" da sociedade, nos representantes competentes e autorizados de um mundo enfim racional e racionalizado.

Em uma leitura crítica se percebe que os psicólogos behavioristas desta forma se afirmariam como os únicos *experts* de uma "ética científica" e como patenteados moralistas. Graças a seus conhecimentos, seriam capazes de determinar qual a *melhor trajetória histórica que a humanidade deve seguir*. Caberia a eles a tarefa fundamental de organizar "cientificamente" a humanidade a fim de lhe imprimir uma trajetória histórica em conformidade com os interesses dos "condicionamentos operantes" fundados em bases genéticas. Seria muita pretensão.

Operar uma completa "redução" dos fenômenos sociais em termos físico-químico-genéticos é um desejo antigo na ciência ocidental. Ninguém consegue dizer até onde esse programa pode nos levar. Do estrito ponto de vista epistemológico, nada pode nos garantir seu triunfo insofismável. No plano ideológico, porém, é bastante manifesto o sentido do empreendimento: trata-se de submeter as atividades humanas a uma radical desqualificação, pois só a Ciência teria condições de fornecer ao homem as verdades vitais sem as quais sua vida não seria suportável nem a sociedade possível. Melhor ainda, somente na *Biologia* se encontra a "salvação", pois ela se torna bastante utilitarista e tem condições, ao estudar os genes egoístas mediante uma laboriosa sociobiologia, de falar com autoridade em nome das ciências humanas.

Darwin adotou como modelo a economia política de seu tempo para explicar o tema da "luta pela vida", tendo até hoje como melhor ilustração a lógica do mercado. E o neodarwinismo permanece a interpretação dominante das leis da evolução. Ao ler os biologistas modernos, ficamos surpresos com o número de metáforas que tomam de empréstimo à economia política. Simples modo de falar sem nenhuma consequência? Duvido.

O sociobiologista E. Wilson, para quem a "teoria sintética da evolução" se apoia não somente na genética das populações, mas também nos resultados obtidos na etologia animal de Lorentz, acredita que devemos estabelecer (e conceitualizar) as bases naturais (genéticas) do comportamento humano. Seu materialismo arrogante, seu determinismo biológico extremista, sua animalização do homem e sua negação da dimensão simbólica do pensamento continuam fascinando a muitos que buscam um porto seguro na ordem do conhecimento, mas se esquecem que seu discurso só vinha comprometer a ciência com a ambiguidade política.

Fica evidente que não aceitamos o projeto behaviorista para criar as condições de conduzir a humanidade *para além da liberdade e da dignidade*. Porque ela teria que renunciar a tudo o que implica nas noções de *pessoa*, *liberdade*, *dignidade*. Este tipo de reducionismo mostraria seu pior aspecto ao considerar a relação da "cultura" com o indivíduo que ela controla e manipula. Ao reduzir os mecanismos do pensamento a um único nível de explicação, não se consegue perceber que as contradições entre os indivíduos constituem uma parte da estrutura total da sociedade: e, então, que a cultura não controla os indivíduos como uma abstração reificada, mas que ela mesma é o produto da competição entre grupos e classes nessa sociedade.

Os pais e os mestres manipulam e controlam as crianças (constata Skinner), mas ele ignora que esses pais e mestres também são manipulados e controlados. Na perspectiva desse "materialismo" integral, deveria organizar metodicamente a satisfação de suas necessidades vitais elementares. Graças à psicologia do comportamento, seria realizada uma verdadeira "revolução cultural": velhos valores seriam destruídos, a felicidade humana passaria a ser gerida segundo as estritas normas da cientificidade. Esta opção "ideológica" ou simplesmente "metafísica" conduz à defesa de um intolerante totalitarismo científico segundo o qual "fora da Ciência não há salvação" (cognitiva). Trata-se de uma ideologia que conjuga *medo* e *individualismo* como motivos e transforma essa conjugação em mola última da ordem social.

O resultado? O individualismo se converte em *egoísmo*. E o egoísmo se transforma em *violência*. De onde a obsessão, não pela liberdade, mas pela *segurança*, como se a segurança devesse ser considerada o ideal da vida humana.

Na psicologia behaviorista pode-se identificar também uma "filosofia" reducionista *sui generis* que revela um caráter profundamente conservador e mesmo reacionário, na medida em que praticamente desqualifica as instituições políticas e socioculturais e passa a defender uma doutrina neoprimitivista com o objetivo de restaurar as condições de uma vida mais rude, mais competitiva, mais dinâmica e gratificante. No fundo, anuncia um verdadeiro totalitarismo biológico. A pretensão desse neodarwinismo ou neoevolucionismo (inscrevendo-se no quadro da sociobiologia e da etologia humana) é explicar todas as instituições humanas – hierarquia, divisão dos papeis entre homens e mulheres etc. – em termos apenas de hereditariedade da evolução.

Dizemos que uma ciência se torna totalitária quando pretende invadir todos os setores da vida humana e social, como se ela se julgasse no direito não só de explicar, mas também de reformar a sociedade, indicar os rumos de seu destino e ensinar-lhe os melhores meios de atingir seus fins. Numa palavra, é totalitária toda ciência que pretende organizar cientificamente a humanidade e que julga-se capaz de fornecer aos homens suas verdades vitais, como se fosse o grande agente da consciência divina impondo à humanidade uma trajetória histórica conforme aos interesses dos genes. Claro que, na busca de solução para nossos males, não devemos fazer dos "nobres sentimentos" a grande panaceia. Tampouco acreditar que os belos discursos sobre o amor, a fé, o progresso, a liberdade ou a fraternidade sejam puros e eficazes. Constitui-se um erro visar demasiadamente alto, talvez seja um erro ainda maior usar como pretextos *princípios científicos do reforço* para visar demasiadamente baixo.

Por isso, apesar da insistência de Skinner sobre a possibilidade de se "projetar (*design*) uma cultura", precisamos reconhecer que seu conceito de sociedade é demasiado estático e certamente a-histórico. Em parte alguma de sua imensa obra apresenta a visão de uma cultura futura possível. O que defende com afinco e convicção é a "neutralidade ética" dessas tecnologias psicológicas. Elas seriam assim aplicáveis com êxito tanto no nazifascismo quanto em nossas democracias liberais. Ao mesmo tempo afirma categoricamente: "nenhuma teoria é capaz de mudar aquilo de que é teoria". Afirmação muito questionável, pois, a propósito do homem e das sociedades, não resta dúvida de que podemos constatar: *são* alterados ou mudados por suas teorias. Por este simples fato: ninguém pode negar que as teorias modificam a consciência. Nem mesmo Lenine ignorou isso, ao admitir que não há revolução sem teoria revolucionária.

Convém não esquecer: todo totalitarismo implica um fechamento teórico; a busca de um mundo melhor, assim como a de um conhecimento verdadeiro, permanece uma *busca inacabada*. Neste particular, observe-se como a teoria de Skinner só é efetivamente convincente na atmosfera gerada por uma tipo de sociedade de "tolerância repressiva", na expressão de Marcuse; sua posição não escapa ao rótulo de profundamente *conservadora*; e o peso que confere à recompensa, como conceito unificador para descrever os comportamentos humanos, é nitidamente *ideológico*.

Ao defender seu materialismo behaviorista, contesta a existência do espírito (portanto, da liberdade), pois "tudo o que podemos observar é o comportamento humano exterior que, em todos os aspectos, corresponde ao comportamento animal". Este sonho de onipotência já se encontrava em Watson quando escrevia: "Deem-me uma dúzia de crianças saudáveis e garanto selecionar uma ao acaso e treiná-la para se tornar qualquer tipo de especialista que eu escolher – médico, advogado, artista... ou ladrão". Note-se a onipotência do behaviorismo, como se essa teoria ética pudesse "explicar todo comportamento por adestramento positivo ou negativo", como nota Popper.

A rigor, Skinner faz de sua psicologia uma simples aplicação das leis biológicas ao aperfeiçoamento da espécie humana. Ao retomar a *tese* dos eugenistas, segundo a qual a seleção natural nas sociedades humanas modernas é impedida ou entravada, essa ciência aplicada se converte na *ideologia* eugenista que se considera a substituta funcional e eficaz da seleção natural nas sociedades em que esta seleção não mais funciona. E isto, a fim de evitar a "deterioração biológica" das populações concernidas ou, então, melhorar suas "qualidades hereditárias".

Em 1910, o historiador das ciências Daniel Kevles diz[88] que o progresso da humanidade deveria incluir, no futuro, *a melhoria biológica da raça mediante a aplicação das leis da hereditariedade*. Esta afirmação equivale a uma santificação do programa científico de Galton, apresentado como uma revolução planetária devendo ser levada a cabo apenas pelos homens de ciência, "não tendo nenhuma simpatia pelo modo feminino de pensar".

O doutrinário eugenista Leonard Darwin, com um entusiasmo singelo, declara no final dos anos 1920: "A fé na evolução (pela seleção natural) abre nossos olhos para a possibilidade de melhorias quase ilimitadas no destino da espécie humana, pelo menos num futuro longínquo". Ora, ao estenderem o selecionismo aos comportamentos humanos e ao dizerem que eles são determinados pela "luta pela vida" e pela "sobrevivência do mais apto", os eugenistas chegaram à sinistra conclusão: doravante, a seleção desempenha o papel de *destino*. Eles fazem a ciência tomar o lugar da religião. Como se a ela competisse a responsabilidade de fornecer o *sentido* da vida humana e indicar os caminhos da *salvação*.

Esses evolucionistas não confessam que têm uma altíssima estima pelas hierarquias cronológicas conduzindo do "inferior" ao "superior". Adotam uma ideologia imanente a seu empreendimento pretendendo tudo dominar e chegar a um controle total da "realidade" ou do mundo social. Há dois aspectos nesse programa: a) uma cientificização dura (técnica), empregando os saberes controlados e culminando em manipulações eficazes; b) outra se desenvolvendo no nível dos discursos ou da retórica cultural. Ambos se unem dialeticamente: a doutrinação cientificista leva as populações a ver na "Ciência" a instância suprema, a reconhecer a hegemonia dos experts e a legitimá-la socialmente.

Portanto, ao retomar e fazer sua a ideia eugenista acreditando no processo indefinido, no domínio do futuro e no aperfeiçoamento da espécie humana, o behaviorismo skinneriano se apresenta como um *pro-*

---

[88] KEVLES, Daniel. "Civilization". In: *Encyclopaedia Britannica*.

grama político de "regeneração da humanidade": considera que o eugenismo (como uma "ciência aplicada", política, moral e até como uma nova religião) está apenas começando. Esta neorreligião constitui uma das mais recentes interpretações da religião do progresso.

Francis Galton († 1911) estava consciente disso. Fundou o eugenismo como um movimento ao mesmo tempo político, social e científico suscetível de aplicar os ensinamentos da biologia evolucionista aos negócios humanos e sociais. Numa conferência fornece a legitimação ao mesmo tempo naturalista e utilitarista do "dever" eugenista:

> O que a natureza realiza cega, lenta e implacavelmente, o homem pode realizar prudente e rapidamente e com benevolência. Contanto que esteja em seu poder operar nessa direção, isto se torna, para ele, um dever; assim como é de seu dever socorrer seu próximo em desgraça. A melhoria de nosso estoque hereditário me parece constituir o objetivo mais elevado que possamos razoavelmente tentar atingir. Ignoramos o destino último da humanidade, mas seguramente sentimos que elevar seu nível no sentido já explicado constitui uma tarefa tão nobre quanto desonorante seria rebaixar esse nível.[89]

No final de sua conferência, chega à seguinte conclusão: "Não me parece impossível que o eugenismo se converta, um dia, num dogma religioso para a humanidade". Por sua vez, o famoso escritor Bernard Shaw, eugenista convicto, admitia: "Nada, exceto a religião eugenista, pode salvar nossa civilização de todas as civilizações precedentes".[90]

Assim concebido, o eugenismo prolonga e conclui a ação da natureza, realiza seus fins e assume decididamente conter um caráter religioso. E sua ação é concebida não só como desejável, mas também como possível, apesar dos obstáculos encontrados numa sociedade dominada por valores e normas oriundos das velhas religiões. Porque se trata de mos-

---

[89] GALTON, Francis. *Sociological Papers*. Macmillan, 1905.
[90] Cf. CHRISTEN, J. *Le Dossier Darwin*. Paris, 1982.

trar que, longe de reduzir-se a técnicas de seleção, constitui uma prefiguração da moral e da religião do futuro. Como se o destino do homem consistisse em decidir sobre o que deve fazer de si mesmo, em recriar-se melhorando-se e, assim, construir seu destino. Eis um modo de realizar a promessa do antigo demônio tentador: "Sereis como deuses".

Ora, não podemos explicar o universo em todos os seus detalhes por uma única fórmula ou por uma única teoria. Esta é a tese do prêmio Nobel de medicina François Jacob (1966), especialista da biologia molecular. No entanto, o cérebro humano tem tanta necessidade de unidade e coerência que toda teoria importante corre o risco de ser utilizada de modo abusivo e converter-se em mito. Para cobrir um vasto domínio, uma teoria deve possuir ao mesmo tempo um extraordinário poder explicativo dos diversos acontecimentos e uma enorme sutileza para aplicar-se a circunstâncias variadas.

Nesta perspectiva, Popper tem razão: uma teoria que explica demais termina por nada explicar. Quando utilizada sem critério e sem discriminação, termina por perder toda utilidade e tornar-se um discurso vazio. É preciso que os fanáticos e os divulgadores compreendam quão frágeis são as fronteiras separando uma teoria heurística de uma crença estéril. Foram abusos desse tipo que deformaram monumentos intelectuais construídos, não somente por Marx e Freud, mas também, antes deles, por Darwin:

> Uma teoria tão poderosa quanto a de Darwin não podia escapar de um uso abusivo. Não somente a ideia de adaptação permitia explicar qualquer detalhe de estrutura encontrado em qualquer organismo, mas, diante do sucesso encontrado pela ideia de seleção natural para explicar a evolução do mundo vivo, tornou-se tentador generalizar o argumento, fazer dele um modelo universal para explicar toda mudança acontecendo no mundo. Foi assim que invocamos sistemas de seleção semelhantes para descrever qualquer tipo de evolução: cósmica, química, cultural, ideológica, social etc. Tais tentativas estão condenadas em seu ponto de partida. A seleção natural representa o resultado de coerções específicas impostas a cada ser vivo. Portanto, é um mecanismo

ajustado a um nível particular de complexidade. Em cada nível, as regras do jogo são diferentes. Por isso, em cada nível, devemos encontrar novos princípios.[91]

Numerosos cientistas militaram e militam ainda em favor de projetos cujo caráter *progressista* não é nada evidente. Por exemplo, os que defendem um estrito eugenismo ou o mais decidido e odioso racismo. Ora, nenhum cientista tem o direito de elaborar um sistema suscetível de reduzir o ser humano ao estado de marionete: enquanto *homo skinnerianus*, seríamos uma marionete funcionando segundo estímulos e respostas.

Qual a filosofia fundamental que sustenta essa tese? Em primeiro lugar, uma filosofia tentando demonstrar-me que não sou o que creio ser; em seguida, tentando convencer-me de que somente os *experts* sabem qual é e deve ser meu funcionamento "normal"; enfim, garantindo-me que estou em condições de sofrer uma infinidade de manipulações eficazes. Assim como os sociólogos me explicam quais as estruturas sociais "objetivas" que modelam meus comportamentos culturais, da mesma forma os economistas são capazes de definir-me enquanto *homo economicus*, a obedecer a leis que me escapam. Enquanto o cristianismo nos prometia o paraíso e o marxismo uma sociedade sem classes, dir-se-ia que ainda não está "cientificamente" provado que o cientificismo não nos trará a felicidade absoluta.

Observe-se, porém, que este "apostolado" nada tem de neutro. Os efeitos a curto e a médio prazos dessa intoxicação cientificista são claros: por seu sucesso social, vem conduzindo as pessoas a adotarem uma postura de franca *demissão filosófica, ética e política*. Tudo se passa como se o mundo desconhecido estivesse ao alcance da mão. De onde surgem os tecnoprofetas das nanociências e nanotecnobiologias para dizer que já é

---

[91] JACOB, F. *Le jeu des possibles*. Paris: Fayard, 1981, p. 46.

possível criar um ser vivo artificial, e inclusive suscitar o aparecimento de matéria inteligente.

Claro que, em princípio, a ciência nos deixa *livres*, pois afinal a liberdade é algo sagrado. Enquanto democrata, estou apegado à liberdade de ser informado, de exprimir o consentimento, de participar ativamente da elaboração das leis que nos regem. Todavia, na prática, sofremos diferentes formas de censura e pressão sociais para que nossa liberdade se conforme aos dados da ciência e a suas justas teorias. Na verdade, o que se anuncia é uma *normalização* totalitária: o "normal" revelado pela ciência se converte na *norma* ética, social, econômica, política, que os homens precisam respeitar e acatar. Assim, estaríamos assistindo à morte daquilo que sempre consideramos como símbolo maior de nossa identidade: "a liberdade". Cientificamente, o resultado aparece como bastante satisfatório. Porque a liberdade, numa perspectiva de um saber analítico e redutor, pode aparecer como um *mito* ou uma pura *ilusão*.

O que isto significa? Que toda "ideia de homem" não fundada cientificamente não passa de um mito. Em seu sentido estrito, a *política* deixará de existir. Porque, enquanto atividade específica, deveria estar fundada numa reflexão autônoma do homem, relativamente aos dados da física, da biologia e das ciências humanas. Nessa lógica, o bom cidadão só poder ser aquele que pensa os problemas sociais "cientificamente". Como se fosse possível remediar os perigos que ameaçam o mundo ocidental, fortificar seu sistema e garantir sua hegemonia de modo estritamente científico, por intermédio de alguns expertocratas, colocando-se explicitamente ao lado do poder, ao lado dos que defendem a hierarquia, a ordem, a propriedade privada, a lógica do consumo e o monoteísmo do mercado. Isto implicaria na supressão do Eu (do *Self*). No entanto, de forma alguma abro mão de meu projeto de vida: salvar minha alma e minha liberdade.

De fato, não acredito que pensar exigiria uma eliminação de toda subjetividade, de todo "sentimento pessoal". Se isto fosse verdade, o filósofo e historiador das ciências Pierre Thuillier estaria com a seguinte conclusão prática:

o bom cidadão é o homem sem ideias próprias, sem convicções pessoais, sem ideologia. Previamente se suprime todo risco de desviacionismo. Propriamente falando, desaparecem todos os problemas temíveis postos pela existência de uma real *liberdade* política. No contexto do cientificismo integral, não mais haverá conflitos de interesses, não haverá mais utopias, somente problemas técnicos.[92]

É necessário questionar os postulados de *objetividade* e *neutralidade* desse empreendimento. Fosse tão "normal" assim, só nos restaria entregar definitivamente nossa *morte* nas mãos dos expertocratas das *ciências da vida*. Somente eles teriam competência e direito à palavra: uma vez que a biologia e a psicologia científicas "provaram" que o homem não passa de uma máquina complexa; só poderia ser verdadeiro o que nos diz o "materialismo científico" sobre todos os seus modos de funcionamento e expressão.

Na época heroica do cristianismo, o importante não era que os milagres fossem reais, mas que as pessoas acreditassem em sua eficácia. Por isso, não resisto à tentação de, a esse ponto, citar dois textos para a reflexão: um de Nietzsche, criticando virulentamente o preconceito e a *estupidez* do totalitarismo científico de sua época; outro de Dostoiévski, protestando contra todos os que pretendem explicar o homem apenas pela "Ciência". Dirigindo-se aos cientistas de seu tempo, escrevem preocupados com o fato de fazerem da *liberdade* um mito ultrapassado ou, mesmo, uma doença aparentemente incurável. Escreve Nietzsche:

> Dizer que somente vale uma interpretação do mundo que dê razões a vocês, senhores cientistas; uma interpretação autorizando buscar e perseguir trabalhos no sentido que consideram científicos (é mecânico que vocês pensam, não é?); dizer que somente vale uma interpretação do mundo que permita contar, calcular, pesar, ver e tocar é estupidez e ingenuidade, se é que não é demência ou idiotice. Uma interpretação científica do mundo, tal

---

[92] THUILLIER, Pierre. *Le petit savant illustré*. Paris: Seuil, 1980.

como os senhores a entendem, poderia ser uma das mais tolas, das mais estúpidas de todas as que são possíveis. Que isto seja dito a seus ouvidos, a sua consciência, senhores mecânicos de nossa época, que de bom grado se misturam aos filósofos acreditando que sua mecânica seja a ciência das leis primeiras e últimas e que toda a existência deva sobre ela repousar como sobre um fundamento necessário. Um mundo essencialmente mecânico! Mas seria um mundo essencialmente estúpido.[93]

Afirma Dostoiévski:

> Vocês querem libertar o homem de seus antigos hábitos e corrigir sua vontade segundo as regras da ciência e do bom senso. Mas como sabem que podemos e devemos transformar o ser humano? De onde vem sua conclusão: é imprescindível que a vontade humana seja corrigida? Numa palavra, por que pensam que semelhante reeducação é benéfica para o homem? E como lhes falo francamente, digam-me, por que estão absolutamente seguros disso: é sempre vantajoso para o ser humano não ir contra seus interesses reais, normais, garantidos pelos dados da razão e da aritmética – o que representa uma lei para toda a humanidade? Em suma, isso não passa de seu pressuposto.[94]

Em poucas palavras, diria que nossa sociedade atual se assemelha bastante ao teatro grego, na medida em que cada cidadão é chamado a desempenhar vários papéis e a revestir numerosas máscaras. Mas enquanto a Psicologia se dedica ao estudo das máscaras e dos papéis, a Psicanálise se interessa muito mais pelo indivíduo que se oculta por detrás das máscaras e dos papéis. Por outro lado, enquanto a Psicanálise apresenta o Inconsciente como o lugar da verdade (de que a linguagem constitui o traço), a Psicologia por ela não se interessa, estando mais preocupada com a questão da veracidade, com a relação entre os fatos segundo uma lógica de causalidade.

---

[93] NIETZSCHE, F. *A Gaia ciência*. São Paulo: Companhia das Letras, 2001.
[94] DOSTOIÉVSKI, F. *Notas do subsolo*. Porto Alegre: L&PM Editores, 2008.

Claro que a Psicanálise não menospreza pura e simplesmente os fatos. Ela pretende olhar do outro lado do muro da simples compreensão, pois compreender é encerrar. Por colocar-se sempre do lado da liberdade, nunca foi aceita pelos regimes ditatoriais. Todo o fenômeno "psi" que hoje vemos desenvolver-se em nossas sociedades mercantis, comerciais e de consumo pode ser caracterizado como um fenômeno impregnado pelas psicologias comportamentalistas e cognitivistas em todos os domínios da vida, de nossos hábitos, de nossos lazeres, de nosso trabalho, de nossas relações sentimentais, de nossa medicina, de nosso pensamento. Quando Lacan aconselha a Psicanálise a utilizar um método diferente para alcançar um *saber* distinto do que pode ser fornecido pela Psicologia, está nos dizendo que este saber é o do inconsciente e que ele escapa à Ciência, não podendo ser encerrado no domínio psicológico.

É neste sentido que a Psicanálise é de certo modo uma "contraciência" (M. Foucault): o inverso da Ciência, uma antipsicologia. Para a Ciência, *o homem não é distinto das coisas.* Nas prateleiras do conhecimento, não passaria de um acessório inútil. Porque o projeto científico prescinde da intervenção humana, considerada fonte de erro. Claro que errar é humano. Mas o erro é humano em dois sentidos: a) constitui o fato do homem que passa seu tempo a enganar-se: é acalantado por ilusões, vive de fantasmas e persegue quimeras; b) o próprio homem constitui um erro para a Ciência: não entra totalmente em seus dados, é uma peça numa engrenagem, uma zona problemática obrigando a Ciência provisoriamente a afastar-se.

Mas como, nesta concepção, a Ciência é obstinada, uma espécie de máquina fria e calculista, nem má nem perigosa, tenta por todos os meios integrar o homem, adquirir a seu respeito o melhor conhecimento possível, uma compreensão total. O desenvolvimento desta concepção de ciência insiste no projeto de substituir o homem pela coisa humana, ou seja, o sujeito livre pelo objeto possuído. As psicologias comportamentalistas e cognitivistas são usadas hoje como o florão do sistema, enquanto por elas se pretende compreender totalmente o ser humano.

Neste sentido, podem ser consideradas "perigosas", pois tomam como referência não um *absoluto* divino guiando nosso modo de conhecer, mas um *relativo* determinado por nosso conhecimento do mundo humano, vale dizer, o discurso das ciências psicológicas. Ora, toda moral fundada apenas nos dados da ciência empírica ameaça aniquilar o indivíduo. Por isso, é uma moral perversa. Porque pode ser considerado um "funcionamento perverso" todo exercício do poder da Ciência sobre o domínio mental, particularmente quando esse exercício sobre o outro é feito a sua revelia.

No dizer do psiquiatra S. Tribolet,[95] deve ser considerado perverso todo empreendimento visando substituir o indivíduo por um número, fazê-lo desaparecer nas categorias diagnósticas ou administrativas, fundi-lo no coletivo e, enfim, endoutriná-lo numa ideologia. Ele mostra a existência atual de grande número de psicólogos, psiquiatras, psicanalistas e paramédicos que acreditam estar a serviço dos indivíduos; estar trabalhando exclusivamente por nossa felicidade e intervindo sem cessar e cada vez mais diretamente na mídia para dizer ou ditar as normas e explicar ou interpretar as regras de uma vida feliz e harmoniosa. "Eis o novo ópio do povo, a arma de imbecilização massiva, o novo despotismo".

O que restou do velho behaviorismo?

Cabe finalmente responder sucintamente à questão sobre o que foi feito do velho behaviorismo, desse "comportamentalismo" que, durante quase todo o século XX, sob a égide de Watson e Skinner, dominou a cena acadêmica em matéria de psicologia "científica". Diria que foi substituído pela atual psicologia cognitivista. Com efeito, as interrogações sobre a antiga dicotomia entre corpo/espírito vão dar origem a um polo de pesquisas hoje bastante em voga: o das ciências cognitivas, recobrindo uma pluralidade de disciplinas.

---

[95] TRIBOLET, S. *L'abus de psy nuit à la santé*. Paris: Cherche Midi Editeur, 2006.

As primeiras teorias cognitivistas foram as comportamentalistas voltadas para o estudo do comportamento (animal e humano), tentando descrevê-lo "cientificamente" em termos de dados observáveis, de relações de causa a efeito objetiváveis. O modelo do comportamento é o esquema S-R (estímulo-resposta). Só que o comportamentalismo não pretende descrever o que se passa entre os *in puts* e os *out puts*. Entre os dois, situa-se a famosa "caixa-preta", esse lugar obscuro capaz de transformar um estímulo em resposta.

A novidade do cognitivismo? Descrever o que se passa entre o estímulo e a resposta e mostrar que as representações humanas resultam de um trabalho interpretativo constante que o cérebro executa e estoca, todos os pensamentos do homem podendo ser reduzidos a seus fundamentos biológicos. Munido dos métodos de experimentação adotados pelo comportamentalismo, pretende observar o que acontece no interior da "caixa-preta" para deduzir conclusões aplicáveis a nosso pensamento.

A grande dificuldade? Descrever objetivamente uma "atividade interna" e inobservável. Como isso seria possível? Graças a um modelo de inteligibilidade capaz de fornecer visibilidade às operações imperceptíveis no nível do ser humano.

Mas onde encontrar esse modelo, que viria questionar e substituir nosso antigo modelo ao mesmo tempo ético e psíquico que fundava nossa identidade e constituía o produto da história e da democracia? Precisamos fabricá-lo para, em seguida, utilizá-lo. Trata-se de um novo tipo de saber pretendendo reduzir em migalhas o sujeito a fim de substituí-lo por um novo paradigma, desta vez fornecido pelas neurociências que nos permitam penetrar nos mistérios do ser humano.

O que se busca é encontrar uma nova definição da subjetividade a partir de um substrato material: o cérebro. Trata-se de encontrar um modelo fundado na memória informática, ou seja, numa palavra, no computador. Como se o sujeito estivesse destinado a sobreviver sob a única forma mecânica de um efeito do funcionamento cerebral. Este novo saber, versando sobre o funcionamento cerebral, não constitui apenas o objeto dos cientistas, mas se torna acessível, mediante uma ampla divulgação, ao grande público que termina por nele ver uma resposta às suas mais obscuras questões.

O que faz a psicologia cognitiva? Tenta explicar essa atividade misteriosa que é o conhecimento, a partir do esquema informativo segundo o qual uma informação é tratada para ser, em seguida, estocada e recuperada. Por conseguinte, a psicologia cognitiva é o resultado do encontro da técnica informática e do comportamentalismo. Inicialmente, a teoria cognitivista esteve muito voltada para as questões pedagógicas e de aprendizagem. Mais logo se deslocou para a clínica, fazendo suas as técnicas da terapia comportamental.

Seu objeto central de estudo? As "funções superiores" de conhecimento, notadamente os pensamentos pessoais, as emoções e as inquietações existenciais dos indivíduos. Nos dias de hoje, tenta dar conta da totalidade das funções do psiquismo humano: emoção, relação consigo, com o outro, relação social etc. As terapias cognitivo-comportamentais (TCC) fundam-se em uma nova prática clínica apoiando-se no paradigma da informação e do cálculo. Abordam a esfera das dificuldades existenciais, afetivas e psíquicas de cada um com os mesmos instrumentos que permitiram abordar a esfera do conhecimento e do raciocínio.

Ao pretender reduzir os pensamentos do homem a seus fundamentos biológicos, o cognitivismo corre o risco de promover uma reificação e terminar por se esquecer de que o homem é um ser "bio-antropo-sócio-lógico". Apresentando-se apenas como *terapias,* não como *psicoterapias,* as TCC's se orgulham, contrariamente à Psicanálise, de operar sem recorrer ao psiquismo, ao inconsciente ou à transferência. Porque fazem do *comportamento* e do *conhecimento* os dois pivôs fundamentais de seu "interesse científico": quanto ao comportamento, devemos *observá-lo*; quanto ao conhecimento, precisa declarar-se transparente a si mesmo na prática dos questionários.

Não por acaso, parte dos autores do ruidoso *Livro negro da psicanálise*[96] é composta por cognitivistas, que tentam desqualificar a Psicanálise, prejudicá-la, denunciá-la, persegui-la, ridicularizá-la, revelar seus erros, sua ineficácia e seus "crimes". Ao praticar um *reducionismo* estrito, estão preocupados em conceber *modelos* deterministas ou estatísticos que lhes permitam *conhecer* o ser humano pelo modo como *funciona*. Por detrás do *vivido*, o que importa é descobrir os *mecanismos reais* que explicam os comportamentos individuais e coletivos, por conseguinte, capazes de conferir os *meios* de prevê-los e controlá-los. Por isso, optamos por uma aproximação que privilegia a complexidade e a autonomia. Pois isso se torna inevitável, se quisermos evitar ou superar toda forma de reducionismo, não só o constituído por um *determinismo genético*, mas também o representado pela *interpretação computacional* do pensamento, que acredita ser possível explicar, com todo o rigor científico, a integralidade das funções cerebrais pelos modelos matemáticos elaborados pelos especialistas da inteligência artificial. Mas esta já é outra história. Apenas quisemos mostrar o rumo que tomou o velho behaviorismo.

---

[96] MEYER, Catharine (et Al.). *Le Livre noir de la psychanalyse*. Paris: Arenes Ed., 2004.

Conclusão

Gostaria de concluir voltando a lembrar o anunciado na Introdução, que cientificismo é a ambiciosa ideologia encontrada na base da concepção reducionista do ser humano, e que se procura legitimar ainda em nossos dias. Vão longe os tempos do positivismo e do cientificismo triunfantes e dogmáticos. Hoje se encontram quase que completamente esquecidos os "grandes sábios" do século XIX (Renan, Berthelot e outros) que pretenderam resolver ou dissolver todas as questões metafísicas considerando-as apenas um pesado fardo para a existência humana e um poderoso entrave ao livre curso do pensamento. Como se todas as relações entre os homens, inclusive suas dimensões éticas e morais, devessem ser examinadas e tratadas como simples problemas matemáticos. Evidentemente que o culto da ciência não perdeu totalmente todos os seus adeptos. Mas certamente corre o risco de converter-se em seu contrário entre aqueles mesmos que outrora a ele se sacrificaram.

No sentido estrito, o que hoje vem a ser o cientificismo? Qual o objetivo dessa ideologia que, para justificar sua pretensão de tudo reduzir ao físico-químico, constrói indefensáveis critérios demarcatórios segundo os quais nenhuma outra forma de pensamento pode reivindicar o direito de afirmar-se como *conhecimento*? Diria que o cientificismo pode ser inconscientemente considerado uma atitude prática fundada em três artigos de fé:

- a ciência é o único saber verdadeiro ou, pelo menos, o mais verdadeiro dentre todos os saberes; por conseguinte, o melhor dos

saberes, porque é o único propriamente racional, metódico e objetivo;
- a ciência é capaz de responder a todas as questões teóricas e de resolver todos os problemas práticos, desde que formulados corretamente, isto é, de modo positivo e racional; se não conseguir resolvê-los hoje, vem prometer que, com o progresso da ciência, "chegaremos lá";
- portanto, não somente é legítimo, mas desejável confiar aos *tecnocientocratas* ou *expertocratas* o cuidado exclusivo e patenteado de dirigir todos os negócios humanos: morais, políticos, educacionais, econômicos etc. Enquanto se colocam como os únicos a saberem o que é verdadeiro na ordem do saber, claro que só eles saberiam o que é bom e justo na ordem da ação.

Se considerarmos a ciência a mais poderosa e profunda forma de conhecimento jamais criada pelo homem, como o emblema da liberdade do espírito e do modo de vermos as coisas fora de todo preconceito e de todo dogma, forçosamente viveremos como um drama os malefícios do cientificismo, sua visão simplista, até mesmo vulgar, marcada pelo selo do mais fanático dogmatismo. Por isso hoje, não é tanto a ciência que se encontra em crise; mas a visão da ciência e do conhecimento pregado pelo cientificismo, a saber, a doutrina segundo a qual "fora da ciência não há salvação", segundo a qual não há outra forma de conhecimento autêntico distinta da que se baseia no modelo físico-matemático pelo qual todo fenômeno deve ser reduzido a uma explicação de tipo físico. É este *reducionismo* que está em crise.

Na medida em que o pensamento contemporâneo é dominado por visões reducionistas e materialistas integrais, a ciência fica sem poder dizer sobre questões como a vida, a consciência, a liberdade, a subjetividade. Tudo o que disser será postulado por total redutibilidade a processos materiais. E ao esbarrar com os irredutíveis enigmas da condição humana, não terá respostas para eles, apesar das pretensões mais exaltadas a respeito da origem do universo ou em elucidar o íntimo dos comportamentos humanos.

Conclusão

Ao se erigir em juiz de todos os valores, o cientificismo inflama e provoca, por reação, os extravagantes extremismos religiosos, os diversos integrismos e fundamentalismos. Leva a fazer da ciência fundamentalmente *um instrumento de poder*, um meio de objetivar e dominar tudo o que pode ser objetivado e dominado. E consegue levar muitos pensadores e pesquisadores a renunciarem a sua "missão" de "intelectuais", ou seja, de pessoas que se afirmam por sua *liberdade* em relação a todos os poderes; por sua *crítica* constante das ideias recebidas; por sua *recusa* sistemática de alternativas simplistas ou da confusão entre as coisas da lógica com a lógica das coisas; pelo *reconhecimento* da complexidade dos problemas, jamais aceitando o papel de simples *doxósofos*: "técnicos da opinião de que se consideram sábios" (Platão).

É preciso superar o dualismo entre as ciências *ameaçadoras* e as *boas*. De um lado, as *ameaçadoras*, das quais a engenharia genética seria o símbolo; do outro, as *boas*, que permitiram aos seres humanos melhor se conhecerem e se organizarem. Observando de mais perto o conjunto dos discursos dependentes das "ciências humanas", iremos perceber coisas estranhas: elegantes e inofensivos modos de falar em busca de conversão às ciências, divagações arbitrárias às quais a etiqueta "ciência" constitui um álibi para medíocres produções destinadas a agradar aos tecnocratas e a serem postas a serviço dos poderes.

Claro que devemos admitir a existência de "ciências humanas", construídas segundo as mais rigorosas normas do saber ocidental. Mas deveríamos concluir que sua denominação lhes confere um privilégio? Temos o direito de duvidar. Porque as ciências humanas podem se fazer tão manipuladoras quanto as outras, na medida em que se reduzem a modelos *deterministas* e *estatísticos* para saber melhor que os próprios humanos como eles realmente *funcionam*.

Uma ambição de Descartes e de seus sucessores não era explicar o organismo vivo como uma máquina? Este programa se aperfeiçoou, mas não perdeu sua atualidade. Pode ser encontrado em Freud, em Skinner, entre sociólogos, entre economistas, por todos que sonham em aprimorar *o sistema* de reduzir o *homo vulgaris* ao estado de simples marionete.

Para tal programa, como diz Bourdieu, a "desgraça consiste no fato de lidarem com um objeto que fala".

Estaríamos caminhando para a *era da ciência* em que toda a descontinuidade entre "as ciências" será suprimida, todos os enigmas da condição humana e do universo serão explicados? E então estaríamos finalmente diante de um totalitarismo científico.

Bibliografia

ARENDT, Hanna. *O Sistema Totalitário*. Lisboa: Edições Don Quixote, 1978.

ATLAN, Henri. *La science est-elle inhumaine?* Paris: Fayard, 2002.

_____. *Aux frontières du savoir*. Paris: Presses Ponts et Chaussés,1996.

BEAUVOIR, Simone. *O segundo sexo*. Vol. 1-2. São Paulo: Nova Fronteira, 1980.

BERNARD, Claude. *Introdução ao estudo da medicina experimental*. 1865.

BOWLER, P. *Biology and the Social Thought: 1850-1914*. San Francisco: University of Califórnia, 1993.

BRIEZUNSKI, M. *Einstein à Paris*. Paris: PUF, 1992.

BURTON, Robert. *Anatomy of Melancoly*. Publicado em 1638.

CASTORIADIS, Cornelius. *La montée de l'insignifiance*. Paris: Seuil, 1996.

CHARLETON, Walter. *The Ephesian Matron*. Publicação de 1659.

CHESTERTON, G. K. *Ce qui cloche dans le monde*. Paris: Gallimard, 1948.

CHOMSKY, Noam. *O Poder americano e os novos mandarins*. São Paulo: Record, 2006.

CHRISTEN, J. *Le Dossier Darwin*. Paris, 1982.

COLLINS, H.; PINCH, T. *Tout ce que vous devriez savoir sur la science*. Paris: Seuil, 1994.

DAGOGNET, F. *Méthodes et doctrines dans l'oeuvre de Pasteur*. Paris: PUF, 1967.

DARWIN, Charles. *A Origem das espécies* (1859). Rio de Janeiro: Zahar, 1980.

_____. *A origem do Homem*. Belo Horizonte: Itatiaia, 2004.

_____. *Autobiografia*. Lisboa: Relógio d'Água, 2004.

DAVENPORT, Charles. *Heredity in Relation to Eugenics.* 1911.

DE LA BOÉTIE, Etienne. *Discurso da servidão voluntária.* 4ª Ed. São Paulo: Brasiliense, 1999.

DOSTOIÉVSKI, F. *Notas do subsolo.* Porto Alegre: L&PM Editores, 2008.

DROUIN, J. M. Prefácio. In: DARWIN, Ch. *A origem das espécies.* 1ª edição francesa.

DUFRESNE, J. *Après l'Homme... le cyborg?* Paris: Multimondes, 1991.

_____. Eugenisme. Disponível em: <www.agora.qc.ca/encyclopedie.nsf>. In: *Encyclopédie de l'Agora.* 1990.

ESLEA, B. *Science et philosopphie.* Paris: Ramsay, 1980.

FOURIER, Charles. *The Phalanstery.* 1851.

_____. *Théorie des Quatre Mouvements.* 1808.

FRANK, Johann Peter. *System einer vollständigen medizinischen Polizei.* 6 vols. Mannheim, 1796.

GALTON, Francis. *Inquiries into human faculty and its development.* New York: AMS Press, 1973.

_____. *Sociological Papers.* Macmillan, 1905.

GAUCHET, Marcel. *Un monde désenchanté?* Paris : Pocket, 2004.

GERGEN, Kenneth. *La Recherche.* 1974.

GIRARD, René; VATTIMO, Gianni. *Cristianismo e Relativismo.* Verdade ou fé frágil? Aparecida: Santuário, 2010.

GIULLIANI, Bruno. *L'amour de la sagesse.* Paris: Éditions du Relié, 2001.

GRENET, M. *La passion des astres au XVIIe siècle.* Paris : Hachette, 1994.

GUSDORF, G. *De l'histoire des sciences à l'histoire de la pensée.* Payot. 1966.

HABERMAS, Jürgen. *Técnica e ciência como ideologia.* Lisboa: Edições 70, 1968.

HOFSTADTER, R. *Social Darwinism in American Thought.* 1959.

HUXLEY, Julien S. *L'Évolution en action.* Paris: PUF, 1956.

JACOB, F. *Le jeu des possibles.* Paris: Fayard, 1981.

JACQUARD, A. (org.). *Les scientifiques parlent,* Hachette, 1987.

JAPIASSU, Hilton. *Galileu – O mártir da ciência moderna.* São Paulo, Letras e Letras, 2003.

JAPIASSU, Hilton. *O mito da neutralidade científica*. Rio de Janeiro: Imago Editora, 1979.

JONAS, Hans. *O princípio Responsabilidade*. São Paulo: Contraponto, 2006.

KANT, Emmanuel. *Fundamentação da metafísica dos costumes e outros escritos*. São Paulo: Martin Claret, 2002.

KEPEL, Gilles. *La revanche de Dieu*. Paris: Seuil, 1991.

KEVLES, Daniel. Civilization. In: *Encyclopaedia Britannica*. Disponível em: <http://www.britannica.com>.

LATOUR, B. *La science telle qu'elle se fait*. Paris: Pandore, 1982.

LECOURT, Dominique. *Déclarer la philosophie*. Paris: PUF, 1997.

LECOURT, Dominique. *Lyssenko, Histoire réelle d'une science prolétarienne*. Paris: PUF, 1976.

LORENZ, Konrad. *A Agressão*. Lisboa: Relógio d'Água, 1992.

LYSSENKO, T. Denisovitch. *Sur la situation dans la science biologique*. Moscou, 1953.

MARCUSE, Herbert. *Ideologia da Sociedade Industrial*: O Homem unidimensional. Rio de Janeiro: Zahar Editores, 1967.

MECHANT, Carolyn. *The Death of Nature:* Women, Ecology, and the Scientific Revolution. Ed. Harper and Row, 1983.

MEYER, Catharine (et Al.). *Le Livre noir de la psychanalyse*. Paris: Arenes Ed., 2004.

MORIN, Edgard. *Vers l'abîme?*. Paris: L'Herne, 2007.

MULLER-HILL, Benno. *Science nazi, science de mort – L'extermination des juifs, des tziganes et des malades mentaux de 1933 à 1945*. Paris: Editon Odile Jacob, 1989. *Murderous Science*. Cold Spring Harbor Lab Press (EUA), 1988.

NAVILLE, Pierre. *Psychologie des comportements*. Paris: Idées, 1963.

NIETZSCHE, F. *A Gaia ciência*. São Paulo: Companhia das Letras, 2001.

NOVICOW, J. *A emancipação da Mulher*. Ed. Aillaud, 1905.

PASCAL, Blaise. *Preface du traite du vide*. 1663.

POITIE, F. A. *Mesmer and animal magnetism*. Edmonton: Edmonton Publishing, 1994.

POTTER, Rensselaer. *Bioethics: bridge to the future*. Englewood Cliffs (N.J.): Prentice-Hall, 1971.

PUTNAM, Ruth A. *William James* [Cambridge Companion]. Aparecida: Idéias e Letras, 2010.

REALE, G. *O saber dos antigos: terapia para os tempos atuais*. Trad. br. Loyola, 2002.

RICHET, Charles. *Eugénique et Sélection*. Alcan, 1920.

RICOEUR, Paul. *Soi-même comme un autre*. Paris: PUF, 1990.

SALOMON, Jacques. *Promethé empêtré*. Paris: Pergamon, 1982.

_____. *Science et politique*. Paris: Seuil, 1970.

SHAW, Bernard. *Sociological Papers*. Macmillan, 1905.

SIMONE, M. *Gassendi, Pascal et la querelle du vide*. Paris: PUF, 1998.

SKINNER, B. F. "What is wrong with daily life in the Western World?" In: *American Psychologist*. Vol. 41, n. 5, ano 1986, p. 568-574.

STAROBINSKI, J. *Le remède dans le mal*. Paris: Gallimard, 1989.

STAUNE, Jean (org.). *Science et quête de sens*. Paris: Presses de la Renaissance, 2005.

STRAUSS, David F. *L'Ancienne et la Nouvelle Foi*. 1873.

TESTART, J. *L'oeuf transparent*. Paris: Flammarion, 1986.

THUILLIER, Pierre. *Le petit savant illustré*. Paris: Seuil, 1980.

TOHMAS, Keith. *Da religião e do declínio da magia*. São Paulo: Companhia das Letras, 1991.

TRIBOLET, S. *L'abus de "psy" nuit à la santé*. Paris: Cherche Midi Editeur, 2006.

VINCK, D. *Sociologie des Sciences*. Paris: A. Collin, 1995.

WATSON, J. B. *Psychology from the stand point of view of a Behaviorist*. 1912.

WEART, S. *La grande aventure des atomistes français*. Paris: Fayard, 1980.

WEBER, MAX. *Ciência e Política: duas vocações*. São Paulo: Cultrix, 2004.

Esta obra foi composta em CTcP
Capa: Supremo 250 g – Miolo: Pólen Soft 70 g
Impressão e acabamento
Gráfica e Editora Santuário